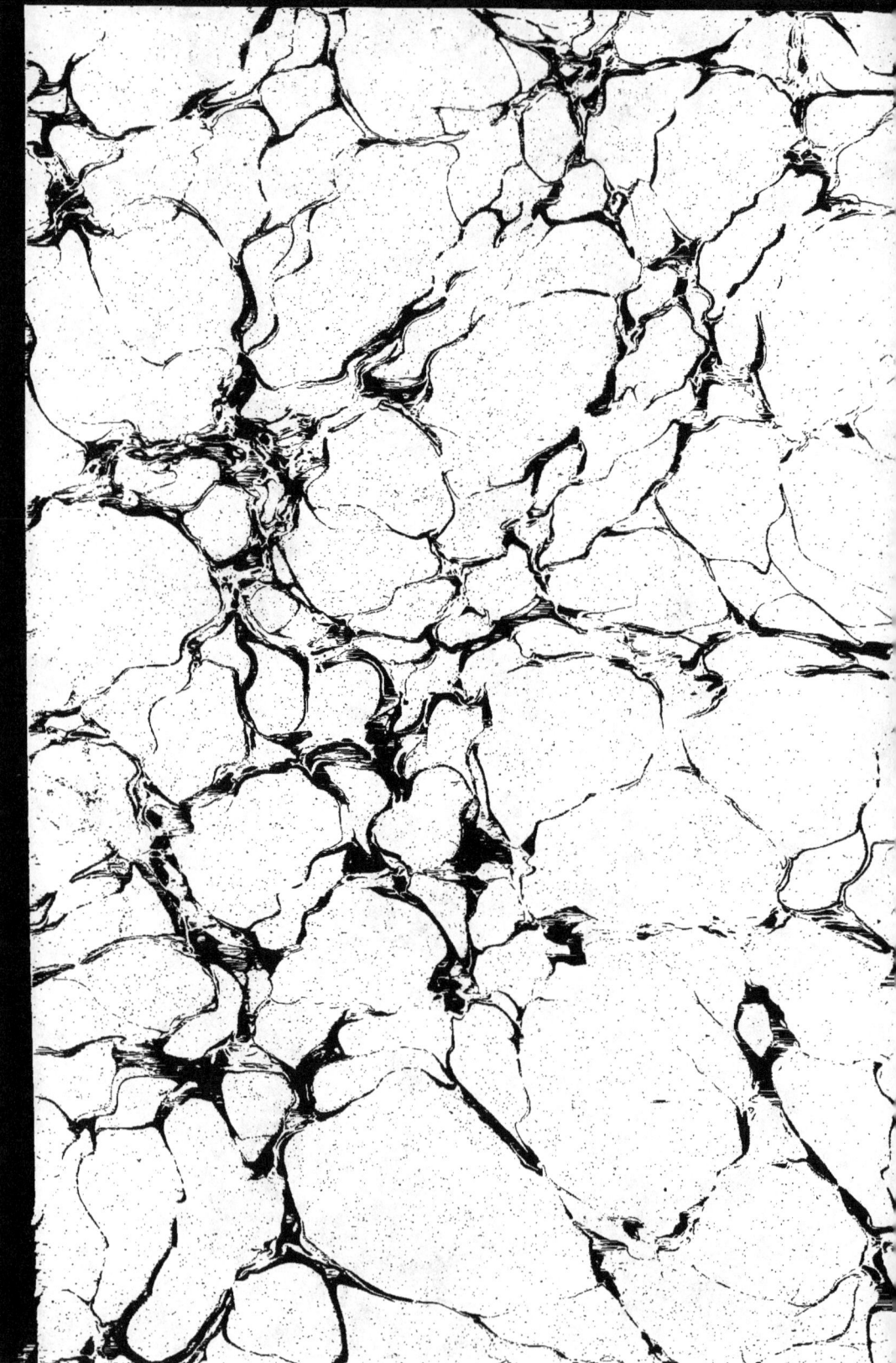

Bonnot (Arthur)

(A conserver)

DÉPÔT LÉGAL
1897

2094

Lh³/320
4° Lh³ 319

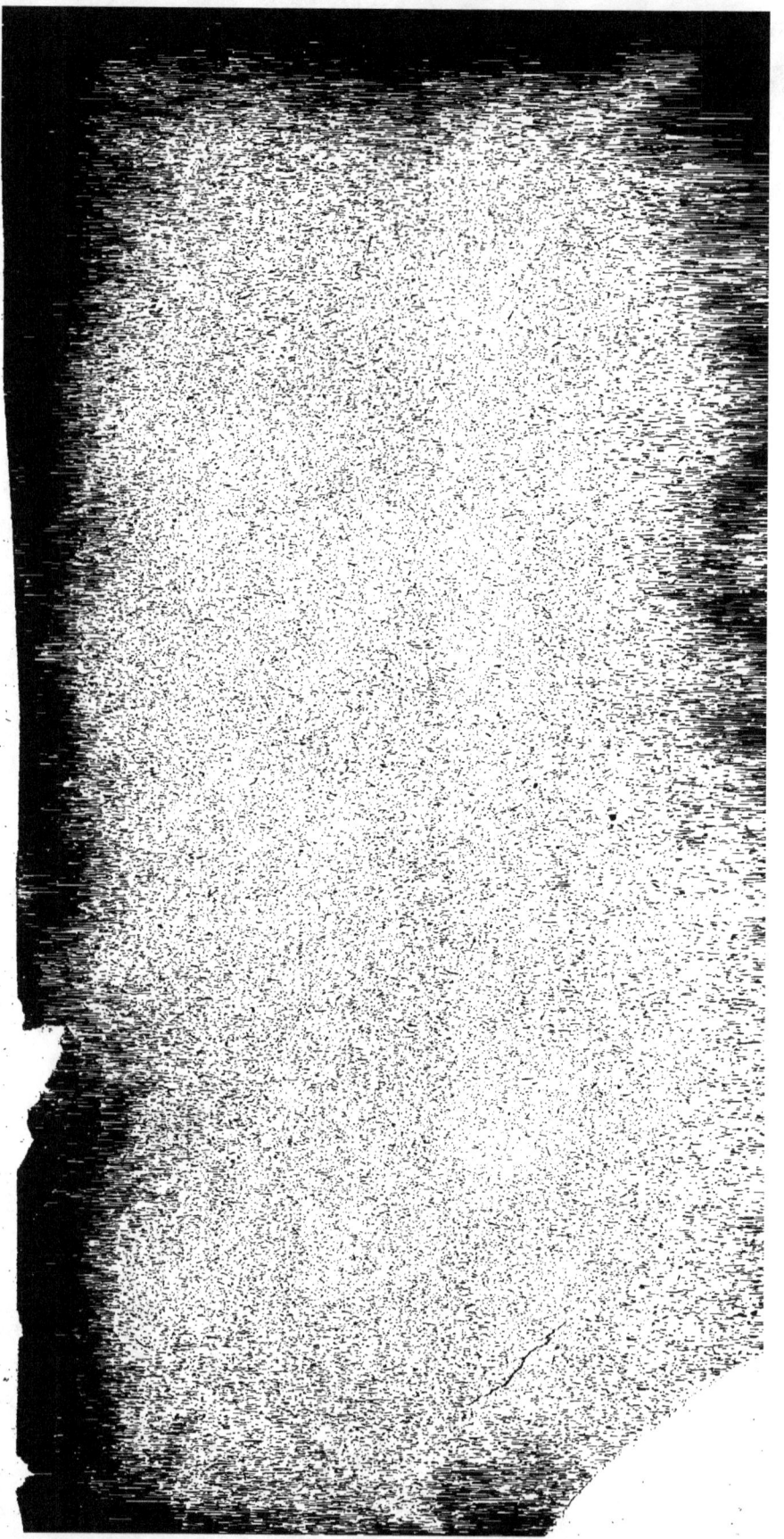

LA

# BRAVOURE FRANÇAISE

## AU XIX<sup>e</sup> SIÈCLE

# INTRODUCTION

« Le monde a besoin de grands exemples, disait Mgr Frayssinous, évêque d'Hermopolis, dans son discours à l'Académie française prononcé le 25 août 1825 ; c'est le moyen le plus court comme le plus sûr de l'accuser et de le confondre sans trop l'humilier. L'homme se raidit contre les leçons qu'on lui donne, il leur oppose son orgueil ; le bon exemple le touche toujours, lors même qu'il ne le persuade pas ; il n'a d'autre chose à lui opposer que sa faiblesse ; c'est donc servir utilement son pays que de chercher à combattre la publicité du mal par la publicité du bien, l'égoïsme par des actes de dévouement, et la dure indifférence par des traits de charité. »

Etre utile à son pays en publiant les actes de bravoure accomplis en ce siècle, que l'on nomme cependant le siècle de l'égoïsme et de la jouissance, tel est le but de l'auteur de cet ouvrage destiné surtout à la jeunesse française, exposée aux multiples séductions des malfaisants exemples si fréquents, hélas ! aujourd'hui.

Les paroles d'un autre académicien illustre feront mieux encore ressortir le dessein proposé : « La publicité donnée aux bonnes actions, disait M. Villemain, est nécessaire au bien général ; notre but, en les faisant paraître à la lumière, est de leur donner des imitateurs et d'encourager la bonté, quelquefois trop faible, mais qui n'attend souvent qu'une impulsion pour se fortifier et pour suivre de si touchants exemples. »

Le bon exemple n'est-il pas la meilleure, la plus efficace des leçons? *Les paroles émeuvent, mais les exemples entraînent*, dit un proverbe célèbre.

La leçon qui découlera de cet ouvrage dont la lecture sera faite, nous avons cette confiance, avec intérêt et profit, sera celle du dévouement, du dévouement sans bornes à l'honneur, au devoir, à la patrie, à Dieu inspirateur et soutien de tout dévouement ; elle sera salutaire.

L'histoire de la bravoure française n'a pas de date précise : né avec notre race, le courage confond son épopée avec celle de notre bien aimée patrie... L'héroïsme coule en nos veines, mêlé au sang français. Si parfois notre gloire a subi des jours d'éclipse, notre vaillance, elle, ne s'est jamais évanouie, et notre drapeau n'a pour tache que du sang. Devant le Gaulois le Romain a tremblé. César redoutant notre intrépidité l'a vantée : Si les Gaulois étaient unis, a-t-il écrit, ils seraient invincibles. Le monde a connu la vaillance du Franc. Dieu s'est servi d'elle pour accomplir ses desseins : *Gesta Dei per Francos*. Quand la victoire a trahi nos efforts, la honte n'a point abaissé les fronts français ; parfois tout a été perdu, l'honneur a été sauf toujours.

C'est avec juste fierté qu'après d'illustres défaites, le poète Béranger a chanté au commencement de ce siècle cet hymne de gloire :

> Reine du monde, ô France, ô ma patrie,
> Soulève enfin ton front cicatrisé.
> Sans qu'à tes yeux leur gloire en soit flétrie,
> De tes enfants l'étendard s'est brisé.
> Quand la fortune outrageait leur vaillance,
> Quand de tes mains tombait ton sceptre d'or
>     Tes ennemis disaient encore :
>     Honneur aux enfants de la France !

Aujourd'hui nous pouvons après lui, et avec lui, nous écrier :

> De tes grandeurs tu sus te faire absoudre,
> France, et ton nom triomphe des revers.
> Tu peux tomber, mais comme la foudre
> Qui se relève et gronde au haut des airs.
> Le Rhin aux bords ravis à ta puissance
> Porte à regret le tribut de ses eaux ;
>     Il crie au fond de ses roseaux :
>     Honneur aux enfants de la France !

# INTRODUCTION

> . . . . . . . . . . . . . . . . . . . . .
> Prête l'oreille aux accents de l'histoire :
> Quel peuple ancien devant toi n'a tremblé ?
> Quel nouveau peuple, envieux de ta gloire,
> Ne fut cent fois de ta gloire accablé ?
> En vain l'Anglais a mis dans la balance
> L'or que pour vaincre ont mendié les rois,
> Des siècles entends-tu la voix :
> Honneur aux enfants de la France !
> . . . . . . . . . . . . . . . . . . . . .

Si nous semblons restreindre ici le champ de la vaillance française en le bornant à un seul siècle, celui qui nous a vu naître, ce n'est point par un injuste ostracisme, par esprit de parti, mépris de la valeur de notre vieille France faite d'héroïsme et de vertus pratiquées d'âge en âge ; ce n'est point parce que nous estimons les cœurs français plus vaillants à notre époque avide de liberté glorieuse, non ! à Dieu ne plaise que nous méconnaissions le mérite de nos anciens preux chevaliers ! Chrétiens, ils étaient intrépides. Ce n'est pas nous qui bifferons le passé pour faire dater notre pays à partir de la Révolution française. Mais, si le courage de nos héros n'a pas de limite, son histoire doit avoir la sienne. Nous avons fixé notre regard sur le XIX$^e$ siècle parce qu'il attire davantage notre attention et provoque plus vivement l'intérêt de la jeunesse. Les faits héroïques des temps passés, plus largement livrés au domaine public, sont mieux connus ; l'histoire moderne, quoique plus à notre portée, est généralement moins étudiée que l'ancienne : nous avons tenu à mettre en relief les faits principaux qui lui donnent son lustre. Ce n'est pas sans regret que nous avons laissé à l'écart et le Brenn audacieux qui assiégea Rome, et l'indomptable Vercingétorix dont César redouta si longtemps la vaillance, et Charles-Martel, et notre Jeanne d'Arc, et Bayard, le chevalier sans peur et sans reproche, et Turenne, et Condé, pour ne parler que de ces valeureux, et l'héroïque Montcalm, et l'intrépide La Rochejaquelein qui, suivi de ses Vendéens, s'écriait en un si clair français : « Si j'avance, suivez-moi ; si je recule, tuez-moi ; si je meurs, vengez-moi ! » Et Kléber, et tant de héros des armées de la République, défenseurs à jamais illustres de notre territoire envahi.

Nous avons encore voulu faire assister nos lecteurs aux grandes batailles du commencement et de la fin de notre siècle, pour qu'ils reçussent ce qu'on appelle *une leçon de choses* profitable. Les armes ont changé, la tactique des combats a varié ; ils sont loin les temps où les bras guerriers lançaient la framée et brandissaient la francisque, où les chevaliers bardés de fer maniaient des armes pesantes, où une poignée d'hommes luttait corps à corps contre de rares combattants. Nous sommes à l'époque du canon, de la mitraille, du fusil à longue portée, des nations armées, des masses formées à la guerre, de la stratégie savante. La victoire appartient aujourd'hui à l'outillage militaire, à la quantité d'engins meurtriers, à la mobilisation rapide, à la science, à la discipline parfaite. Avant 1789 la milice enrôlait par an dix mille hommes au plus ; aujourd'hui l'effectif de paix, pour l'Europe, est de 3,092,000 hommes, et l'effectif de guerre de 19 millions d'hommes armés formidablement !

Dans son livre *La fin d'un monde*, Edouard Drumont a écrit la page suivante sur les batailles modernes : elle nous révèlera avec éloquence quelle sorte de vaillance doit animer les cœurs :

« Mobilisez ! Mobilisez ! » — Le fluide électrique lancé sur les innombrables fils a porté, jusque dans les coins les plus reculés de la Gaule et de la Germanie, l'ordre terrible qui est un arrêt de mort pour des milliers d'êtres humains. — Aux armes ! aux armes ! ont répondu des millions de poitrines Gauloises et Germaines.

Quelques heures après les cavaliers alertes sont en selle et s'élancent aux frontières.

— Sabrez ! Sabrez au galop ! Chargez les uns contre les autres, derniers soldats des combats épiques d'autrefois !

Chargez et sabrez vite !... votre heure sera courte... car, derrière vous, arrivent et s'alignent les fusils et les canons modernes... et la grande bataille nouvelle va commencer...

Quelques jours ont suffi. — Les machines rapides attelées aux longs trains de guerre ont entassé, des deux côtés de la frontière, les formidables bataillons et les redoutables canons noirs.

Les régiments, les brigades, les divisions, les corps d'armée, les armées, naguère tronçons épars, sont soudés.

Les hommes plient sous le fardeau des cartouches métalliques; les caissons sont bondés de projectiles; les chariots regorgent d'outils, de souliers et de vivres. Les ambulances attendent sous la croix de sang des fanions.

Les souffles des hommes et des chevaux font comme le bruit des vagues lointaines. Les vapeurs sorties de ces hommes entassés et de ces bêtes suantes montent et voilent le ciel bleu.

Quelques kilomètres séparent les Gaulois des Germains.

Ce matin, c'est jour de bataille...

Et d'abord, un grand silence : silence fait du recueillement des âmes qui vont bientôt quitter ces corps: silence fait des épouvantes muettes, à la pensée de l'énorme hécatombe; silence fait des prières mentales et secrètes des époux, des pères et des fils!

Tout à coup retentit, lointain et lugubre, le premier coup de canon, et deux millions de soldats répondent par un cri sauvage au sifflement du premier projectile.

En avant! En avant!

Les musiques guerrières entonnent les Marseillaises nationales; les drapeaux, les étendards, les fanions frémissent; les cœurs battent, les chevaux hennissent; les commandements se croisent et se multiplient; le ciel tremble. Les lignes immenses et profondes s'avancent les unes contre les autres... hommes et bêtes... chairs à canon!

Les batteries se déploient et prennent position.

Les infanteries marchent. On charge les pièces, on charge les armes, on remplit les magasins des fusils.

Six mille mètres séparent les gueules des canons d'acier! deux mille mètres séparent les pointes des baïonnettes... et déjà la bataille commence.

Un feu terrible s'ouvre canon contre canon, batterie contre batterie, groupe de batteries contre groupe de batteries.

A six mille mètres : Pièce, feu!

Les obus fouillent le sol et éclatent; mais, bientôt chaque

pièce a rectifié son tir et trouvé sa distance, et la lutte devient intense. Désormais, chaque projectile lancé éclatera, en l'air, au dessus des têtes et sèmera deux cent cinquante projectiles sur des surfaces couvertes d'hommes.

Hommes et chevaux sont écrasés sous cette pluie de fer et de plomb. La supériorité restera au pointeur le plus habile et le plus rapide.

Les canons se tuent entre eux, les batteries s'écrasent entre elles, les caissons se vident. — L'avantage demeurera ainsi à celui dont le feu ne chôme pas !

Et sous ces ouragans, sous ces tempêtes, les bataillons vont s'aborder.

Deux mille mètres ; mais déjà des balles de petit calibre, fines, coquettes, argentées, pointues sifflent et tuent, frappent et traversent, ricochent et brisent; les salves se succèdent et des nappes de balles, denses comme la grêle, rapides comme la foudre, inondent le champ de bataille.

Les canons qui ont tué les canons d'en face, libres alors, attaquent les bataillons.

Ils lancent sur les groupes la brutale pluie de fer et les cadavres jonchent la terre ensanglantée.

Les lignes poussent les lignes, les bataillons poussent les bataillons, les réserves arrivent, et, pourtant, entre les deux armées, que les balles et les obus fauchent, s'étend encore une longue bande, large de mille pas, qu'aucun vivant ne peut franchir...

Les munitions s'épuisent... les millions de cartouches et les milliers d'obus couvrent la terre hachée de leurs étuis de cuivre, de leurs tôles déchirées, de leurs éclats tranchants... et le feu continue toujours... toujours... tant que les caissons vides seront remplacés par d'autres !

Les obus à la mélinite pulvérisent les fermes, les hameaux, les villages, ils démolissent et anéantissent tout ce qui est un abri, un refuge ou un obstacle.

Déjà la moitié des combattants râle et meurt; les blessés et les morts forment comme deux remparts parallèles, épais, distants de mille pas, que les projectiles labourent, que la mitraille met en miettes... et que les vivants ne peuvent franchir !

La bataille continue, acharnée. Mille pas séparent toujours les deux armées.

A qui la victoire ? A personne...

Et les salves redoublent, et les canons crachent ; les unités tournoient dans cet enfer et s'abattent sous la trombe.

Soldats et chefs, pêle-mêle !

Chevaux et canons, pêle-mêle !

Drapeaux et étendards, pêle-mêle !

Vivants, blessés et morts, pêle-mêle !

A qui la victoire ? A personne.

Cependant l'œil d'un chef, au milieu de ce grand carnage, a vu que les hommes et les munitions manquaient sur un point de la ligne ennemie... au centre... à droite... à gauche... quelque part !

Ce chef a réuni, rapidement, devant ce point faible des canons chargés, des bataillons frais, des caissons pleins, et il a lancé ce torrent à travers les deux digues infranchissables de la zone des morts.

Il a fait un trou dans l'ennemi, il y est entré tête baissée, pendant que ses escadrons rapides ont balayé les flancs de la colonne d'attaque.

Cette colonne infernale pénètre, comme un coin, dans le cœur de l'armée ennemie ; les vivants reprennent courage et tentent un dernier effort.

Les canons tonnent et la colonne marche toujours... semant la moitié de ses hommes... mais avançant... A son tour, elle se déploie et ouvre un feu terrible, de tous ses fusils et de tous ses canons.

Les lignes ennemies se rompent et les débris des uns cèdent le terrain aux débris des autres !

A qui la victoire ?

Le jour baisse, la nuit arrive, les ombres cachent l'horrible charnier, les vivants, brisés par la fatigue, n'ont plus la force de poursuivre ou de fuir.

Demain ! demain encore ! tant qu'il y aura des hommes, des chevaux, des canons, des fusils, des cartouches et des obus.

Ce soir comptez vos morts et vos vivants.

A qui la victoire ? » (1).

A qui ? à Dieu..., qui peut-être a résolu de faire périr sous le *Déluge du fer* tous les fils qui ont oublié la parole du Christ : « Aimez-vous les uns les autres ! »

L'avenir, l'avenir est à Dieu, sans doute ; mais c'est à nous de le préparer et de le mériter glorieux par notre vaillance. Soyons unis, soyons chrétiens, soyons vaillants, nous serons vainqueurs et nous pourrons chanter avec fierté cet hymne à la France (2) :

> Salut, ô France des aïeux !
> O mère immortelle et féconde !
> Pour éclairer les pas du monde
> Ton étoile rayonne aux cieux :
> A sa clarté marchons joyeux,
> L'espoir au cœur, la flamme aux yeux !
>
> Nous sommes encor tes soldats,
> Ton ardeur encor nous anime,
> Guerrière qui nous tends les bras
> Du haut de ton bûcher sublime.
> Les morts suscitent les vivants
> Et, pour les fières épopées,
> Leur cendre éparse aux quatre vents
> Va germer en moissons d'épées !
>
> Quand nous entrons dans les cités,
> Etincelants sous notre armure,
> On entend de tous les côtés
> S'élever un joyeux murmure.
> A l'appel roulant des tambours
> Les vieux dressent leur tête lasse
> Et les enfants des carrefours
> Suivent le régiment qui passe !
>
> La France est le soldat de Dieu
> C'est la Justice qui se lève
> Quand nous faisons vers le ciel bleu
> Briller l'éclair de notre glaive.
> Vaincus, oubliez vos douleurs !
> Opprimés, secouez vos chaînes !
> Voici palpiter nos couleurs
> Au vent des victoires prochaines !

(1) *La Fin d'un monde*, Gestes du Néant, p. XX.
(2) Auguste Dorchain.

> Un jour, un jour que nous verrons,
> L'olivier ceindra notre tête,
> Et la lèvre d'or des clairons
> N'aura plus que des chants de fête.
> Mais jusqu'à ce jour espéré,
> Dans l'allégresse ou les alarmes
> On entendra, rhythme sacré,
> Sonner la cadence des armes !

Nous ajouterons alors de nouvelles pages glorieuses à l'histoire de la bravoure française qui toujours ira s'illustrant d'âge en âge.

# LA BRAVOURE FRANÇAISE

*AU XIX<sup>e</sup> SIÈCLE*

**PREMIÈRE PARTIE**

## CAMPAGNES DE L'EMPIRE

### I

**Bataille de Marengo. — Mort héroïque de Desaix.**

PRÉLUDES DE LA BATAILLE.

Au retour du printemps de l'année 1800, Bonaparte, qui venait d'être nommé Premier Consul, rassembla une armée près de Genève dans le but d'écraser nos ennemis en Italie (1). Voulant surprendre les Autrichiens commandés par le baron de Mélas et débloquer Gênes en proie à la famine, mais héroïquement défendue par Masséna, il avait franchi avec rapidité, dans le plus grand secret et au milieu de difficultés inouïes, les glaces inaccessibles du mont Saint-Bernard.

Les Autrichiens, surpris de sa venue subite, se concentrèrent non loin d'Alexandrie, sur la ligne du Pô. Chaque pas de Bonaparte avait été signalé par une victoire. Son armée venait de pénétrer triomphante à Novarre, Milan, Pavie, Lodi,

---

(1) Nous avons soin, le plus souvent, de rattacher l'évènement principal dont nous faisons le récit aux principaux évènements antérieurs. L'intérêt augmentera et le lecteur s'instruira davantage.

Crémone, Plaisance, Bergame. Le 13 juin, après avoir passé la Scrivia, il déboucha dans une plaine immense, couverte de champs et de blés, étendue entre cette rivière et la Bormida. Cette plaine est devenue célèbre : c'est la plaine de Marengo.

Quand il eut pénétré dans le village de ce nom, le Premier Consul, mal informé par des espions, et ne rencontrant pas d'ennemis, crut que M. de Mélas s'était échappé. Les forces françaises disséminées ne formaient qu'une petite armée de 22,000 hommes. Les Autrichiens, qui au début de cette campagne pouvaient envahir nos frontières du midi au nombre de 120,000, réunirent tout à coup 40,000 soldats servis par une puissante cavalerie et 200 pièces de canon.

## LA BATAILLE S'ENGAGE.

Le 14 juin, au lever du soleil, les troupes autrichiennes prirent subitement l'offensive. Le général Bonaparte avait le dessein d'aller en avant avec sa droite pour donner à Desaix le temps de venir à son secours et d'occuper sa gauche ; mais posté au quartier général, Desaix était loin. L'ennemi déboucha par trois colonnes, cependant son défilé à travers les deux ponts de la Bormida ne s'effectua qu'avec une lenteur extrême.

Le général Victor groupa aussitôt ses deux divisions pour défendre le village et se hâta de prévenir Bonaparte de l'arrivée de l'armée autrichienne tout entière. Il était cinq heures du matin.

Heureusement un ruisseau profond et fangeux, le Fontanone, coulant en avant de Marengo au-devant des Français, retarda la marche du général ennemi Haddick qui s'avançait protégé par 25 pièces d'artillerie foudroyant nos faibles troupes. Haddick se jeta bravement dans le lit du ruisseau et un combat des plus violents fut livré en cet endroit. Les courageux Français sortent tout à coup du village où ils se trouvaient à l'abri, fusillent les Autrichiens à bout portant. Ceux-ci reculèrent, mais revinrent plusieurs fois à la charge avec furie.

Nos soldats tiennent ferme sous les batteries autrichiennes. Un feu de mousqueterie bien dirigé rejette en désordre le corps de Haddick au delà du Fontanone. Haddick est blessé mortellement ; ses soldats battent en retraite. Alors de Mélas ordonne une charge de cavalerie sur notre gauche. Pilati, son général, parvient à franchir le fameux ruisseau, suivi de 2,000 cavaliers. Aussitôt notre brave Kellermann, qui se couvrit de gloire en cette journée à la tête de son corps de cavalerie, fond sur les escadrons ennemis, les sabre et les précipite dans le ruisseau.

L'armée française avait été surprise. Deux corps seulement se trouvaient en ligne. Les réserves étaient en arrière. Nous ne pouvions, en ce moment, opposer que 15 ou 16,000 hommes à l'armée autrichienne, bien compacte et formée de vétérans aguerris.

### LA BATAILLE SEMBLE PERDUE.

M. de Mélas, résolu à sauver l'honneur de son armée, fait aborder de nouveau les lignes de nos intrépides soldats. Le général Ott parvient à déborder le corps de Lannes formant notre droite. Les corps de trois généraux autrichiens ralliés se dirigent de nouveau sur le Fontanone, appuyés par une artillerie formidable.

Accablée par le nombre, notre vaillante armée est enfin débordée. Le général Rivund, couvert de sang, est emporté loin du champ de bataille. Champeaux reçoit une blessure mortelle. Pressées par le nombre, les troupes du général Victor se retirent en désordre. Deux cents bouches à feu vomissent la mitraille sur les Français attaqués par l'immense cavalerie ennemie qui menace de nous jeter en arrière. Le carnage est horrible. Les blessés encombrent les chemins et les fuyards crient que tout est perdu...

Il était dix heures du matin. Tout semblait perdu en effet.

### ARRIVÉE DU PREMIER CONSUL.

Averti que les Autrichiens avaient surpris ses troupes, Bonaparte était accouru de Torre di Garofolo où il les cherchait. Il marchait avec les grenadiers de sa garde consulaire (1). Cette

---

(1) La garde consulaire devint plus tard la fameuse garde impériale.

troupe était peu nombreuse, mais d'une valeur incomparable. Le général Desaix reçut coup sur coup ordre de se porter à la hâte sur San-Giuliano.

Quand Bonaparte arriva au galop sur le champ de bataille, sa douleur fut vive, mais son regard d'aigle lui fit découvrir d'un coup d'œil ce qu'il fallait entreprendre pour ramener la victoire sous les drapeaux français. La gauche de son armée était dispersée; Marengo avait été pris; mais la droite assaillie tenait encore. Il résolut de la fixer solidement à Castel-Ceriso. Sur ses ordres, 800 grenadiers de la garde consulaire accourent en avant de la plaine, à la droite de Lannes pour arrêter la cavalerie autrichienne. Ces héros se forment en carré. Solides comme l'airain, ils demeurent inébranlables sous les assauts redoublés des nombreux dragons ennemis.

Deux demi-brigades de Monnier arrivent en ce moment. Carra-Saint-Cyr marche en avant, les dispose en carré, regagne le terrain perdu et va se loger solidement dans les haies de Castel-Ceriolo.

De son côté, Bonaparte accourt soutenir la gauche du valeureux Lannes pendant que le chef d'état-major, Dupont, rallie en arrière les débris du corps de Victor assaillis par la cavalerie.

A la vue du Premier Consul et des bonnets à poil de sa garde, les troupes se raniment. La bataille reprend avec plus de fureur. Les Autrichiens du général Kaim sont rejetés à la baïonnette dans les eaux bourbeuses du Fontanone. Lannes héroïque inspire à ses soldats l'ardeur qui l'anime et les pousse sur l'ennemi qui croyait à notre défaite. Il s'efforce de s'emparer du ruisseau qui avait si longtemps arrêté les Autrichiens, pendant que Gardanne tente de reprendre Marengo. Vains efforts! Le général de Mélas désespéré masse ses troupes, débouche de Marengo, repousse les soldats de Gardanne. Ils étaient exténués. L'épouvantable artillerie autrichienne accable de mitraille nos héroïques légions...

Impossible d'aller en avant! impossible de tenir! Il faut céder le terrain...

Le Premier Consul ordonne une retraite qui s'opère lentement, avec une ferme résistance. Lannes se maintient énergiquement. Les brigades font des efforts inouïs. L'ennemi entré dans la plaine manœuvre sur les flancs de notre armée pour l'envelopper; il fait vomir une grêle de boulets et de mitraille. La garde consulaire est attaquée à coups de canon; ses pertes sont nombreuses; elle recule, mais ne rompt pas. La plaine offre partout un vaste champ de carnage.

Arrivée du Premier Consul.

C'en est fait, la bataille semble être perdue. Lannes fait sauter les caissons qu'il ne peut ramener. On entend retentir les hourras de l'armée autrichienne. M. de Mélas triomphe. Exténué de fatigue, ce courageux vieillard, qui avait eu deux chevaux tués sous lui, laisse le commandement à son chef d'état-major, de Zach; rentrant à Alexandrie il expédie partout des courriers annonçant sa victoire.

L'arrivée de Desaix allait changer la victoire en une mémorable défaite.

Il était trois heures.

### DESAIX CULBUTE LES AUTRICHIENS. — IL EST TUÉ.

En entendant au loin le canon, le général Desaix, qui possédait sous sa main une division entière et qui cherchait l'ennemi à Novi, conclut que l'ennemi se trouvait à Marengo. Il se mit en route en toute hâte et marcha toute la journée. Devançant ses troupes au galop, il accourut auprès de Bonaparte. A trois heures ses têtes de colonnes arrivaient dans la plaine. En ce moment, les généraux, rangés en cercle autour du Premier Consul, opinaient, la plupart, pour une retraite en bon ordre. Le général Bonaparte opposait son opinion contraire. Sollicité par lui de donner son avis, Desaix tire sa montre, regarde l'heure et répond ces encourageantes paroles : « La bataille est perdue ; mais il n'est que trois heures, il reste encore le temps d'en gagner une. »

Dans son impatience d'envelopper nos troupes, le général autrichien avait commis la faute d'étendre démesurément ses ailes. Arrêter le front ennemi, couper son flanc avec les 6,000 hommes de troupes fraîches amenés par Desaix, tel fut le plan de Bonaparte. Il l'exécuta en un clin d'œil.

Ses dispositions prises, le Premier Consul, à cheval, parcourt les rangs de ses troupes promptement reformées en bataille. « Mes amis, s'écrie-t-il, c'est assez reculer ; souvenez-vous que j'ai l'habitude de coucher sur le champ de bataille. » Le signal est donné. La charge est battue sur toute la ligne. Chaque soldat est changé en héros.

Les Autrichiens croyant les Français en retraite marchaient en colonne, sans ordre de combat. Marmont démasque subitement douze pièces de canon. La mitraille pleut sur la colonne imprévoyante. Aussitôt Desaix charge les batteries ennemies. Se précipitant à cheval, suivi d'une demi-brigade, il tombe brusquement sur les Autrichiens après avoir franchi un pli de terrain qui le dérobait à leur vue. Une décharge de mousqueterie exécutée à bout portant coupe leur droite. Les Autrichiens ripostent et l'héroïque Desaix, hélas! tombe de cheval. Une balle lui avait percé la poitrine. Dès qu'il se sent atteint : « Cachez ma mort, s'écrie le héros au général Boudet, elle pourrait ébranler les troupes. »

La mort glorieuse du général Desaix ne fit qu'animer ses vaillants soldats. Ils avaient vu sa chute ; c'est à grands cris que tous demandèrent à venger son glorieux trépas. On tombe sur la masse des Autrichiens. Le général Kellermann charge avec une vigueur sans pareille une colonne ennemie et la coupe en deux. Ses dragons sabrent tout ce qu'ils rencontrent. Deux mille Autrichiens sont forcés de se rendre; avec eux le général Zach remet son épée. Lannes, de son côté, pourchasse le centre ennemi pendant que les grenadiers de la garde consulaire s'avancent sur Castel-Ceriolo. Partout les Français ont repris l'offensive. Partout s'élèvent des cris de victoire...

La panique se déclare dans la cavalerie autrichienne qui se précipite avec furie sur les bords de la Bormida où la confusion est à son comble. Les ponts sont bientôt encombrés. Leur artillerie tente le passage, mais en vain. Les voitures s'engagent dans la rivière : aussitôt les Français accourent, tuent, massacrent et prennent hommes, chevaux, bagages, canons, tout ce qu'ils trouvent.

Le baron de Mélas accouru, stupéfait à la nouvelle de l'offensive des nôtres, ne put que pleurer sur la destruction de sa magnifique armée.

Les Autrichiens, en cette bataille à jamais mémorable, perdirent 8,000 hommes. 4,000 prisonniers tombèrent en notre pouvoir.

Quant à nous, nos pertes s'élevaient à 6,000 hommes tués ou blessés, sur un effectif de 28,000 soldats.

La joie de la victoire fut diminuée par la mort du général Desaix. Lorsque M. de Bourrienne, secrétaire du Premier Consul, accourut pour le féliciter de sa victoire, en s'écriant : « Quelle belle journée ! — Oui, bien belle, répondit Bonaparte, si ce soir j'avais pu embrasser Desaix sur le champ de bataille. J'allais le faire ministre de la guerre; je l'aurais fait prince si j'avais pu (1). »

Le corps, longtemps cherché, du vaillant auteur de la victoire

(1) THIERS, *Histoire du Consulat et de l'Empire.*

fut trouvé près de San-Giuliano, au milieu des cadavres. Son aide de camp le recueillit, l'enveloppa pieusement dans un manteau, le plaça sur son cheval et le transporta au quartier général, au milieu des soldats en larmes.

La bataille de Marengo valut à la France la convention d'Alexandrie : Gênes nous fut rendu. La haute Italie rentra sous notre pouvoir.

Bonaparte, vainqueur de Marengo, qui avait su maîtriser la fortune par ses admirables combinaisons, ne voulut pas quitter le champ de bataille sans ordonner des honneurs magnifiques à celui qui l'avait si puissamment secouru. Il recueillit la famille militaire de Desaix et attacha au soin de sa personne les deux aides de camp qui pleuraient leur glorieux chef mort au champ d'honneur.

## II

## Austerlitz.

Elle brilla d'un vif éclat au jour anniversaire du couronnement de Bonaparte, la vaillance française.

Après avoir été sacré empereur (2) sous le nom fameux de Napoléon et avoir élevé au maréchalat ses principaux compagnons d'armes, le vainqueur de Marengo plaça sur sa tête l'ancienne couronne de fer des rois lombards et se fit proclamer roi d'Italie le 18 mars 1805. Il réunit à l'empire le territoire de Gênes et incorpora à la France les Etats de Parme.

Jalouse de la puissance du jeune Empereur, l'Angleterre souleva contre lui la Suède, la Prusse, l'Autriche et la Russie ; mais, prompt comme l'éclair, Napoléon avait transporté ses troupes de Boulogne-sur-Mer à Munich. Le 20 octobre, 30,000 Autrichiens se rendaient à Ulm, sans oser combattre nos troupes.

---

(1) A Notre-Dame par le pape Pie VII, le 2 décembre 1804.

Chaque combat fut une victoire. Le 15 novembre, l'armée française entrait à Vienne. Le Tyrol et la Moravie devenaient notre conquête.

Cependant, bien supérieurs en nombre, les Russes et les Autrichiens occupèrent des retranchements que l'illustre conquérant ne jugea pas à propos d'attaquer en face. Il feignit une marche sur le nord. Aussitôt les ennemis se hâtèrent de lui couper la retraite, Napoléon les attendait. On était près d'Austerlitz.

La veille de la bataille, l'Empereur visita ses soldats le soir. La nuit était sombre : il faisait froid. A sa vue, les soldats allumèrent, sur son passage, des fanaux de paille placés au bout de leurs fusils et suivirent ses pas aux cris répétés de *Vive l'Empereur !* Cet enthousiasme augurait leur courage. A ces cris et à cette illumination d'un genre nouveau, les généraux ennemis purent comprendre que l'armée française n'était pas abattue.

Plein de confiance dans l'issue du combat, l'empereur Alexandre avait envoyé un aide de camp à Napoléon pour lui exposer la nécessité de renoncer à ses conquêtes et d'éviter une nouvelle effusion de sang.

De grand matin, vers quatre heures, Napoléon, voulant juger de la position prise par les Russes commandés par Kutusof, général en chef, sortit de sa tente, parvint près d'un ruisseau séparant les deux armées, aperçut les feux ennemis sur les hauteurs de Pratzen et entendit le bruit de leurs canons roulant du côté des étangs situés dans l'endroit où il avait cherché à les attirer. Il vit avec une joie extrême qu'en quittant leurs positions ils tombaient dans le piège tendu par son adresse.

Revenu au bivouac, l'Empereur environné de ses maréchaux, à cheval, se plaça sur une élévation, d'où il dominait tout le vaste champ de bataille. Le jour paru, le soleil ne tarda pas à percer le brouillard qui ne laissait apercevoir que les parties saillantes du terrain.

C'était le soleil d'Austerlitz.

« Soldats, s'écria Napoléon en passant devant quelques régiments, il faut finir cette campagne par un coup de tonnerre. »

La bataille s'engage sur toute la ligne aux cris de « Vive l'Empereur ! » Soult, Murat, Lannes, Davoust, dont l'ardeur commune avait été jusqu'alors modérée par Napoléon qui voulait laisser les Russes s'engager dans les bas-fonds marécageux, partent au galop se placer à la tête de leurs corps d'armée.

Trois colonnes russes sous les ordres des généraux Doctorow, Lungeron, d'origine française, et Pribyschewski, commandés par l'incapable Buxhœwden, s'avancent sur les villages de Telnitz et de Sokolnitz, dans le but de tourner notre armée vers les lacs.

De leur côté, les Autrichiens, jaloux de prouver à leurs alliés les Russes qu'ils se battent aussi bien qu'eux, abordent avec résolution le village de Telnitz. Un ruisseau coulant dans des fossés et une hauteur couverte de vignes et de maisons formaient un obstacle sérieux dont profita adroitement le bataillon des chasseurs corses, qui abattit un grand nombre d'ennemis. En une demi-heure un régiment autrichien est complètement décimé.

Les Russes, qui s'étaient fait attendre durant plus d'une heure, viennent enfin au secours des Autrichiens, franchissent le ruisseau, et lancent leurs escadrons dans la plaine. Le général Marguron les reçoit avec vigueur à la tête de sa cavalerie légère; mais n'étant point soutenu il se replie. Notre droite est débordée.

Heureusement, le général Friant accourt en toute hâte avec sa division. Les dragons français se mettent au galop et rejettent dans Telnitz tous les ennemis qui avaient franchi le village. Les voltigeurs entrent dans Telnitz baïonnette en avant, chassent pêle-mêle les Autrichiens et les Russes qui couvrent le terrain de leurs morts.

Cependant, les deux colonnes ennemies de Doctorow et de Lungeron arrivent au secours des leurs; mais Friant, qui se couvrit de gloire, lance ses régiments de dragons, charge et recharge, fond sur Lungeron, l'expulse de ses positions, refoule Pribyschewski dans Sokolnitz et court dégager le 48$^e$ environné d'ennemis.

Friant et le maréchal Davoust, seuls à eux deux, à la tête de 8,000 fantassins et 2,800 cavaliers, luttent contre 35,000 Russes. Les hommes de la division Friant avaient parcouru trente-six lieues pour arriver à temps. Les soldats restés en arrière, quoique exténués de fatigue, remplissent successivement les vides faits par l'ennemi et se battent comme des lions. Quels héros! Voilà

Napoléon à Austerlitz.

ce qui se passait à notre droite ; voyons ce qui se passait au centre.

Le sort de la bataille dépendait de la prise de Pratzen. Il s'agissait pour Napoléon de couper en deux l'armée ennemie. Le maréchal Soult, placé au centre de notre armée, avait été chargé de cette opération. Dès que l'Empereur eut donné le signal de l'attaque, les deux divisions Vandamme et Saint-Hilaire se portèrent rapidement sur les pentes du plateau de Pratzen, occupé par le centre ennemi, commandé directement par le général en chef Kutusof et les empereurs de Russie et d'Autriche. Une vive fusillade est dirigée sur nos soldats qui ne répondent pas, gravissent vaillamment les hauteurs et surprennent l'ennemi qui croyait à une retraite. « Le prince Czartoryski, placé entre les deux empereurs, dit M. Thiers (1), fit remarquer à l'empereur Alexandre la marche lente et décidée des Français, qui gravissaient le plateau sans répondre aux Russes. Ce prince, ému à cette vue, sentit défaillir la confiance qu'il avait éprouvée jusque-là, et en conçut un pressentiment funeste qui ne l'abandonna pas de la journée. »

Les Français arrivèrent promptement au village et le franchirent sans broncher. Les Russes, cachés dans un ravin, ne manquaient pas de décharger leur mousqueterie à laquelle ripostait avec vigueur, à bout portant, le général Thiébault qui finit par les disperser.

Alors, l'infanterie russe et l'infanterie autrichienne s'étant disposées sur deux lignes, le maréchal Soult accourt, Thiébault fait charger à boulet et à mitraille et couvre l'ennemi d'un feu meurtrier qui jette le désordre dans les rangs des Autrichiens, pendant que le brave Vandamme marche sur les Russes à la baïonnette. Il les culbute et s'empare de leurs canons et de leurs munitions.

Il n'y avait pas encore une heure que l'attaque était commencée, et voilà que le plateau de Pratzen tremblait sous les pas des valeureux soldats de Soult : les Autrichiens fuyaient avec les Russes. En vain les deux empereurs s'efforcent d'arrêter leurs armées,

---

(1) *Histoire du Consulat et de l'Empire*, tome vi, page 311.

en vain les généraux ennemis tentent de ramener au feu leurs soldats. Kutusof, frappé d'une balle à la joue, appelle à lui la garde impériale russe forte d'une dizaine de mille hommes et rallie derrière elle son centre en déroute.

Témoin de ce mouvement, Napoléon attentif envoie aussitôt soutenir Soult vainqueur.

Pendant que les Français triomphaient à droite et au centre, les maréchaux Lannes et Murat, placés à la gauche de notre armée, brisaient les efforts que ne cessait de tenter le prince de Bagration, aidé de toute l'innombrable cavalerie austro-russe.

Dès qu'il eut entendu tonner le canon de Pratzen, Lannes, qui avait rangé ses troupes dans un ordre admirable, s'avança dans la plaine illuminée d'un soleil splendide.

Son corps d'armée semblait parader sur un champ de manœuvre.

Quatre-vingt-deux escadrons russes et autrichiens rangés sur deux lignes, commandés par le prince Jean de Lichtenstein, attendaient le corps de Lannes. Le prince lance les uhlans du grand duc Constantin sur la division Caffarelli ; mais Kellermann, un de nos plus habiles officiers de cavalerie, était là. Jugeant que, si les chevaux venaient à reculer, l'infanterie française placée par derrière serait probablement mise en désordre, Kellermann replia ses escadrons et alla les reformer plus loin.

Lancés à fond de train, les uhlans sont surpris de ne pas trouver notre cavalerie. Ils tombent sur l'infanterie. Celle-ci les accueille avec un feu roulant qui, du premier coup, couche par terre 400 cavaliers. Le général russe Essen tombe à leur tête. Le désordre se met dans les rangs. Profitant de la panique, l'habile Kellermann charge aussitôt les uhlans qui ne l'attendaient guère, et en sabre un bon nombre. Le général ennemi envoie des secours. Alors, nos dragons s'élancent : la mêlée devient affreuse. Le terrain se couvre de morts et de blessés. L'artillerie succède à la cavalerie, les décharges vomissent des projectiles de toute nature.

Dans ce combat terrible un trait d'héroïsme à signaler s'accomplit :

Le brave général Valhubert tombe, la cuisse emportée par un

boulet de canon. Les soldats se disposent à le relever. « Restez à votre poste, restez, vous dis-je, je saurai bien mourir tout seul. Il ne faut pas pour un homme en perdre six... »

Voilà comment savaient mourir des Français.

Le maréchal Lannes ordonne de s'emparer du village de Blaziowitz en flammes, profondément encaissé. Le colonel Castex s'élance, il est frappé mortellement à la tête. Aussitôt son bataillon court, la baïonnette en avant, et venge la mort de son chef en s'emparant du village dont les occupants sont faits prisonniers.

Après la prise de ce village, Lannes courut au devant de l'infanterie de Bagration et parvint à la séparer de la redoutable cavalerie du prince de Lichtenstein. Cela fait, il rejette l'une et l'autre loin dans la plaine.

Mais l'ennemi n'a pas dit son dernier mot : Sa cavalerie, essayant une dernière tentative, se reforme et fond tout entière sur une de nos divisions. Le feu de notre mousqueterie la force à s'arrêter. Nos cuirassiers accourent et s'élancent au galop. Quatre mille cavaliers chargés de fer se précipitent sur la masse ennemie. Impossible à l'ennemi de résister à l'élan français. Les escadrons austro-russes sont renversés, dispersés, mis en fuite et hors d'état, cette fois, de revenir sérieusement à l'attaque.

Débarrassé ainsi des quatre-vingt-deux escadrons du prince de Lichtenstein, le maréchal Lannes lance ses cuirassiers pleins de feu sur les fantassins russes. Il tue 2,000 Russes et Autrichiens, fait 4,000 prisonniers et peut enfin entonner l'hymne de la victoire.

Cependant la lutte n'était point finie. La possession du plateau de Pratzen au centre de la bataille, offrait des avantages tels que le général Kutusof résolut de tout tenter pour l'occuper de nouveau et refouler le corps du maréchal Soult qui coupait en deux l'armée austro-russe. Napoléon en personne s'était porté en cet endroit avec toutes ses réserves. Chacun comprenait que la victoire dépendait des efforts entrepris sur ce point. Les Français ne tardèrent pas à se trouver aux prises avec d'innombrables bataillons énergiquement soutenus par la garde impériale russe. Parmi les mille actions d'éclats accomplies en ce jour, nous avons à signaler la conduite héroïque de la brigade du général Thiébault. Cette brigade fut exposée au plus extrême danger et fit preuve du plus grand courage. Elle faisait face aux lignes autrichiennes reformées ; sa droite se trouvait menacée par les feux ennemis ; les balles pleuvaient sur elle tirées à trente pas : alors l'adjudant Labadie, voyant la brigade écharpée, saisit le drapeau, se place en jalon et s'écrie : « Soldats, voici votre ligne de bataille ! » La brigade prend position et échange une fusillade meurtrière. « En avant à la baïonnette ou nous sommes perdus ! » s'écrie le colonel Pouzet. « Oui, en avant ! » répond le chevaleresque général Saint-Hilaire. Aussitôt on croise la baïonnette, on s'élance sur les Russes à droite, sur les Autrichiens à gauche : tous les ennemis sont culbutés en moins de temps qu'il ne faut pour le dire.

Cette bataille fameuse se termina par une mémorable charge de cavalerie, au centre, entre la garde impériale française et la garde impériale russe. Aidé des grenadiers à cheval, le général Rapp, a la tête des mamelucks et des chasseurs de la garde, fond sur les chevaliers-gards d'Alexandre, les disperse après une charge sanglante, s'empare du général ennemi, revient, entouré de son état-major, auprès de Napoléon qui le félicite de son courage. Rapp était couvert de sang.

Le plateau de Pratzen restait entre nos mains, définitivement conquis. Napoléon se porta aussitôt sur la droite pour compléter la victoire. Là, le brave Friant luttait avec énergie, après avoir eu quatre chevaux tombés sous lui. Quand l'Empereur apparut avec des forces imposantes, l'ennemi ne tint plus. Les Russes surpris, désespérés, s'enfuirent. Une colonne ennemie est faite prisonnière dans Sokolnitz, une autre est enveloppée dans des marécages, une troisième engagée vers Brünn se voit forcée de déposer les armes. En vain le général Buxhœwden essaie de regagner la route d'Anyezd ; le maréchal Soult accourt, la division Vandamme s'empare du village, les Russes sont poussés du côté des étangs glacés. Ils se jettent en désordre, s'efforcent de se frayer un chemin, mais la glace à demi-fondue par la chaleur du jour, surchargée par le poids des hommes, des chevaux et des canons, se brise en maint endroit.

Napoléon, qui avait si bien tendu le piège, aperçoit le désastre. Aussitôt, il ordonne à l'artillerie française de se porter en avant et de tirer à boulet sur la glace qui résiste encore. Près de deux mille ennemis périssent sous la glace entr'ouverte. D'autre part, la cavalerie française ne reste pas oisive. L'ennemi s'enfonce dans les terrains bourbeux, l'artillerie russe ne peut se dégager. Nos braves cavaliers accourus, sabrent et s'emparent de tout ce qu'ils rencontrent.

La panique est à son comble. « J'avais déjà vu, s'écrie le général ennemi Lungeron, quelques batailles perdues ; je n'avais pas l'idée d'une pareille défaite. »

Les deux empereurs de Russie et d'Autriche s'enfuirent à la hâte du champ de bataille, traversèrent les champs de Moravie au milieu de la plus profonde obscurité.

Tout était perdu. Le soir de la bataille, l'Empereur d'Autriche envoya le prince de Lichtenstein qui s'était si vaillamment conduit, demander un armistice à Napoléon. Il trouva l'Empereur victorieux occupé à faire relever les blessés. Le sol était jonché de cadavres sur une étendue de plus de trois lieues. Mais ce spectacle horrible n'émouvait pas le cœur de nos guerriers, habitués depuis longtemps à celui de la mort. Les acclamations de victoire partaient de toutes les poitrines.

Napoléon, établi au château d'Austerlitz, adressa à ses héros la proclamation suivante :

« Austerlitz, 12 Frimaire. »

« Soldats,

« Je suis content de vous : vous avez à la journée d'Austerlitz justifié tout ce que j'attendais de votre intrépidité. Vous avez décoré vos aigles d'une immortelle gloire. Une armée de cent mille hommes, commandée par les empereurs de Russie et d'Autriche, a été en moins de quatre heures ou coupée ou dispersée. Ce qui a échappé à votre fer s'est noyé dans les lacs.

« Quarante drapeaux, les étendards de la garde impériale de Russie, cent vingt pièces de canon, vingt généraux, plus de trente mille prisonniers sont le résultat de cette journée à jamais célèbre. Cette infanterie tant vantée, et en nombre supérieur, n'a pu résister à votre choc, et désormais vous n'avez plus de rivaux à redouter. Ainsi, en deux mois, cette troisième coalition a été vaincue et dissoute. La paix ne peut plus être éloignée ; mais, comme je l'ai promis à mon peuple avant de passer le Rhin, je ne ferai qu'une paix qui nous donne des garanties, et assure des récompenses à nos alliés.

« Soldats, lorsque tout ce qui est nécessaire pour assurer le bonheur et la prospérité de notre patrie sera accompli, je vous ramènerai en France ; là vous serez l'objet de mes plus tendres sollicitudes. Mon peuple vous reverra avec joie et il vous suffira de dire : J'étais à la bataille d'Austerlitz, pour que l'on vous réponde : Voilà un brave !

« NAPOLÉON. »

La paix fut signée et un traité conclu à Presbourg le 26 décembre.

Les canons conquis à Austerlitz furent fondus pour élever à la *gloire de la Grande-Armée* la colonne Vendôme.

III

## La Marine française à Trafalgar.

Pendant que d'un vol rapide Napoléon s'avançait triomphant sur Vienne, l'amiral Decrès lui manda la triste nouvelle de la défaite de notre flotte à Trafalgar près de Cadix. Personne n'osa la communiquer au guerrier victorieux ; Berthier prit sur lui de glisser, sans rien dire, sur la table de Napoléon, la malheureuse dépêche mentionnant la catastrophe. Quand il la découvrit, sa douleur fut extrême et on l'entendit s'écrier avec colère : « Je saurai bien apprendre aux amiraux français à vaincre ! »

Plus juste que ce génie habitué à la victoire, l'homme impartial se gardera de déverser un trop sévère courroux sur le courage malheureux : il admirera l'héroïsme où qu'il soit, dans le triomphe aussi bien que dans la défaite.

Livrée imprudemment contre la flotte anglaise habilement commandée par l'amiral Nelson, le 20 octobre 1805, par l'amiral Villeneuve, malgré l'avis contraire de ses officiers, cette grande bataille navale manifesta l'inexpérience de la flotte espagnole unie à la nôtre, et l'intrépidité de nos marins français.

Nous laisserons sous silence les détails du combat pour nous borner à décrire la conduite héroïque des vaisseaux contre lesquels les Anglais déployèrent le plus d'acharnement.

La flotte franco-espagnole se composait de trentre-trois vaisseaux ; mais, par une fausse manœuvre, il advint que les navires contrariés par la brise ne purent se soutenir les uns les autres. Les Anglais, profitant des vides maladroitement laissés, vinrent fondre avec une colonne serrée de douze vaisseaux, dont plusieurs à trois ponts, sur nos seuls navires en ligne, qui n'étaient qu'à deux ponts : le *Santissima Trinidad*, le *Bucentaure* portant l'amiral Villeneuve et le *Redoutable*.

Le *Victory*, sur lequel l'amiral anglais Nelson avait arboré son pavillon, précédé du *Téméraire*, était en tête de la colonne.

## COMBAT DU *REDOUTABLE*.

Le *Victory* était à peine arrivé à portée de canon que les trois vaisseaux menacés ouvrirent sur lui un feu épouvantable. En un instant ses mâts de hune sont enlevés, son gréement est déchiré et 50 hommes tombent mis hors de combat. Alors, Nelson essaie de tourner le *Bucentaure* en passant entre lui et le *Redoutable* ; mais aussitôt l'intrépide Lucas, capitaine de ce navire, fait déployer ses voiles, accourt et s'avance si près du *Bucentaure* qu'il fracasse le couronnement ornant la poupe de ce vaisseau. Le *Victory* fait de vains efforts pour séparer avec sa proue les deux vaisseaux français fortement unis ; puis il glisse le long du *Redoutable* et applique son flanc contre le sien. Le choc, la brise emportent hors de la ligne les deux navires opposés, et le chemin s'ouvre malheureusement derrière le *Bucentaure*, où se jettent à la fois la masse des vaisseaux anglais dans le but d'envelopper cet infortuné navire et le *Santissima Trinidad*.

La manœuvre habile de Nelson rendait inutile dix vaisseaux formant la tête de la flotte combinée qui ne pouvaient revenir contrariés par la brise. En vain, l'amiral Villeneuve, en détresse, fait arborer des pavillons pour les ramener au feu, une fumée intense cache les signaux. Alors s'engage une lutte homérique au centre de la flotte dispersée. Le *Téméraire* se flanque au flanc droit du *Redoutable* attaché au côté gauche du *Victory*.

Bataille de Trafalgar.

Le capitaine Lucas ordonne plusieurs décharges qui causent sur le *Victory* de terribles ravages : il fait monter ses matelots sur les hunes pour diriger sur le navire ennemi un feu nourri de mousqueterie ; puis il commande l'abordage.

Pendant que l'on amenait les vergues qui devaient servir de passage entre le vaisseau français et le vaisseau anglais, une balle partie des hunes alla frapper à l'épaule gauche l'amiral Nelson qui contemplait la bataille sur le gaillard d'arrière du *Victory*. La balle pénétra dans les reins. L'illustre marin tomba sur le pont essayant de se soutenir sur une main. Se sentant blessé grièvement, il dit à son capitaine de pavillon : « Les Français en ont fini avec moi. — Non, pas encore, répondit le capitaine. — Si, je vais mourir. » On l'emporte aussitôt, il perd connaissance et meurt quelque temps après en demandant des nouvelles du combat.

Le capitaine Lucas ignorait ce qui s'était passé. A la tête d'une troupe d'élite, il se disposait à l'abordage, quand le *Téméraire* se mit à lâcher sur son glorieux navire une bordée de mitraille des plus funestes. 200 matelots français tombent morts ou blessés. L'abordage devenant impossible par manque de personnel, nos braves retournent aux batteries de tribord et ouvrent sur le *Téméraire* un feu vengeur.

Le malheureux *Redoutable*, déjà en proie à deux ennemis, vit fondre sur lui bientôt un troisième, le *Neptune,* qui le prit par la poupe. Dès lors, la lutte devient impossible. Deux de ses mâts tombent et obstruent le pont, le gouvernail ne peut servir, l'artillerie est démontée et l'eau s'introduit par torrents dans la cale défoncée par les boulets ennemis. Quand le *Redoutable* fut enfin contraint d'amener son pavillon, l'ennemi trouva 300 morts et 222 blessés sur 690 hommes d'équipage. Tout l'état-major était frappé, 10 aspirants sur 11 gisaient mourants.

### COMBATS DU *BUCENTAURE* ET DU *SANTISSIMA TRINIDAD*.

La lutte avait entraîné au loin le *Redoutable*. L'ennemi profita du chemin ouvert pour envelopper le *Bucentaure*, commandé par l'amiral français et le *Santissima Trinidad*. Le *Bucentaure* avait son beaupré engagé dans la galerie de poupe du vaisseau espagnol. Il ne tarda pas à être attaqué par des forces supérieures. Quatre vaisseaux anglais vinrent le foudroyer en poupe et à tribord. Impassible à son gaillard d'arrière, l'amiral Villeneuve ne s'effraya point. Ses batteries de tribord étaient fort éprouvées, il fit de grands efforts pour améliorer sa position et opposer à l'ennemi ses batteries de bâbord; mais ce fut vainement qu'il tenta de se mouvoir et de se dégager du *Santissima Trinidad* qui, privé de ses mâts, ne pouvait bouger.

Un feu épouvantable accabla l'arrière et la droite du *Bucentaure* qui répondit noblement à l'ennemi quatre fois supérieur en nombre. Deux capitaines de pavillon sont blessés successivement. Le grand mât, le mât d'artimon tombent avec fracas sur le pont, et quelque temps après le troisième mât couvre le navire de débris. La poupe est démolie. L'amiral ne peut plus distinguer le reste de l'escadre tellement la fumée de la poudre est épaisse. Son vaisseau devenu intenable, il essaye de se jeter dans un canot et d'aller ramener ses navires sous le feu; mais impossible d'en trouver un seul, toutes les embarcations étaient fracassées. Le chef d'état-major tombe blessé, l'équipage presque entier est hors de combat, les batteries démontées ne peuvent plus répondre à l'ennemi. Admirable dans la lutte, l'infortuné amiral invoquait la mort qui ne vint pas le soustraire à la honte de la défaite.

On amena le pavillon quand on menaçait de sombrer. Une chaloupe ennemie conduisit l'amiral à bord d'un vaisseau anglais, où il fut reçu avec les honneurs dus à son rang et au courage malheureux.

Entouré d'ennemis, le *Santissima Trinidad* ne pouvait résister. Il fut pris.

### L'*ALGÉSIRAS*.
### MORT HÉROIQUE DU CONTRE-AMIRAL MAGON.

L'*Algésiras*, commandé par le brave contre-amiral Magon, né à l'Ile-de-France, d'une famille de Saint-Malo, soutint une lutte non moins glorieuse que celle que venait d'endurer le fameux *Redoutable*.

Dans le but de fermer aux Anglais la voie ouverte leur permettant de venir couper notre ligne, l'amiral Magon porta son navire en avant; mais il ne tarda pas à trouver devant lui un ennemi formidable, le *Tonnant*, vaisseau français pris par les Anglais à la funeste bataille d'Aboukir, et qui depuis servit contre nous. L'*Algésiras* s'approcha de très près, tira une bordée, et fixa son beaupré dans les haubans du navire opposé. Les marins français allaient courir à l'abordage, quand un autre vaisseau anglais vint à la rescousse et lâcha sur eux des décharges terribles qui tuèrent nombre de nos héroïques matelots. Un troisième navire ennemi ne tarda pas à accourir foudroyer l'*Algésiras* déjà en proie à deux vaisseaux. Magon se défend avec énergie. Il saisit une hache d'abordage, se met à la tête de ses marins qui luttent à mort contre les Anglais envahissant son navire, et les repousse. Trois fois, l'ennemi revient à la charge, et trois fois il est rejeté hors du pont couvert de morts et de blessés. Son capitaine de pavillon est tué; son lieutenant de vaisseau est blessé, et lui-même se sent percé au bras d'une balle qui lui fait une horrible blessure d'où s'échappe tout son sang. Mais il reste courageusement à son poste : il combat vaillamment quand une seconde balle lui fracasse la cuisse. M. de la Bretonnière, devenu capitaine de pavillon, fait descendre dans l'entre-pont le valeureux amiral qui s'appuie sur deux matelots. A peine est-il arrivé à l'ambulance qu'un biscaïen, passant à travers le navire déchiqueté, va frapper le héros. Il meurt et son équipage intrépide, au lieu de craindre pareil sort, lutte avec acharnement pour venger un chef aimé. Le navire, hélas! était dans un triste état : ses trois mâts abattus, ses batteries démontées, ses défenseurs réduits à un petit nombre témoignaient de l'ardeur du combat. 150 matelots étaient tués, 180 blessés, sur 641 combattants. Il fallut laisser à l'ennemi un vaisseau en miettes ; mais, avant d'amener le pavillon, les braves marins exécutèrent une décharge suprême sur l'ennemi victorieux. Nous raconterons plus loin l'héroïque tentative de leur délivrance.

En cette funeste bataille navale périt atteint d'une blessure mortelle l'amiral espagnol Gravina monté sur le *Prince-des-Asturies*, qui se défendit avec la plus grande énergie contre les navires anglais qui le cernaient, et qui ne purent le capturer, grâce au dévouement des deux navires français, le *Neptune* et le *Pluton*.

### CONDUITE HÉROÏQUE DE L'ÉQUIPAGE DE L'*ACHILLE*.

La tactique de Nelson avait été d'opposer partout successivement plusieurs vaisseaux à un seul bâtiment français : elle n'avait que trop bien réussi. L'*Achille* subit le sort commun : il fut enveloppé et mitraillé de la plus belle façon. Pour comble de malheur, le feu prit au navire. Ailleurs on eut abandonné les canons pour voler éteindre l'incendie devenus effrayant. Les matelots de l'*Achille*, eux, restèrent impassibles : les canonniers demeurèrent tous à leurs pièces pour répondre au feu terrible des Anglais qui, épouvantés par les flammes menaçant leur propre flotte, s'éloignèrent à la hâte d'un vaisseau qui menaçait de faire explosion et de communiquer au loin l'incendie, en causant d'horribles catastrophes.

Délivrés de leurs ennemis qui de loin attendaient leur trépas, les héroïques matelots de l'*Achille* songèrent alors seulement à éteindre les flammes. C'était trop tard : l'incendie avait gagné la soute. A peine quelques marins avaient pu gagner la mer, que le navire, abîmé par la mitraille, sauta avec fracas.

Les Anglais terrifiés envoyèrent des chaloupes pour amener des prisonniers. Ils recueillirent peu de Français : le plus grand nombre d'entre eux, demeurés à bord, avaient sauté en l'air avec leur infortuné navire, préférant une mort glorieuse dans les flots.

Peu après le signal de la retraite fut donné.

Dix-sept vaisseaux français et espagnols avaient été capturés par les Anglais; l'*Achille* avait sauté; 6 ou 7,000 hommes étaient tués ou prisonniers; mais les Anglais payèrent cher leur victoire : ils perdaient 3,000 hommes parmi lesquels leur illustre amiral Nelson. La plupart de leurs vaisseaux étaient démâtés, plusieurs hors de service. L'amiral Villeneuve vaincu se donna la mort. Les trois amiraux commandant les trois flottes différentes périrent en ce combat fameux qui rendit pendant un demi-siècle les Anglais maîtres absolus des mers.

## AUDACE DES PRISONNIERS DURANT LA TEMPÊTE QUI SUIVIT LA BATAILLE.

Quand la nuit arriva, nuit sombre et désolée qu'attristaient encore les cris plaintifs des blessés, un vent violent s'éleva, et une horrible tempête succéda à la bataille. Les Anglais négligèrent le sage avis de l'amiral Nelson qui, mourant, leur avait conseillé de chercher un mouillage assuré. Les vaisseaux prisonniers qu'ils traînaient à la remorque, gênaient horriblement les mouvements de leur flotte victorieuse secouée par les éléments déchaînés. La tempête devint si furieuse qu'il fallut abandonner en grande partie les proies conquises au prix de tant d'efforts.

L'espérance revint au cœur des prisonniers heureux, cette fois, de l'inclémence du ciel.

Le *Bucentaure* désemparé fut d'abord livré au gré des vents.

Les survivants de l'équipage s'empressèrent de redresser quelques mâts et d'y attacher des lambeaux de voiles. Poussé par l'ouragan, le malheureux navire se dirigea vers Cadix et alla se briser sur un écueil qu'il ne put éviter. Les matelots les plus vigoureux parvinrent à se sauver un moment sur l'*Indomptable*.

Le navire anglais qui remorquait l'*Algésiras*, incapable de garder sa conquête, fut obligé de rompre le câble retenant ce glorieux navire qui portait les restes de l'héroïque Magon. Soixante Anglais officiers et matelots, commandaient le vaisseau délivré de ses attaches. Ils tirent le canon pour obtenir un secours nécessaire ; mais personne ne répond à leur appel désespéré. S'adressant au capitaine prisonnier, M. de la Bretonnière, ils le conjurent de sauver avec son équipage la vie de ses ennemis et de ses morts. L'intrépide marin va consulter ses officiers, les anime et leur inspire l'idée d'arracher le navire aux vainqueurs. Les Français se trouvaient tous sans armes, mais ils étaient 270 vaillants qui accueillirent avec transport le projet audacieux d'une délivrance impossible. On oublie la tempête ; on méprise toute crainte hormis celle de subir la honte de la captivité : on convient que les Anglais seront d'abord sommés de se rendre, et que, s'ils refusent, une lutte acharnée quoique inégale sera tentée avec toute l'audace que donne le désespoir. Le commandant français annonce aux ennemis que le péril commun délie tout engagement, le salut public étant la loi suprême ; que ses frères d'armes se considèrent comme libres, et que, si les maîtres du navire préfèrent la lutte à la reddition, les Français désarmés sont prêts eux, à subir le sort d'un combat sans exemple.

Les Anglais délibèrent, ils hésitent. Plusieurs matelots français accourent, s'élancent sur les factionnaires armés, et sont frappés grièvement. M. de la Bretonnière calme le tumulte, promet aux ennemis de demander leur délivrance si l'on arrive heureusement au port. Les vainqueurs se rendent aux vaincus ne se tenant plus de joie.

Après avoir été vingt fois sur le point de périr contre les rochers, après avoir subi deux jours et deux nuits la plus épouvantable des tempêtes, l'*Algésiras* miraculeusement préservé, put enfin pénétrer dans la rade de Cadix. Il alla s'engager dans un lit de vase qui devint pour lui le salut.

Le sort de l'*Indomptable* qui portait les débris de l'équipage du *Bucentaure* fut, hélas! tout différent. Ses ancres puissantes cédèrent tout à coup aux efforts des vagues. Passant comme une flèche à quelques pas de l'*Algésiras*, alors en détresse, ce malheureux navire se précipita contre l'écueil redoutable de la Pointe-du-Diamant. Il fut englouti avec les 1,500 braves qu'il portait.

Parmi les actes d'héroïsme accomplis en cette funeste bataille de Trafalgar, mentionnons celui du capitaine Cosmao commandant du *Pluton*, criblé de boulets, et à moitié privé de son équipage. Accompagné de quelques vaisseaux fort maltraités le brave Cosmao s'approcha de la flotte anglaise, lui reprit deux navires et contraignit par son mouvement hostile l'amiral Anglais à couler à fond 4 vaisseaux prisonniers.

Quand l'amiral anglais rentra à Gibraltar, il n'amena avec lui que quatre prises sur dix-sept. Trois de ces navires capturés étaient espagnols, un seul était français. Il fallut bientôt le couler à fond : en sorte qu'aucun vaisseau français ne fut retenu captif dans les mains abhorrées des Anglais.

Voilà ce qu'obtint la vaillance !

## IV

### Intrépidité du baron de Marbot au passage du Danube (1).

AVANT LE PASSAGE. — PRÉPARATIFS.

L'Empereur et plusieurs maréchaux, parmi lesquels se trouvait le maréchal Lannes, étaient établis au couvent des Béné-

---

(1) Le général baron de Marbot naquit le 18 août 1782 au château de Larivière, sur les rives de la Dordogne, vers les confins du Limousin et du Quercy.

Engagé à l'âge de seize ans, au 1er hussards, Marbot fit ses premières armes au siège de Gênes, en 1800 où, à la suite d'actions d'éclat, il est nommé sous-lieutenant.

Type accompli de l'officier, instruit, aussi avisé que brave, Marbot devint succes-

dictins qui s'élève au-dessus de la petite ville de Molk. Une pluie abondante ne cessait de tomber et le Danube croissait démesurément. La nuit venue, l'aide de camp du maréchal Lannes prévint le baron de Marbot que l'Empereur le demandait. Comme il se trouvait parfaitement bien où il était, de Marbot fut très contrarié de se voir obligé de quitter un bon souper et un excellent gîte pour aller se mouiller de nouveau ; mais il fallait obéir.

En arrivant dans les salons, de Marbot comprit de suite qu'il était appelé pour un grave motif. « L'Empereur vous fait demander, disaient les officiers et les chambellans. — C'est probablement pour vous remettre votre brevet de chef d'escadron, » ajoutèrent d'autres personnages ; mais il n'en crut rien, devinant que ce n'était pas à pareille heure que l'Empereur conférait une nomination soudaine.

sivement l'aide de camp des maréchaux Bernadotte, Augereau, Lannes et Masséna.

Bien que l'on ait dit maintes fois que l'on arrivait rapidement à cette époque aux plus hauts grades, l'avancement, pour lui comme pour beaucoup d'autres, fut relativement lent, et ce n'est qu'après de nombreuses actions d'éclat qu'il parvint colonel à la fin de l'Empire, jeune d'âge, mais déjà vieux de services et couvert de blessures.

Pendant la retraite de Russie, alors commandant du 23° chasseurs à cheval, il fut si ménager du sang de ses soldats et manœuvra si habilement, qu'entré en campagne avec 1,048 hommes, il ramena en deçà de la Vistule son régiment à l'effectif de 693 hommes à cheval, ce qui fit l'admiration de l'Empereur.

Exilé après la fin de l'Empire, Marbot se lia d'amitié avec le duc d'Orléans qui, devenu roi, le nomma maréchal de camp et lui confia l'éducation de son fils dont il devint plus tard l'aide de camp.

Marbot ne fut pas seulement un vaillant soldat, il fut aussi un écrivain remarquable.

La statue élevée à la mémoire de ce héros de nos anciennes guerres, porte ces mots :

*Au soldat. — A l'écrivain.*

Ses *Mémoires* fort estimés, édités en 3 volumes par la librairie Plon, Nourrit et C$^{ie}$, s'arrêtent à Waterloo.

Ce vaillant n'aimait pas les Juifs ; il les indique comme de vils espions au service de celui qui sait le mieux les payer.

Voici comment il flétrit leur férocité envers les vaincus :

« A peine étions-nous hors de Wilna, que les infâmes Juifs, se ruant sur les
« Français qu'ils avaient reçus dans leurs maisons pour leur soutirer le peu
« d'argent qu'ils avaient, les dépouillèrent de leurs vêtements et les jetèrent par
« les fenêtres !... Quelques officiers de l'avant-garde russe qui entraient en ce
« moment furent tellement indignés de cette atrocité qu'ils firent tuer beaucoup de
« Juifs. »

Marbot trouva Napoléon dînant avec plusieurs maréchaux et l'abbé du couvent. A sa vue, l'Empereur se leva de table s'approcha d'un grand balcon donnant sur le fleuve, et dit à voix basse au maréchal Lannes : « L'exécution de ce projet est presque impossible ; ce serait envoyer inutilement ce brave officier à une mort presque certaine ! — Il ira, Sire, j'en suis certain, il ira ; d'ailleurs, nous pouvons toujours lui en faire la proposition. »

Napoléon, entouré de son état-major.

Prenant alors de Marbot par la main, Lannes ouvrit la fenêtre du balcon et lui montra le Danube débordé dont la largeur effrayante était alors de près d'une lieue. Un vent impétueux agitait le fleuve et faisait mugir ses vagues. Le maréchal lui dit : « Voilà de l'autre côté du fleuve un camp autrichien ; mais l'Empereur désire très vivement savoir si le corps du général Hiller en fait partie, ou s'il se trouve encore sur cette rive. Il faudrait que, pour s'en assurer, un homme de cœur eût le courage de traverser le Danube, afin d'aller enlever quelque soldat ennemi, et j'ai affirmé à l'Empereur que vous iriez (1) ! »

Napoléon ajouta ces paroles : « Remarquez bien que ce n'est pas un ordre que je vous donne, c'est un désir que j'exprime ; je

(1) *Mémoires du général de Marbot.*

reconnais que l'entreprise est on ne peut plus périlleuse, mais vous pouvez la refuser sans crainte de me déplaire. Allez donc réfléchir quelques instants dans la pièce voisine, et revenez nous dire franchement votre décision. »

A ces mots une sueur froide inonda tout le corps du vaillant officier ; mais le sentiment de la gloire, le désir de servir son pays lui fit dire : « J'irai, Sire, j'irai sans hésiter ! J'irai !... et si je péris, je lègue ma mère à Votre Majesté. »

L'Empereur lui prit l'oreille en signe de satisfaction, et le maréchal lui tendit la main en s'écriant : « J'avais bien raison de dire à Votre Majesté qu'il irait !... Voilà ce qu'on appelle un brave soldat !... »

Le général Bertrand, aide de camp de l'Empereur, et le commandant du grand quartier impérial ordonnaient de mettre à la disposition de Marbot tout ce qu'il jugerait nécessaire au succès de sa périlleuse mission. Un caporal, cinq grenadiers de la vieille garde parlant allemand furent appelés et consentirent sans sourciller à l'accompagner. Napoléon promit de les décorer, et tous ces braves répondirent : « Vive l'Empereur ! »

Lorsqu'un interprète eut expliqué à cinq bateliers les plus habiles que l'on put trouver qu'il s'agissait de conduire une barque de l'autre côté du Danube, ces pauvres gens se mirent à pleurer et tombèrent à genoux. Le syndic déclara qu'il valait autant les fusiller que de les envoyer à une mort inévitable. Il objecta l'impétuosité des eaux, la quantité de sapins traînés par les eaux qui défonceraient la barque, la difficulté d'aborder dans un endroit favorable... L'opération semblait tout à fait impraticable.

Pour les amener à accéder à sa volonté, l'Empereur fit verser devant chacun d'eux la somme de 6,000 francs en or. Ce fut vainement. Il fallut que les grenadiers employassent la force.

Le caporal fut choisi pour interprète de Marbot qui trouva une excellente embarcation munie de deux ancres, de câbles et d'un morceau de toile au bout de chacun, et dans lequel était enveloppé un gros caillou.

Le baron de Marbot se couvrit d'un képi, les grenadiers prirent leurs bonnets de police. Il allait donner le signal du départ, quand les cinq bateliers le supplièrent de leur faire la grâce d'aller embrasser pour la dernière fois leurs femmes et leurs enfants. Sur son refus, le syndic demanda cinq minutes pour que tous pussent recommander leur âme à Dieu, car ils allaient sûrement périr.

Tous se prosternèrent; de Marbot et les grenadiers imitèrent leur exemple. Aussitôt la prière terminée, on distribua à chacun un verre de vin du couvent, et la barque fut lancée dans le fleuve.

### LA TRAVERSÉE.

Le syndic tenait le gouvernail. « Le courant était trop rapide, dit l'auteur de cette héroïque tentative (1), pour que nous pussions traverser directement de Molk à la rive opposée; nous remontâmes donc à la voile le long de la berge du fleuve pendant plus d'une lieue, et bien que le vent et les vagues fissent bondir le bateau, ce trajet se fit sans accident. Mais lorsqu'il fallut bien s'éloigner de terre pour commencer la traversée à force de rames, le mât qu'on abattit, au lieu de venir se placer dans la longueur du bateau, tomba de côté, et la voile, trempant dans l'eau, offrait une grande résistance au courant, ce qui nous fit tellement pencher que nous fûmes sur le point d'être submergés!... Le patron ordonna de couper les câbles et de jeter le mât dans le fleuve; mais les matelots, perdant la tête, se mirent à prier sans bouger!... Alors le caporal, tirant son sabre, leur dit: « On peut prier en travaillant! Si vous n'obéissez sur-le-champ, je vous tue!... »

« Ces pauvres diables, obligés de choisir entre une mort incertaine et une mort positive, prirent des haches, aidèrent les grenadiers; le mât fut promptement coupé et lancé dans le courant... Il était temps, car à peine fûmes-nous débarrassés de ce dangereux fardeau, que nous ressentîmes une secousse épouvantable: un des nombreux sapins qu'entraînait le Danube venait de heurter le bateau... nous frémîmes tous!...

(1) *Mémoires du général de Marbot*, tome II, page 154.

« Heureusement le bordage n'était point encore défoncé ; mais la barque résisterait-elle aux chocs qu'elle pouvait recevoir des autres arbres que nous n'apercevions pas et dont le voisinage nous était signalé par un plus grand balancement des vagues?... Plusieurs nous touchèrent, sans qu'il en résultât de graves accidents ; cependant le courant nous poussant avec force, et nos rames gagnant fort peu sur lui pour nous faire prendre le biais nécessaire à la traversée du fleuve, je craignis un moment qu'il ne nous entraînât au delà du camp ennemi, ce qui eût fait manquer mon expédition. Enfin, à force de rames, nous étions parvenus aux trois quarts du trajet, lorsque, malgré l'obscurité, j'aperçois une énorme masse noire sur les eaux, puis tout à coup un frôlement aigu se fait entendre, des branchages nous atteignent au visage et la barque s'arrête !... Le patron, questionné, répond que nous sommes sur un îlot garni de saules et de peupliers, dont l'inondation a presque atteint le sommet... Il fallut employer des haches, à tâtons, pour s'ouvrir un passage à travers ces branches ; on y parvint, et dès que nous eûmes franchi cet obstacle, nous trouvâmes un courant bien moins furieux que dans le milieu du fleuve et atteignîmes enfin la rive gauche, en face du camp autrichien. Cette rive était bordée d'arbres aquatiques très touffus qui, avançant en forme de dôme au-dessus de la berge, en rendaient sans doute l'approche fort difficile, mais qui en même temps s'opposaient à ce que du camp on pût apercevoir notre barque. Les feux de bivouac éclairaient le rivage, tout en nous laissant dans l'obscurité que les branches de saules projetaient sur nous. »

### DEVANT LE CAMP ENNEMI.

La barque aborde enfin. Tout allait à souhait. On dormait dans le camp autrichien ; seul le factionnaire veillait. Le difficile était maintenant d'enlever un prisonnier. Des ennemis nombreux ne se trouvaient qu'à cinquante pas : que faire? L'intrépide de Marbot ordonne aux cinq matelots de se coucher au fond de la barque et de rester immobiles sans proférer mot. Un de ses grenadiers est placé sur la pointe du bateau. Alors Marbot débarque, le sabre au poing, suivi du caporal et des deux autres grenadiers. Tous marchent quelque temps dans l'eau. Tout à coup un bruit métallique et le fredonnement d'un air de musique frappent leurs oreilles. Ils aperçoivent un homme portant un bidon de fer blanc qui s'apprêtait à puiser de l'eau. Pendant qu'il cherchait à remplir son récipient les grenadiers le saisissent à la gorge, lui mettent sur la bouche un mouchoir plein de sable et le menacent de mort s'il résiste ou s'il crie. Ahuri, l'homme n'oppose aucun effort et se laisse coucher à plat ventre dans le bateau à côté des matelots silencieux et tremblants.

On ne tarda pas à constater que le prisonnier n'était qu'un soldat domestique d'officier. Heureusement, de Marbot aperçut à quelques pas deux militaires venant aussi chercher de l'eau. Les grenadiers se cachent derechef, saisissent les deux Autrichiens qui ne s'attendaient guère à pareille aventure à cette heure, leur plongent la tête dans l'eau et les contraignent de les suivre à la barque. Un mouchoir rempli de sable leur couvrait la bouche de manière à les empêcher de pousser un cri.

Les matelots se relèvent, prennent leurs rames et se disposent à partir, quand on s'aperçut qu'il fallait scier la corde attachant la barque au rivage. Le mouvement imprimé à la corde agite les branches d'un saule et produit un bruit qui attire l'attention du factionnaire. Aussitôt, ce soldat crie : « *Wer da ?* (Qui vive ?) »

### LE RETOUR A LA RIVE OPPOSÉE.

La corde était à peine coupée, la barque à peine mobilisée, que le malencontreux factionnaire découvrant les bateliers émus du danger, crie : *Aux armes !* et tire sur la petite troupe.

A la détonation, tous les soldats du camp se lèvent et les artilleurs, à leurs pièces, se mettent à lancer sur le bateau des projectiles qui heureusement se perdirent dans les flots sans atteindre personne.

Tout danger n'avait pas disparu : il fallait braver au retour les mêmes obstacles que l'on avait rencontrés à l'aller. Maintes fois la barque fut sur le point de sombrer. Quand elle parvint enfin à la plage heureusement occupée par les Français, une grêle de balles faillit la mettre en pièce : on la traitait en ennemie. Pour couper court à l'erreur, Marbot fit pousser fréquemment à ses braves grenadiers le cri de : *Vive l'empereur Napoléon!* qui désarma nos soldats vigilants. Au bout de quelques instants, Marbot fut accueilli par le colonel Gautrin et le 9ᵉ hussards attachés au corps du maréchal Lannes.

Heureux abordage! « Si nous fussions débarqués une demi-lieue plus loin, écrit le baron de Marbot dans ses *Mémoires* (tome II, page 161), nous tombions dans les postes ennemis!... »

Les trois Autrichiens amenés au prix de tant d'efforts appartenaient au corps du général Hiller.

Lannes embrassa cordialement le courageux et hardi serviteur de l'Empereur et présenta aussitôt à Napoléon Marbot encore tout mouillé et crotté des pieds à la tête. Quand il eut terminé le récit émouvant de sa périlleuse expédition, il sentit la main de l'Empereur se poser sur son épaule et entendit ces paroles qui le firent tressaillir d'allégresse : « Je suis content de vous, *chef d'escadron Marbot*.... »

La fortune favorise les audacieux.

V

## La Cavalerie française à Eylau [1].

Le corps d'armée du général Augereau venait d'être presque entièrement détruit, Murat réunit quatre-vingts escadrons de sa cavalerie et commanda aux dragons du général Grouchy de charger les Russes. Il avait entendu le cri de douleur de Napoléon s'écriant : *Eh bien, nous laisseras-tu dévorer par ces gens-là ?* et il avait résolu de venger son frère d'armes étendu blessé dans le cimetière d'Eylau, aux pieds de son Empereur ému. Grouchy

---

[1] La bataille d'Eylau, qui fut une des plus sanglantes batailles livrées par Napoléon Iᵉʳ, eut lieu le 8 février 1807.

tombe de cheval, il se relève et fond sur les cavaliers placés en avant de l'infanterie russe. Le général d'Hautpoul accourt à la tête de vingt-quatre escadrons de cuirassiers pour enfoncer cette infanterie massée et immobile comme un rocher. Une rangée d'innombrables baïonnettes la rendait inaccessible. Impossible de pénétrer : un feu roulant arrête les lignes françaises qui se replient et chargent sans cesse. Enfin nos intrépides cavaliers, dont rien n'arrête la fougue brûlante, parviennent à faire une brèche sur un point : aussitôt dragons et cuirassiers se précipitent, renversent la première ligne ennemie et sabrent avec fureur. La mêlée est affreuse. La seconde ligne des Russes, prévoyant le sort de la première, se replie tout à coup sur un bois abritant une réserve d'artillerie. Cette réserve est aussitôt placée en batterie, et la voilà qui se met à tirer sur la masse luttant confusément devant elle. Les Russes mitraillent à la fois ennemis et amis : leur seul désir est de se débarrasser de nos terribles cavaliers dont il faut se défaire à tout prix.

Les grenadiers de la garde accourent au secours des héroïques cuirassiers de Murat. Le général d'Hautpoul tombe frappé à mort par un biscaïen ; mais l'ardeur de nos cavaliers se ranime, les groupes d'infanterie ennemis sont chargés, dispersés, anéantis. Le centre de l'armée russe est détruit.

Durant ce combat formidable, trois ou quatre mille grenadiers russes étaient venus avec un courage aveugle se butter contre l'église d'Eylau, menaçant l'État-major de l'Empereur qui occupait le cimetière. La garde à pied, qui avait essuyé la canonnade l'arme au bras, sans tirer un seul coup de fusil, tressaillit d'allégresse de pouvoir enfin se mesurer avec les grenadiers ennemis. Le général Dorsenne les aborde à la baïonnette et les refoule, pendant que Murat lance sur eux deux régiments de nos braves chasseurs. Pris entre les baïonnettes des grenadiers et les sabres des chasseurs, les grenadiers russes tombent tués ou blessés à quelques pas de Napoléon.

Le célèbre historien du *Consulat et de l'Empire* dit que cette action de la cavalerie française qui culbuta le centre des Russes fut la plus extraordinaire peut-être de nos grandes guerres.

Dans cette bataille, le carnage fut horrible : près de

30,000 Russes gîsaient blessés ou tués sur la neige, le soir du combat.

54,000 Français étaient venus à bout de 80,000 Russes unis aux Prussiens. L'artillerie française, composée de 200 canons, avait triomphé d'une artillerie formidable évaluée à 500 bouches à feu.

## VI

## Une Evasion héroïque.

En 1806, la frégate *le Président* tomba malheureusement au milieu d'une division navale anglaise. En dépit des forces infiniment supérieures, les marins français refusèrent de se rendre. Un combat s'engagea : il fut opiniâtre ; mais, forcé de céder, l'équipage dont François-Joseph Hénon de Saint-Hilaire faisait partie en qualité de second chef de timonnerie, fut envoyé à Plymouth et enfermé dans *Hill Prison* près de la citadelle.

### TENTATIVES.

François Hénon gémissait sous les verrous depuis trois ans quand il résolut d'exécuter enfin un plan d'évasion qu'il avait mûrement combiné.

Il fit part de son dessein à quatre de ses compagnons, braves comme lui, qui l'accueillirent avec le plus vif enthousiasme.

Durant une nuit obscure les cinq Français parviennent à se grouper malgré la vigilance des gardes. Aussi agiles que des chats ils grimpent sur les murs et franchissent les obstacles. La garde avertie tire sur eux des coups de fusil qui les laissent insensibles.

Les voilà dans les champs ; ils respirent ; ils sont libres ! Libres mais en pays ennemi !...

Pendant quarante-huit heures ils errent à l'aventure sur les bords de la mer à la recherche d'une barque dont ils puissent s'emparer pour assurer leur salut. O bonheur! ils aperçoivent un canot très petit, bien fragile, ancré dans une baie. Se jeter à la mer, sauter dans l'embarcation, saisir les quatre avirons qui se trouvaient là, s'élancer en pleine mer, malgré les faibles dimensions de la nacelle, fut pour eux l'affaire d'un instant.

Pour toute arme ils ont chacun un poignard fabriqué en prison, qu'ils brandissent, décidés à s'emparer par force du premier navire qui tombera sous leurs yeux intrépides.

— La liberté ou la mort! s'écrient-ils.

L'espoir de la délivrance augmentant leur courage, ils rament avec acharnement. La vaste baie de Plymouth est franchie.

Ils avaient calculé sans le vent qui, hélas! devint extrêmement violent après le lever du soleil. Les cinq braves matelots français luttent contre les flots agités, qui soulèvent avec force leur esquif que parfois les lames inondent menaçant de tout engloutir.

Vains efforts! La frêle barque, soulevée comme une plume, est tout à coup transportée sur les rochers aigus de la côte d'Angleterre : elle se brise... Tout moyen de salut venait de disparaître. Les témoins du désastre accourent secourir les pauvres naufragés; mais toujours ils ont été sans pitié, les Anglais, contre les Français malheureux et désarmés. Les insulaires ne tardèrent point à deviner la nationalité des cinq fugitifs. Ils les firent marcher précipitamment et les conduisirent au commissaire préposé à la surveillance des prisons.

Une vile récompense fut le prix d'une vile action et nos avares ennemis se réjouirent doublement d'avoir livré nos braves compatriotes.

## LE PONTON.

Chaque prisonnier fut impitoyablement condamné à quarante jours de cachot à bord du ponton bien mal nommé *le Généreux*, ancré sur la Tamer, fleuve qui se déverse dans la baie de Plymouth.

L'emprisonnement à bord d'un ponton anglais était tout ce que l'on peut imaginer de plus dur. Représentez-vous un grand vaisseau sans voiles, sans artillerie, plat et complètement rasé, ayant des grilles épaisses devant ses ouvertures ne laissant entrer qu'un peu d'air vicié par les miasmes des boues accumulées sur la plage. Contemplez ces nombreux prisonniers parqués comme des animaux, entassés les uns contre les autres, manquant d'air, de lumière, d'espace, souvent de nourriture, traités par des gardes ennemis avec la dernière barbarie : vous n'aurez qu'une idée imparfaite de ces fameux pontons anglais qui enfermèrent tant de nobles victimes dans les ports de Plymouth, Chatam et Portsmouth, durant les longues guerres de la Révolution et de l'Empire.

Certains bâtiments renfermaient jusqu'à 1,100 prisonniers hâves, décharnés, à demi éteints par les privations et la fièvre. Leur sort était plus misérable que celui des forçats dans les bagnes. En peu de temps les cimetières de l'égoïste Albion furent peuplés de cadavres français. Ceux qui, délivrés, survécurent à leurs maux inouïs, menèrent dans la patrie une vie écourtée et misérable.

Plus humain que ses compatriotes, l'Anglais Howart déclara que les pontons devaient être le châtiment réservé aux plus atroces de tous les crimes. Cependant, le crime des Français n'avait consisté qu'à lutter avec courage pour le triomphe de leur patrie, dont la perfide Angleterre avait juré l'abaissement et la ruine.

## NOUVELLES TENTATIVES.

Il est des âmes que l'insuccès ne sait décourager et que le malheur élève : Hénon ne se laissa point abattre par la trahison de la fortune. Il tenta courageusement une nouvelle évasion : mais, hélas ! sans être plus heureux que la première fois. Sa détermination ne servit qu'à attirer sur lui de rigoureux châtiments.

Sur les pontons la ration se composait, les jours gras, d'une livre et demie d'un mauvais pain bis et d'une demi-livre de viande de triste qualité. On donnait de la soupe à midi, et trois onces de gruau par homme. Les jours maigres, le vendredi et le mercredi, chaque prisonnier, le mercredi, recevait une livre de hareng saur et une livre de pommes de terre ; le vendredi, une livre de morue sèche à la place du hareng : Hénon vit diminuer sa maigre pitance; en outre, il fut soumis à une surveillance plus étroite, avec ses compagnons d'infortune. Mais toutes les vexations ne firent qu'exciter en son âme l'instinct invincible de la liberté qui le portait à mépriser la mort.

Notre courageux captif forma de nouveaux projets d'évasion et finit par entraîner à une conspiration, ayant pour but la délivrance commune, sept compagnons aussi résolus que lui.

Dans l'obscurité, dans le silence, au risque de se faire prendre, les huit vaillants Français se mettent à perforer lentement le funeste ponton. Il fallut des efforts inouïs, des précautions sans nombre. Les Anglais défiants et dont la vigilance était parfois trompée, surveillaient avec soin.

Pendant la nuit, un officier, un sergent, un caporal et quelques matelots faisaient continuellement la ronde, inspectaient avec soin pour voir s'il ne s'échappait personne. A la nuit tombante, une troupe arrivait armée de barres de fer et frappait toutes les grilles. Les murs du bâtiment étaient minutieusement sondés. Tous les quarts d'heure les sentinelles criaient : *All is Vell* (tout est bien). La coque du navire était épaisse et dure ; un travail obstiné, patient, persévérant en vint enfin à bout.

Le travail achevé, le 25 juin 1810, un soir, les huit captifs, se réjouissant d'avance de leur prochaine délivrance, prirent leurs mesures pour s'évader. Chacun était muni d'un petit sac goudronné, enduit de suif, fermé de manière à ne laisser entrer d'eau nulle part. Dans ce sac se trouvaient des vêtements et un poignard.

Hénon était parvenu à fabriquer une boussole devant servir à guider sa petite troupe à travers l'océan.

## L'ÉVASION.

L'obscurité était profonde. Onze heures du soir venaient de sonner : nos Français, pleins d'entrain, démasquent le trou pratiqué avec tant de patience dans les flancs de l'affreux ponton. Chacun se glisse doucement au travers de la fente béante, chacun se laisse tomber dans le fleuve tranquille, chacun gagne à la nage un point déterminé d'avance sur la rive opposée.

Quand les huit se trouvèrent réunis tout mouillés, ils s'empressèrent de quérir à tâtons une embarcation quelconque. Ils en trouvèrent plusieurs enlisées dans la vase : toutes étaient dépourvues du gréement indispensable. Comment les manœuvrer? Il fallait vite sortir de là. Grand était l'embarras commun... Après quelques instants de recherches, Hénon et Dénéchant finissent par découvrir un atelier de construction. Ils s'emparent de quatre morceaux de bois qu'ils destinent à remplacer les avirons manquants, puis ils se dirigent vers les embarcations. Leur choix s'arrête sur une barque légère, facile à manier, qui doit leur servir à voguer vers un bâtiment mieux approprié à la traversée qu'ils avaient en vue. De nombreux navires étaient tranquillement à l'ancre au milieu du fleuve dont les ombres de la nuit voilaient la limpide et tremblante surface.

### LE CUTTER L'*UNION*.

A la première inspection, les fugitifs découvrirent que ces navires étaient tous des frégates ou des vaisseaux de guerre formidables. Leur audace ne les entraîne à aucune imprudence. Ils finissent par apercevoir un cutter de quarante à cinquante tonneaux (1) chargé de poudre. Ce cutter de forme élégante, d'un gréement léger et en fort bon état, se nommait l'*Union*.

Quel service faisait-il là? N'était-ce point un bâtiment armé par la douane, et, par conséquent, monté par un nombreux équipage? Une étude attentive leur donna la conviction que le petit navire ne pouvait guère contenir que trente hommes d'équipage. Les huit braves se sentirent de taille à lutter contre les trente Anglais pris à l'improviste. Cependant, à quels dangers ne s'exposaient-ils pas? L'*Union* se trouvait tout au fond du port, sous les batteries d'une escadre imposante et, de plus, sous les feux d'une forteresse formidable protégeant la rade entière.

Un poste est assigné à chacun, les poignards sont mis à nu, le cri de ralliement est : *Liberté et Patrie!* On pousse la barque

---

(1) On sait que tonneau en termes maritimes signifie le poids de 1,000 kilogr.

Napoléon Ier, Empereur.

et on accoste l'*Union*. Quel ne fut pas l'étonnement de nos huit braves quand, débarqués sur le navire, ils ne trouvent qu'un seul homme préposé à sa garde et dormant d'un profond sommeil ! Affecté au service de la marine royale, le vaisseau non armé en guerre transportait de la poudre. Tout son équipage se trouvait à terre et les matelots ne devaient revenir qu'au jour pour apporter les provisions nécessaires.

Saisir l'unique gardien surpris au milieu d'un rêve, le garroter solidement ne fut que l'affaire d'une minute...

Il était une heure du matin à l'horloge de Plymouth.

Impossible à cette heure trop matinale de songer à appareiller et à sortir du port. Il fallait attendre le signal donné par le canon du vaisseau amiral pour permettre un mouvement.

L'Anglais prisonnier fut gardé à vue, avec menace de mort s'il prononçait une parole.

### EN ROUTE POUR LA FRANCE.

Dès que l'aurore vint annoncer le retour du jour, qui devait être celui de la délivrance, vers trois heures du matin, le canon du vaisseau amiral se fit entendre annonçant qu'il était permis de circuler. Aussitôt nos braves coupent le câble retenant le cutter à l'ancre et, favorisés par le vent, ils manœuvrent pour voguer en pleine mer.

Sortir de ce port maudit, passer à travers les nombreux navires en station sans éveiller la défiance, éviter les écueils inconnus, n'était pas une affaire de mince difficulté. Il fallut déployer une audace, une science navale, un sang-froid admirables. Le navire se trouvait dépourvu de tout instrument de navigation : compas, lampes, provisions faisaient défaut. Hénon, improvisé capitaine de l'*Union*, ne possédait que sa pauvre boussole. Il pourvut à tout.

Quand les huit braves passèrent devant l'affreux bâtiment de *Hill Prison* où tant de malheureux compatriotes gémissaient entassés, leur cœur se serra.

Sous le souffle d'un fort vent du Nord, l'*Union* vogua rapidement, toutes voiles déployées, vers les côtes de la Bretagne. On avait hâte d'arriver : les matelots mouraient de faim, ils étaient tous épuisés. L'ennemi, certain de l'évasion, pouvait à chaque instant fondre sur l'*Union* faible et désarmée. Hénon déploya une activité sans pareille.

## LA PATRIE.

Dès le lendemain, à l'aube naissante, l'*Union* se trouvait près des rochers qui bordent la côte française. Il n'était que temps. De nombreux bâtiments dépêchés à sa poursuite accouraient rapidement pour ramener les fugitifs.

Ce qui devait être leur salut faillit devenir leur perte. Arrivés au port après mille angoisses, nos Français furent sur le point de périr au terme, mitraillés par des Français.

Voici ce qui se passa : le cutter si brillamment enlevé devait, pour aborder, arborer le pavillon français ; or, le seul drapeau flottant au mât portait les couleurs anglaises abhorrées, fond rouge avec trois canons blancs.

— Quoi ! un transport anglais de poudres dans un port français ! s'écrièrent les vigilants canonniers des batteries de la côte : feu sur l'ennemi !

Une pluie de fer, une grêle de mitraille s'abattit sur le faible cutter chargé d'une poudre facile à enflammer. Le pont fut couvert de projectiles.

Le vaillant Hénon ne se troubla point : il dirigea rapidement le cutter dans le port sans s'inquiéter des balles.

Les artilleurs français surpris se demandèrent la raison du silence et de la témérité du navire supposé ennemi : ils cessent le feu et expédient un pilote qui ne tarda pas à reconnaître, dans les marins de l'*Union*, des compatriotes amis.

Le cutter entra dans le port de Roscoff, vis-à-vis de l'extrémité de l'île de Bas. On fêta les courageux Français, débarqués, mourants de faim et exténués, mais heureux de rentrer dans la patrie.

L'enlèvement de l'*Union*, bientôt connu, fit grand bruit ; amis et ennemis admirèrent l'héroïsme d'Hénon et de ses braves, dignes de passer à la postérité.

## VII

## La Cavalerie française à Waterloo. — Héroïsme de la Vieille Garde.

### LE MARÉCHAL NEY ET SES CAVALIERS.

La bataille était engagée depuis onze heures et demie (1) contre les lignes anglaises commandées par le duc de Wellington. Le maréchal Ney qui venait de s'emparer de la Haye-Sainte, se proposa d'envahir le plateau de Mont-Saint-Jean où les Anglais s'étaient fortement retranchés. Un assaut décisif devait, d'après lui, décider du sort de la bataille jusqu'à ce moment favorable à nos armes.

Il était près de cinq heures. Napoléon avertit Ney qu'il ne pouvait lui donner de l'infanterie, mais qu'il allait lui confier les cuirassiers de Milhaud. Il lui recommanda d'attendre ses ordres pour commencer l'attaque présumée décisive.

Les cuirassiers de Milhaud s'élancèrent, parcoururent le champ de bataille et, traversant la chaussée de Bruxelles, allèrent se placer derrière la première brigade déjà employée contre l'ennemi par le vaillant maréchal qui disposa alors de huit régiments de cavalerie et de quatre brigades.

Sur leur rapide passage, partout les cris de *Vive l'Empereur !* retentirent avec force et les braves régiments convaincus qu'ils allaient courir à la victoire poussèrent avec non moins d'entrain le même cri. Rencontrant Lefebvre-Desnoëttes, commandant la cavalerie légère de la garde, le général Milhaud lui serra la main en disant : *Je vais attaquer, soutiens-moi.* Les cavaliers de Desnoëttes, pleins d'ardeur, se rangèrent derrière les cuirassiers de Milhaud.

(1) Le 18 juin 1815.

A la vue de cette magnifique cavalerie, Ney ne se sentit pas de joie : « Qu'on me laisse faire, avait-il dit à Drouot, et à moi seul j'en finirai avec l'armée anglaise. »

Soixante pièces de canon se trouvaient placées en avant de la ligne anglaise, sur le bord du plateau, déchargeant la mitraille dans nos rangs. Ney s'aperçut bientôt que les pièces n'étaient point soutenues par l'infanterie ennemie qui venait d'exécuter un

Waterloo.

mouvement en arrière pour se concentrer. Se croyant invincible, à la tête des 5,000 cavaliers mis à sa disposition, il ne put résister à la tentation de s'emparer de cette artillerie menaçante et, devançant les ordres de l'Empereur, il ordonna à ses quatre régiments de franchir le bord du plateau de Mont-Saint-Jean. Aussitôt la cavalerie fondit comme une trombe sur l'artillerie, dépassa la ligne des canons, tomba sur la division ennemie Alten dont les soldats, formés en carré, furent sabrés avec fureur.

Les Anglais tenaces sous un feu meurtrier se reforment et ripostent avec constance aux coups de nos héroïques cavaliers. Le maréchal Ney appelle quatre nouveaux régiments, charge et culbute la seconde ligne anglaise. Les soldats ennemis sont sabrés sans pitié, piétinés par les chevaux aussi ardents au combat que les hommes qui combattent avec rage. De nombreux drapeaux tombent entre nos mains.

Lord Wellington, demeuré impassible, voulant gagner du temps pour laisser arriver les Prussiens au secours de son armée à demi détruite, fait passer à travers les rangs de ses fantassins les gardes à cheval de Sommerset, des carabiniers et des dragons allemands qui tombent sur nos cavaliers dispersés. Ney s'aperçoit du mouvement et précipite sur la cavalerie ennemie les lanciers de Lefebvre-Desnoëttes qui culbutent les gardes à cheval anglais, hollandais et allemands.

Pendant cette charge impétueuse, nos cuirassiers se reforment, accourent de nouveau et fondent une fois encore sur les cavaliers ennemis. Une bonne partie de la cavalerie anglaise tombe sur le terrain. Malheureusement, les héroïques soldats de notre cavalerie légère vont se butter contre les baïonnettes des solides carrés de l'infanterie anglaise. Sans casques, sans cuirasses, beaucoup d'entre eux sont fusillés par cette infanterie massée qui ne recule pas d'une ligne.

Le maréchal Ney fait des prodiges de valeur. Deux chevaux ont été tués sous lui, son habit, son chapeau sont criblés de balles ; mais il a juré de vaincre et il n'entend pas que l'on dise que le brave des braves a manqué à sa parole.

Il rallie ses héros, les laisse un peu de temps respirer sur le bord du fatal plateau témoin de scènes horribles de carnage, et demande les cuirassiers de Valmy.

Napoléon, occupé à surveiller les Prussiens que le maréchal Grouchy avait été chargé de contenir, et qui commençait à apercevoir les troupes prussiennes arrivant au secours des Anglais, n'accorda pas à Ney sans inquiétude le secours demandé. Partout autour de lui on applaudissait la hardiesse du maréchal Ney : *C'est trop tôt d'une heure*, s'était-il écrié, en apercevant le mouvement opéré sur le plateau. Il ne voulut point, toutefois, paralyser les efforts tentés et ordonna à l'illustre Kellermann de porter ses fameux cuirassiers au secours du maréchal. Kellermann, tout en blâmant l'emploi désespéré qu'on allait faire de la cavalerie contre l'infanterie anglaise, livra avec chagrin ce qu'il put au maréchal Ney.

« Celui-ci, dit M. Thiers (1), accouru à la rencontre des cuirassiers de Kellermann, les enflamme par sa présence et ses gestes et gravit avec eux le plateau au bord duquel la cavalerie précédemment engagée reprenait haleine. Le duc de Wellington attendait de sang-froid ce nouvel assaut. Derrière la division Alten, presque détruite, il avait rangé le corps de Brunswick, les gardes de Maitland, la division Mitchell, et, en troisième ligne, les divisions Chassé et Clinton. Abattre ces trois murailles était bien difficile, car on pouvait en renverser une, même deux, mais il n'était guère à espérer qu'on vînt à bout de la troisième.

« Néanmoins l'audacieux Ney débouche sur le plateau avec ses escadrons couverts de fer, et à son signal ces braves cavaliers partent au galop, en agitant leurs sabres, en criant *Vive l'Empereur!* Jamais, ont dit les témoins de cette scène épouvantable (2), on ne vit rien de pareil dans les annales de la guerre. Ces vingt escadrons, officiers et généraux en tête, se précipitent de toute la force de leurs chevaux, et malgré une pluie de feu, abordent, rompent la première ligne anglaise. L'infortunée division Alten, déjà si maltraitée, est culbutée cette fois, et le 69º anglais est haché en entier. Les débris de cette division se réfugient en désordre, sur la chaussée de Bruxelles. Ney, ralliant ses escadrons, les lance sur la seconde ligne. Ils l'abordent avec la même ardeur, mais ils trouvent ici une résistance invincible. Plusieurs carrés sont rompus, toutefois le plus grand nombre se maintient, et quelques-uns de nos cavaliers, perçant jusqu'à la troisième ligne, expirent devant ses baïonnettes, ou se dérobent au galop pour se reformer en arrière, et renouveler la charge. Le duc de Wellington se décide alors à sacrifier le reste de sa cavalerie. Il la jette dans cette mêlée où bientôt elle succombe, car si l'infanterie anglaise peut arrêter nos cuirassiers par ses baïonnettes, aucune cavalerie ne peut supporter leur formidable choc. Dans

---

(1) *Histoire du Consulat et de l'Empire*, t. xxᵉ, livre LX, p. 226.
(2) Notamment le général Foy dans son *Journal Militaire*. Il dit comme témoin oculaire que, jamais dans sa longue vie, il n'avait assisté à un tel spectacle.

cette extrémité, il veut faire emploi de mille hussards de Cumberland qui sont encore intacts. Mais à la vue de cette arène sanglante, ces hussards se replient en désordre, entraînant sur la route de Bruxelles les équipages, les blessés, les fuyards, qui déjà s'y précipitent en foule. »

Un renfort inattendu vint seconder les efforts du brave des braves. On croyait Ney triomphant ; on criait partout : *A la victoire!* Les cavaliers agitaient leurs sabres. A l'aspect des sabres agités, les escadrons voisins du combat crurent à un signal et gravirent à cheval le plateau à jamais célèbre. Ce fut en vain que Napoléon dépêcha son fidèle Bertrand pour les arrêter et conserver une réserve.

« Ney, dit M. Thiers, s'empare de ce renfort inattendu, et le jette sur la muraille d'airain qu'il veut abattre. La grosse cavalerie de la garde fait à son tour des prodiges, enfonce des carrés, mais faute de cuirasses, perd un grand nombre d'hommes sous les coups de la mousqueterie. Ney, que rien ne saurait décourager, lance de nouveau les cuirassiers de Milhaud, qui venaient de se reposer quelques instants, et opère ainsi une sorte de charge continue, au moyen de nos escadrons qui, après avoir chargé, vont au galop se reformer en arrière pour charger encore. Quelques-uns même tournent le bois de Goumont, pour venir se remettre en rang et recommencer le combat. Au milieu de cet acharnement, Ney apercevant la brigade des cuirassiers que Kellermann avait tenue en réserve, court à elle, lui demande ce qu'elle fait, et malgré Kellermann, s'en saisit, et la conduit à l'ennemi. Elle ouvre de nouvelles brèches dans la seconde ligne de l'infanterie britannique, renverse plusieurs carrés, les sabre sous le feu de la troisième ligne, mais ruine aux trois quarts le second mur sans atteindre ni entamer le troisième. »

La cavalerie française chargea onze fois l'infanterie anglaise qui mourait obstinée à son poste et se reformait sans cesse en réunissant ses débris. Ney s'obstinait toujours ! Il était écumant, couvert de blessures, heureusement sans gravité ; il avait perdu son quatrième cheval, son chapeau ; son habit était troué de balles, mais le héros voulait vaincre à tout prix.

Comprenant enfin que ses 10,000 cavaliers s'épuiseraient en

Waterloo.

vains efforts contre les baïonnettes de l'infanterie anglaise se reformant sans cesse, il rallia ses cavaliers épuisés sur le bord du plateau, parcourut leurs rangs, les anima s'écriant : « C'est ici, c'est ici, mes amis, que va se décider le sort de notre pays, c'est ici qu'il faut vaincre pour assurer notre indépendance. »

— Tiens bon, disait-il au général d'Erlon, car toi et moi, si nous ne mourons pas ici sous les balles des Anglais, il ne nous reste plus qu'à misérablement mourir.

4,000 cavaliers du héros jonchaient le plateau sanglant, mais 10,000 Anglais étaient tombés sous les coups des terribles assaillants dont les cheveaux piétinaient leurs cadavres. Les fuyards couvraient la route de Bruxelles, criant à la déroute.

Il ne restait plus au duc de Wellington que 36,000 fantassins rangés en carrés, harassés de fatigue, mais décidés à mourir au poste jusqu'au dernier pour donner aux Prussiens attendus le temps de venir les venger.

La lassitude de chaque côté était, pendant une heure, telle que les combattants cessèrent de s'attaquer.

Durant ce temps, l'estafette envoyée par le maréchal parvenait à Napoléon demandant avec instance l'infanterie reconnue nécessaire pour lutter à la baïonnette.

En ce moment, un corps prussien de 30,000 hommes commençait à déboucher et Napoléon, à droite, s'efforçait de les arrêter avec les 10,000 soldats de Lobau. Il pressentait qu'il ne tarderait pas à avoir affaire aux 80,000 hommes de Blücher que Grouchy, à la tête de 35,000 hommes, avait été chargé d'arrêter dans leur marche et que, par une incurie inexplicable (1), ce dernier avait laissé passer sans voir l'ennemi.

— De l'infanterie ! répondit Napoléon irrité, où veut-il que j'en prenne ? Veut-il que j'en fasse faire ?... Voyez ce que j'ai sur les bras et voyez ce qui me reste...

L'Empereur, rempli d'un noir souci, donna ordre à Ney de se maintenir tant qu'il pourrait sur le plateau en attendant un secours impossible à fournir en ce moment.

---

(1) On a souvent accusé Grouchy de trahison. Ce général a prétendu n'avoir pas reçu les ordres. De son côté, Napoléon déclara à Sainte-Hélène qu'il n'avait été trahi que par Fouché.

L'arrivée inopinée des Prussiens changea du tout au tout la face des choses.

Tout d'abord, ils s'efforcèrent de tourner nos positions. Napoléon, contristé mais point découragé, ne se déconcerta pas. Après avoir fait donner la jeune garde, il recourut à sa troupe d'élite pour reprendre le village de Flanchenois dont Bulow venait de s'emparer dans le but de tourner notre droite et de nous attaquer à dos.

## LA VIEILLE GARDE.

Passant à cheval au devant des grenadiers et des chasseurs du général Morand, l'Empereur s'écria : « Mes amis, nous voici arrivés au moment suprême : il ne s'agit pas de tirer, il faut joindre l'ennemi corps à corps, et avec la pointe de vos baïonnettes le précipiter dans le ravin d'où il est sorti, et d'où il menace l'armée, l'empire et la France ! »

— *Vive l'Empereur!* fut le cri unanime de la courte mais énergique allocution entendue par la troupe héroïque. La garde se forme en colonnes, s'élance, aborde les nombreux assaillants, renverse tout ce qu'elle trouve devant elle à coups de baïonnette et à coups de crosse et change en fuite la venue précipitée de l'ennemi. Le ravin franchi victorieusement, Flanchenois est repris. 2,000 Prussiens avaient payé de leur vie leur audace.

Si, à cet instant, Grouchy, qui entendait gronder au loin le canon, était accouru, l'ennemi aurait éprouvé la plus affreuse défaite : les Prussiens se seraient trouvés pris entre deux feux. Napoléon, comptant sur la victoire, réunit rapidement sa vieille garde et porta sur le plateau de Mont-Saint-Jean 10,000 fantassins résolus à vaincre ou à mourir.

Il conduisait lui-même quatre bataillons destinés à une première attaque, lorsqu'il rencontra Ney, tout à fait hors de lui, s'écriant que la cavalerie allait lâcher pied si l'infanterie n'arrivait vite à son secours. Napoléon le rassure, lui donne les quatre bataillons et lui en promet six autres, laissés en route pour lier le centre de l'armée avec la droite.

Ce secours était insuffisant, mais quand le duc de Wellington aperçut les bonnets à poil de la garde impériale, son cœur frémit : il entendait sonner l'heure suprême. Il regardait sa montre. Tout son espoir était dans l'arrivée des Prussiens.

Les bonnets à poil soutenus par les divisions Foy et Bachelu du corps du général Reille, exécutent une décharge, croisent la baïonnette, quand, à un signal donné par Wellington, les gardes de Maitland couchés à terre se lèvent et exécutent une décharge presque à bout portant contre eux. Nos soldats, surpris et mitraillés, ne reculent pas : ils se serrent les uns contre les autres et marchent en avant,

Napoléon était sur le point de porter de leur côté les six autres bataillons promis au maréchal Ney lorsqu'il aperçoit à sa droite une masse de cavaliers prussiens débordant sur le terrain.

En un clin d'œil le champ de bataille est inondé d'ennemis. Le trouble, la confusion se jettent partout. La cavalerie, l'héroïque cavalerie de Ney se trouve enveloppée : elle est contrainte de se retirer pour n'être pas coupée du centre du combat. De tous côtés arrivent de copieux renforts au général anglais dont l'armée était sur le point d'être détruite.

Passant du désespoir à une joie extrême, le duc de Wellington dont le sang-froid et la tenacité furent admirables, prend l'offensive et porte ses forces contre nos faibles bataillons de la garde réduits par le combat. L'artillerie vomit de toutes parts des feux destructeurs. La déroute est affreuse. Le cri de *sauve qui peut!* se fait entendre.

Toujours calme en face du péril, Napoléon, implorant la mort, s'efforce de rallier les fuyards, il s'oppose le plus qu'il peut au débordement des deux armées qui submergent nos rangs décimés.

Ici laissons la plume à M. Thiers racontant la défaite et l'héroïsme de la garde en des pages éloquentes :

« Les infanteries anglaise et prussienne continuant de s'approcher, les carrés de la garde, qui d'abord ont tenu tête à la cavalerie, sont obligés de rétrograder, poussés par l'ennemi et par le torrent des fuyards. Notre armée, après avoir déployé dans cette journée un courage surhumain, tombe tout à coup dans l'abattement qui suit les violentes émotions. Se défiant de ses chefs, ne se fiant qu'à Napoléon, et, par comble d'infortune, ne le voyant plus depuis que les ténèbres enveloppent le champ de bataille, elle le demande, le cherche, ne le trouve pas, le croit mort, et se livre à un vrai désespoir. — Il est blessé, disent les uns, il est tué, disent les autres, et à cette nouvelle qui se répand partout, notre armée fuit en tous sens, prétendant qu'on l'a trahie, que Napoléon mort elle n'a plus rien à faire en ce monde. Si un corps d'armée restait en arrière, qui pût la rallier, l'éclairer, lui montrer Napoléon vivant, elle s'arrêterait, prête encore à combattre et à mourir. Mais jusqu'au dernier homme tout a donné, et quatre ou cinq carrés de la garde, au milieu de 150,000 hommes victorieux, sont comme trois ou quatre cimes de rocher que l'Océan furieux couvre de son écume. L'armée n'aperçoit pas même ces carrés, noyés au milieu des flots de l'ennemi, et elle fuit en désordre sur la route de Charleroy. Là elle trouve les équipages de l'artillerie qui, ayant épuisé leurs munitions, ramenaient leurs caissons vides. La confusion s'en accroît, et cette chaussée de Charleroy devient bientôt un vrai chaos où règnent le tumulte et la terreur...

« Les débris des bataillons de la garde, poussés pêle-mêle dans le vallon, se battent toujours sans vouloir se rendre. A ce moment on entend ce mot qui traversera les siècles, proféré selon les uns par le général Cambronne, selon les autres par le colonel Michel : *La garde meurt et ne se rend pas !* — Cambronne, blessé presque mortellement, reste étendu sur le terrain, ne voulant pas que ses soldats quittent leurs rangs pour l'emporter.

« Le deuxième bataillon du 3ᵉ grenadiers, demeuré dans le vallon, réduit de 500 à 300 hommes, ayant sous ses pieds ses propres camarades, devant lui des centaines de cavaliers abattus, refuse de mettre bas les armes, et s'obstine à combattre. Serrant toujours ses rangs à mesure qu'ils s'éclaircissent, il attend une dernière attaque, et assailli sur ses quatre faces à la fois, fait une décharge terrible qui renverse des centaines de cavaliers. Furieux, l'ennemi amène de l'artillerie, et tire à outrance sur les quatre angles du carré. Les angles de cette forteresse vivante, abattus, le carré se resserre, ne présentant plus qu'une forme irrégulière mais persistante. Il dédouble ses rangs pour occuper plus d'espace, et protéger ainsi les blessés qui ont cherché asile dans son sein. Chargé encore une fois, il demeure debout, abattant par son feu de nouveaux ennemis. Trop peu nombreux pour rester en carré, il profite d'un répit afin de prendre une forme nouvelle, et se réduit alors à un triangle tourné vers l'ennemi, de manière à sauver en rétrogradant tout ce qui s'est réfugié derrière ses baïonnettes. Il est bientôt assailli de nouveau. — *Nous ne nous rendons pas!* s'écrient ces braves gens, qui ne sont plus que 150. — Tous alors, après avoir tiré une dernière fois, se précipitent sur la cavalerie acharnée à les poursuivre, et avec leurs baïonnettes tuent des hommes et des chevaux, jusqu'à ce qu'enfin ils succombent dans ce sublime et dernier effort. Dévouement admirable, et que rien ne surpasse dans l'histoire des siècles! »

Le colonel Lacroix, qui commandait le 3ᵉ régiment de cuirassiers, a la cuisse emportée par un boulet, qui tue en même temps son cheval. On relève le colonel, on veut l'emporter; mais ce brave officier, apercevant l'infanterie anglaise qui s'avance, ordonne qu'on le place sur le cheval d'un cuirassier; puis commande la charge, se précipite sur le carré anglais, et tombe percé de coups sur des monceaux de cadavres, en s'écriant : « En avant, mes amis! ce n'est qu'un Français de moins! »

Le dévouement des grenadiers qui protégèrent Napoléon ne fut pas moins admirable. Le glorieux vaincu, après avoir maintes fois cherché la mort, fut enfermé dans le carré du 1ᵉʳ régiment des grenadiers commandés par Martinot, résolus à périr plutôt que de laisser tomber leur précieux dépôt aux mains des Prussiens qui massacraient tout ce qui tombait sous leurs mains, sans excepter les blessés (1). Impassible, à cheval au milieu du carré comblé de soldats frappés par l'ennemi, il adressait seul quelques paroles pour demander des nouvelles des généraux dont on ignorait le sort. Quand les Prussiens harcelaient

(1) Les Anglais se montrèrent plus civilisés, ils épargnèrent les blessés et relevèrent Cambronne couvert de graves blessures.

de trop près la vaillante troupe en retraite, les héroïques grenadiers s'arrêtaient, faisaient face à l'ennemi, les repoussaient de leurs feux, puis reprenaient leur marche vers Genappe où Napoléon quitta le carré qui avait formé devant lui un rempart vivant. Un cours d'eau arrêta les assaillants.

En cette funeste bataille perdue par l'incurie de Grouchy et où l'armée française fit des prodiges, qui renversa Napoléon du trône et attira sur notre patrie une invasion européenne, nous ne perdîmes qu'un seul drapeau. L'ennemi ne nous prit que des blessés. Pas un canon ne fut abandonné durant la bataille. Les 200 bouches à feu qui tombèrent en ses mains furent laissées en avant du Thy coulant à Genappe pour sauver les attelages et emporter les blessés. Les pertes des Anglais égalèrent les nôtres et les Prussiens, arrivés à la fin du combat, virent tomber 10,000 des leurs sur le champ du combat. Vingt de nos généraux furent frappés plus ou moins grièvement. L'héroïque maréchal Ney eut cinq chevaux tués sous lui.

La journée coûta plus de 30,000 hommes aux alliés. Le nombre seul leur avait donné la victoire.

**DEUXIÈME PARTIE**

# CONQUÊTE DE L'ALGÉRIE

## I

### Le Débarquement.

On sait que la guerre déclarée par la France fut motivée par l'insulte d'Hussein-Pacha, dey d'Alger, qui se permit de frapper au visage, de plusieurs coups d'éventail de plumes de paon, M. Duval, consul de France, qui s'était rendu, le 27 avril 1827, à son audience, à l'occasion des fêtes de Beïram. Une discussion fort aigre s'était élevée entre le dey et lui au sujet de la saisie de deux bâtiments romains. L'injure remontait au roi de France, Charles X, qui fit notifier au consul et aux Français, habitants d'Alger, de quitter la ville.

Une escadre de treize bâtiments ne tarda pas à bloquer la ville et les côtes. Une armée fut organisée, en dépit des plaintes et des menaces de l'Angleterre. Le comte de Bourmont, ministre de la guerre, reçut le commandement général de l'expédition, et le vice-amiral Duperré réunit sous ses ordres l'élite de nos marins. Nos soldats étaient pleins d'enthousiasme : nombre d'entre eux, sur le point de rentrer dans leurs foyers, obtinrent la faveur de faire partie de cette expédition lointaine.

Le 25 mai 1830, une flotte de 457 bâtiments, réunie au port de Toulon, appareilla : elle couvrait un espace de 48 kilomètres. Le 30 au soir on était près d'Alger quand le vent fraîchit. L'escadre reçut l'ordre de relâcher à Palma, et le 14 juin, à trois heures du matin, le débarquement s'effectua en Algérie à la pointe de Sidy-Ferruch. 37,600 hommes, 27,000 marins et près de 3,000 cavaliers prenaient part à cette grande opération, aux cris répétés de : *Vive le Roi!*

De légères escarmouches signalèrent les journées du 15 et du 16, pendant lesquelles on poussa vigoureusement les travaux de fortification. Un vent terrible se déchaîna et on crut, un moment, que la flotte allait subir le sort de celle de Charles-Quint, détruite par un orage en 1541. L'armée abandonnée sans vivres, sans munitions, aurait péri. Heureusement le vent sauta; la mer devint calme.

Les troupes algériennes, commandées par l'aga Ibrahim, se trouvaient réunies sur le plateau élevé de Staouëli, à 6 kilomètres de Sidy-Ferruch. Leurs forces imposantes s'élevaient à 40 ou 50,000 hommes.

Le 19 juin, au point du jour, le canon turc donna le signal de l'attaque. La position d'Ibrahim était excellente : s'il se fut borné à la défensive, nos soldats, inférieurs en nombre, ne connaissant aucunement le terrain, auraient eu bien du mal, en dépit de leur vaillance, pour remporter la victoire. L'orgueilleux ennemi s'imagina naïvement qu'il n'avait qu'à se porter en avant pour écraser sous ses chevaux nos petits fantassins privés de l'appui de la cavalerie.

Une colonne forte de 20,000 hommes, commandée par l'aga en personne, vint fondre sur une de nos divisions, tandis qu'une autre colonne de 15,000 Algériens, commandée par le bey de Constantine, s'efforça de tourner notre droite dans le but de prendre notre armée entre deux feux.

Le plan ne manquait pas d'adresse, mais l'ennemi ne connaissait point encore l'ardeur française. Une nuée de cavaliers arabes se précipite avec la plus vive audace sur nos retranchements. Plusieurs parviennent à y opérer des trouées. On combat corps à corps; la mêlée est terrible. Bientôt le champ de bataille se couvre de morts, mais partout nos soldats donnent des preuves de ce courage dont les Musulmans avaient gardé le souvenir daté des croisades. En tombant nos soldats s'écrient : *Vive la France!*

Un instant le premier bataillon du 28ᵉ de ligne sembla fortement compromis. Les cartouches venaient d'être épuisées et nos valeureux soldats, trop serrés les uns contre les autres, ne pouvaient se servir de leurs baïonnettes. Le colonel les rallie autour du drapeau et le général de Bourmont accourt avec la division des Cars pour les délivrer.

Toutes nos troupes s'élancent à la fois des retranchements. Le général en chef porte en avant trois divisions jusqu'au pla-

Alger en 1830.

teau de Staouëli. Une redoute élevée par l'ennemi est emportée en un clin d'œil, les batteries sont prises. Turcs, Bédouins, arrêtés dans leur élan par la furie française dont ils faisaient l'expérience pour la première fois, sont mis en fuite, le camp est envahi de toutes parts.

Les troupes d'Ibrahim ne s'arrêtèrent que sous les murs d'Alger, et si le général de Bourmont n'avait pas écouté les conseils de la prudence, nos soldats seraient entrés pêle-mêle dans la ville en même temps que les fuyards.

Le présomptueux Ibrahim qui s'était vanté le matin de jeter à l'eau tous les Français et qui avait écrit à son beau-père : « Si ces infidèles débarquent, ils périront tous, » se présenta tremblant devant lui et, pour excuser sa défaite, lui assura que nos soldats, qui n'avaient jamais rompu leurs rangs, malgré ses efforts redoublés, *devaient être ferrés les uns les autres.*

Le courage est plus fort que le fer.

II

## Devant Alger.

Ce n'est point seulement sur le champ de bataille que le courage militaire se manifeste : il faut au soldat plus d'énergie pour combattre la chaleur, l'ennui des longues routes, la faim, la soif, l'insomnie, l'intempérie des saisons, l'éloignement de la famille, que pour lutter contre d'ardents adversaires. L'armée d'Afrique devait endurer, durant de longues années, les cruels assauts de la nature unis aux efforts désespérés d'un ennemi intrépide défendant avec fanatisme son sol, ses foyers, son indépendance séculaire.

L'ordre fut donné à l'armée française, le 28 juin, de reprendre son mouvement offensif : le matériel venait d'être débarqué. La grande difficulté que l'on dut vaincre fut la longue marche à exécuter sur un terrain à peu près inconnu, coupé de ravins abrupts et couvert de haies d'aloès presque impénétrables. Nos divisions s'égarèrent : la même route fut parcourue plusieurs fois. Un mirage trompeur, figurant la mer, induisit en erreur plusieurs régiments accablés par une chaleur atroce. L'eau manqua.

Enfin nos trois divisions, opérant de concert, arrivèrent au sommet du mont Boudjaréah. Grand fut l'enthousiasme de nos soldats quand ils virent se déployer le magnifique panorama d'Alger et qu'ils aperçurent dans le lointain notre vaillante escadre s'avançant pour combiner son attaque avec celle de l'armée. A ce spectacle, des cris multipliés de joie et d'espérance sortirent de toutes les poitrines.

On sait qu'Alger est bâti en amphithéâtre sur le penchant d'une colline élevée. La campagne est magnifique, les jardins sont ravissants, les villas délicieuses.

Le général de Bourmont attaqua sans retard la clef de la position, le château de l'Empereur, nommé ainsi parce qu'il avait été construit sur l'emplacement même choisi par l'empereur Charles-Quint qui, jadis, y avait établi son quartier général.

Les Algériens, s'imaginant qu'une attaque par terre était impossible, avaient accumulé leurs moyens de défense du côté de la mer. Aussitôt qu'ils aperçurent nos soldats couronnant les cîmes du Boudjaréah, leur imprévoyance fut manifeste à leurs yeux. Le canon d'alarme retentit au sommet du château. 800 artilleurs les plus habiles, 1,500 janissaires, qui avaient juré de se laisser ensevelir sous ses ruines avant de se rendre, y étaient enfermés.

Le quartier général de Bourmont fut établi à 2,000 mètres du fort, sur un plateau reconnu, dès 1808, comme l'emplacement le plus favorable pour l'ouverture des tranchées.

La fatigue de la journée du 29 avait été très grande, et cependant, dès la nuit, nos soldats, prenant la pelle et la pioche, parvinrent à ouvrir 1,000 mètres de tranchée dans un sol aride et rocheux.

Les travaux marchèrent avec activité, en dépit des attaques de l'ennemi et de ses feux incessants. Bientôt les pièces furent en batterie. Pour établir des épaulements, nos troupes durent recourir aux sacs de terre. Nos braves soldats triomphèrent de toutes les difficultés, mais leurs pertes furent cruelles. Le feu roulant des Algériens détruisait nos parapets; avec leurs longs fusils ils décimaient nos travailleurs en prenant nos tranchées à revers.

Dans la nuit du 3 au 4 juillet, l'ennemi, prévoyant le sort qui menaçait Alger, entreprit une sortie générale. Pris à l'improviste, nos braves travailleurs se défendirent à coups de pioche. Des renforts arrivèrent; l'ennemi s'enfuit en désordre.

De son côté, la flotte ne restait pas oisive. L'amiral Rosamel dirigea le 1ᵉʳ juillet sur tous les forts un feu destructeur, et le 3 juillet l'amiral Duperré s'empara de trois batteries armées de 33 canons. Le sort d'Alger se décidait.

Le matin, 4 juillet, une fusée partie du quartier général annonça l'attaque de nos troupes. Nos projectiles tombèrent drus comme la grêle. Les boulets firent merveille ; les murailles des forts et de la ville tombèrent en poussière. En vain les Turcs ripostèrent, en vain ils s'efforcèrent de remplacer par des balles d'étoffe et des blindages les pans de murs écroulés. A dix heures, le feu du fort de l'Empereur cessa tout à fait.

Le château semblait abandonné ; personne ne se montrait sur les remparts en morceaux, quand tout à coup on vit s'élever une immense colonne de fumée au-dessus du fort. On entendit presque aussitôt une détonation épouvantable imposant silence au bruit formidable de nos canons ; des débris de toute sorte tombèrent dans les parties les plus éloignées de nos tranchées ; la terre trembla. Le fort venait de sauter. Un nègre avait mis le feu aux poudres. Au lieu d'avoir devant elle une forteresse redoutable, notre courageuse armée, stupéfaite, n'avait plus qu'une masse de pierres informe, ébréchée de toutes parts. Sur les ruines encore fumantes, deux braves se précipitèrent pour arborer sur le sommet le drapeau blanc, alors symbole de la patrie française.

Le trouble, la confusion se répandirent à Alger. Les Arabes abandonnèrent les Turcs. Hussein voulait faire sauter la ville. La milice et le peuple imposèrent une capitulation.

Elle fut accordée aux conditions suivantes :

« Le fort de la Kasbah, tous les autres forts qui dépendent d'Alger, et le port de cette ville seront remis aux troupes le 5 juillet, à dix heures du matin (heure française).

« Le général en chef de l'armée française s'engage envers Son Altesse le Bey d'Alger à lui laisser sa liberté et la possession de toutes ses richesses personnelles.

« Le Bey sera libre de se retirer, avec sa famille et ses richesses, dans le lieu qu'il aura fixé. Tant qu'il restera à Alger, il y sera, lui et sa famille, sous la protection du général en chef de l'armée française. Une garde garantira la sûreté de sa personne et de celle de sa famille.

« Le général en chef assure à tous les soldats de la milice les mêmes avantages et la même protection.

« L'exercice de la religion mahométane restera libre ; la liberté des habitants de toutes les classes, leur religion, leurs propriétés, leur commerce, leur industrie, ne recevront aucune atteinte, leurs femmes seront respectées, le général en chef en prend l'engagement sur l'honneur.

« L'échange de cette convention sera fait le 5, avant dix heures du matin. Les troupes françaises entreront aussitôt après dans la Kasbah et dans tous les forts de la ville et de la marine.

« Au camp devant Alger, le 5 juillet 1830.

« *Signé :* Comte De Bourmont. »

Les Français entrèrent triomphalement dans la Kasbah. Le trésor renfermait 48 millions. Alger *la victorieuse*, Alger *la bien gardée* était en notre pouvoir, grâce à la sagesse des chefs, au zèle et à la bravoure chevaleresque de nos soldats.

L'Algérie, l'Afrique entière s'ouvrait enfin au règne de Jésus-Christ.

## III

## Prise de Constantine.

La résistance n'était point vaincue : le fanatisme musulman ne tarda pas à s'alarmer et à prendre les armes. L'histoire mentionne les luttes multiples que nous eûmes à subir : nous nous bornons ici à raconter les faits les plus brillants.

La prise de Constantine fut le plus grand évènement accompli depuis celle d'Alger.

Une première attaque tentée contre cette ville avait échoué

faute de munitions et de préparatifs. Dans la retraite, l'illustre commandant Changarnier sauva l'armée avec trois cents hommes. On se souvient de sa parole héroïque : « Allons, mes amis, voyons ces gens-là en face. Ils sont six mille et vous êtes trois cents. Vous voyez bien que la partie est égale ! » Un feu nourri joncha de morts trois des faces du carré formé pour arrêter l'ennemi, placé à une portée de pistolet, et qui fut refoulé jusqu'à la ville débloquée.

L'échec de la tentative témérairement entreprise avait retenti douloureusement à travers la France; il fallait une éclatante victoire pour venger un revers quoique glorieux : Constantine devait venger Constantine.

Le général Damrémont, gouverneur, se mit en marche le 1ᵉʳ octobre. Le duc de Nemours commandait une brigade, les généraux Rulhières, Trézel et le colonel Combes avaient le commandement des trois autres. Aussitôt en mouvement, la pluie commença à tomber : les soldats s'attristèrent. Ils savaient quels préjudices les intempéries de la saison avaient causé au brave maréchal Clauzel contraint à la retraite. Heureusement le temps se remit au beau, la confiance ranima tous les cœurs.

Le 6, l'armée française arriva sur le plateau de Mansourah. Constantine se montrait prête à une défense obstinée. Des drapeaux rouges énormes étaient arborés dans la ville, les femmes poussaient des cris aigus. Une décharge générale éclata soudain contre notre état-major s'avançant sur le plateau; les boulets étaient lancés avec une grande précision. Ben-Aïssa, lieutenant du bey Ahmed qui commandait en chef, avait eu soin d'exercer longuement ses artilleurs, choisis un à un pour leur adresse, à tirer sur tous les points où les assiégeants s'étaient montrés lors du siège précédent.

Nous dûmes lutter contre trois obstacles : contre les difficultés du terrain, contre les attaques de l'ennemi, enfin contre les attaques extérieures des Arabes sous les ordres d'Ahmed, resté au dehors de la place. Notre artillerie déploya sa science; des retranchements furent établis pour repousser toute irruption; notre réserve se chargea d'arrêter les tentatives du bey.

Une pluie continuelle, survenue le 7 octobre, contraria nos

efforts. L'eau tombait à torrents, enlevait nos rampes, formait une boue épaisse embourbant nos canons qu'il fallut élever à bras. Nos soldats inactifs, transis de froid, ne pouvaient ni dresser des tentes dans une terre argileuse détrempée, ni allumer

Constantine.

du feu. L'ennemi multiplia ses décharges et nous infligea des pertes cruelles.

La journée du 8 fut plus affreuse encore : une véritable tempête se déchaîna sur nous. Le combat cessa forcément. « On rentrait dans ce temps de désolation et de misères, écrivait le duc d'Orléans, qui, l'année précédente, avait produit tant de malheurs. Chrétiens et musulmans voient dans cette sinistre analogie une manifestation de la volonté divine. Les chefs observent le temps avec angoisse, et cherchent à lire dans le ciel l'avenir de leur cause ; ils obéissent à ces tendances mystiques qui, au milieu des grandes souffrances, remplacent dans toutes les âmes l'incrédulité engendrée souvent par l'oisiveté et le bien-être. »

Le feu contre la place ne put s'ouvrir que le 9. En peu d'instants, nos batteries de la Mansourah détruisirent les batteries de la kasbah ; mais les assiégés tinrent bon, sans défaillance. Dans le but d'épargner ses munitions, le général français fit porter les batteries sur Coudiat-Aty, malgré les difficultés de l'opération. Il fallait, sous un feu admirablement dirigé, passer le Rummel et monter une berge presque à pic. Des rochers obstruaient le passage de la rivière : nos héroïques soldats durent rester douze heures de suite dans l'eau jusqu'à la poitrine pour déblayer le gué. Nos pièces ne purent être établies au delà du torrent que le lendemain matin ; les hommes épuisés les portèrent sur leurs épaules sans craindre bombes et boulets.

Dans la nuit du 10 au 11, l'ennemi effectua une sortie générale qui fut repoussée avec perte.

Les Arabes, ne s'expliquant pas la cessation subite de notre feu, crurent à des préparatifs de départ et se mirent à exhaler leur joie.

Nos batteries, installées très près de leurs ouvrages, dissipèrent bientôt leur allégresse. A trois heures, dans la journée du 11, un obusier pointé par le général Valée fit brèche dans l'enceinte ennemie.

Tout se trouvait prêt pour un assaut. Le général Damrémont voulut essayer une dernière sommation aux assiégés. Il reçut le lendemain une réponse arrogante de Ben-Aïssa : « Il y a à Constantine beaucoup de munitions de guerre et de bouche. Si les Français en manquent, nous leur en enverrons. Nous ne savons ce que c'est qu'une brèche ni une capitulation, nous défendrons à outrance notre ville et nos maisons. Vous ne serez maîtres de Constantine qu'après avoir égorgé le dernier de ses défenseurs. »

« — Ce sont des gens de cœur ! s'écria le général français à la réception de cette lettre ; eh bien ! l'affaire n'en sera que plus glorieuse pour nous. » Aussitôt il monta à cheval et se rendit à la batterie pour examiner la brèche.

Prise de Constantine.

Damrémont s'exposait sur un terrain découvert. Un premier boulet passa au-dessus de lui. Le général Rulhières s'approcha en toute hâte dans le but de lui faire observer le danger. « Cela m'est égal, » répondit-il avec calme. A peine ces mots étaient-ils achevés qu'un boulet renversa le général qui tomba mort.

Le général Perregaux accourt et reçoit une balle mortelle au front.

Le comte Valée informé s'approche, éloigne les spectateurs et prend le commandement. Dès que la nouvelle de la mort du général en chef est connue, nos soldats poussent des cris de fureur et de vengeance. L'artillerie française éclate, brise les pièces ennemies, éteint les feux des remparts, agrandit la brèche.

L'ennemi tente une nouvelle sortie bientôt repoussée. Ahmed qui, de loin, aperçoit le danger, envoie un parlementaire ; mais Valée, soupçonnant une ruse, repousse toute avance et ordonne l'assaut.

Il eut lieu le 13, un vendredi. On ne dormait pas depuis six nuits ; on ne pouvait tirer plus de cinq coups de canon.

Sur un signal du duc de Nemours, la première colonne partit au pas de charge. Nos vaillants soldats électrisés passent à travers les balles, renversent tous les obstacles, arrivent au sommet de la brèche où le drapeau français est bientôt planté. Les Arabes se défendirent avec courage dans les maisons. Ils ne cédèrent le terrain que pied à pied.

Tout à coup, une explosion terrible se fait entendre. Un magasin de poudre, venant de sauter, met le feu aux cartouchières de nos soldats qui éprouvent les atteintes du feu. Les assiégés reviennent à la charge. Le colonel La Moricière est horriblement brûlé. L'héroïque colonel Combes, atteint d'un coup mortel, accourt auprès du duc de Nemours, afin de le renseigner sur l'état des choses : « Heureux, dit-il en terminant son rapport verbal, heureux ceux qui ne sont pas blessés mortellement ! ils jouiront du triomphe. » A ces mots, le colonel chancelle et tombe. Il mourait le surlendemain.

Le duc de Nemours, après avoir lancé la seconde colonne, envoya le colonel Corbin à la tête d'une troisième et, enfin, le général Rulhières, qui prit la ville à revers. Les maisons furent assiégées une à une. Les janissaires défendirent avec acharnement leur caserne, grand bâtiment crénelé à trois étages ; mais la masse de la population épouvantée prit la fuite. Nombre d'Arabes périrent sur les rochers escarpés qui entourent Constantine.

Le duc de Nemours et le général Valée prirent possession du palais du bey et transformèrent en ambulances les principaux édifices de la ville conquise.

Une garnison de deux mille cinq cents hommes fut laissée à Constantine devenue française et le gros de l'armée reprit la route de Bône, accompagnant la dépouille du général en chef, qui, n'ayant pu jouir de son triomphe, fut glorieusement déposé aux Invalides.

Le général Valée reçut le bâton de maréchal et le titre de gouverneur.

IV

## Seul contre mille.

La *France Algérienne* rapporte un fait de bravoure qui dépasse ce que les annales militaires racontent de plus merveilleux.

Le 9 décembre 1839, les Arabes, au nombre de plus de mille, attaquèrent le camp de l'Arba, occupé par trois cents hommes, et voisin de la ferme de Ben-Seman.

Aux premiers coups de fusil, les trois habitants de la ferme, Pirette et deux autres colons, montèrent sur la terrasse de la maison et jugèrent du danger qui les menaçait. Les deux colons, profitant d'un moment favorable, réussirent à s'échapper à l'aide des accidents de terrain, et gagnèrent la plaine. Pirette demeura seul.

Mais Pirette est un militaire libéré du service (grenadier au 2ᵉ bataillon du 12ᵉ de ligne). Il envisage le péril avec le sang-froid et l'expérience d'un ancien soldat ; il étudie sa position et calcule ses chances. Abandonner la ferme sans défense, c'est perdre tout ce qu'il possède au monde. D'un autre côté, les Arabes peuvent être repoussés dans leur attaque contre le camp ; ils peuvent, du moins, éprouver des pertes considérables qui les détourneront d'assaillir la ferme, ou ne leur permettront qu'une tentative précipitée... Ces réflexions le décident à rester et à attendre l'ennemi.

Il s'occupe aussitôt de barricader toutes les issues, porte des pierres sur la terrasse, et charge cinq fusils que possède la ferme, ces armes sont en bon état. Pirette a, en outre, une hache d'abordage, 275 cartouches, un peu de poudre, et à peu près trois kilogrammes de balles coupées en quatre.

Ben-Seman était une de ces belles maisons mauresques semées dans la plaine de la Mitidja, c'était presque une forteresse, les murs en étaient épais, et les fenêtres étaient garnies de grilles en fer posées en saillie et dominant la porte et la façade du bâtiment. Bien défendue, une position pareille devait opposer un obstacle sérieux à des Arabes dépourvus d'artillerie, et qui n'ont jamais su forcer un seul blockhaus. Enfin, le camp de l'Arba n'était qu'à dix minutes de distance ; on pouvait en espérer du secours.

Pirette, ayant disposé ses armes et préparé tous ses moyens de résistance, monte de nouveau sur la terrasse et observe le mouvement des Arabes. Bientôt il les voit, après une vaine démonstration contre le camp, s'écarter dans la plaine hors de la portée du fusil, et là, se réunir et se concerter un moment, puis se diriger en courant sur Ben-Seman.

Dans cet instant de crise, sa présence d'esprit ne lui fait pas défaut, il imagine de placer près de chaque fenêtre soit un chapeau, soit une casquette, pour s'en couvrir alternativement pendant le combat, et faire croire aux assaillants, en se montrant rapidement aux différentes ouvertures, que la ferme compte plusieurs défenseurs.

Des cris, des hurlements affreux signalent l'arrivée de l'ennemi. Il envahit l'orangerie, entoure la maison, et s'élance pour enfoncer la porte ; c'est la seule résistance. En effet, cette porte est solide et déconcerte les premiers efforts des Arabes.

Pirette l'avait ainsi calculé. Posté sur une terrasse, et ayant sous la main ses cinq fusils, il retient son feu ; puis, choisissant l'instant où les assaillants se présentent plus nombreux autour de l'enceinte, il ajuste à dix pas de distance, et cinq décharges,

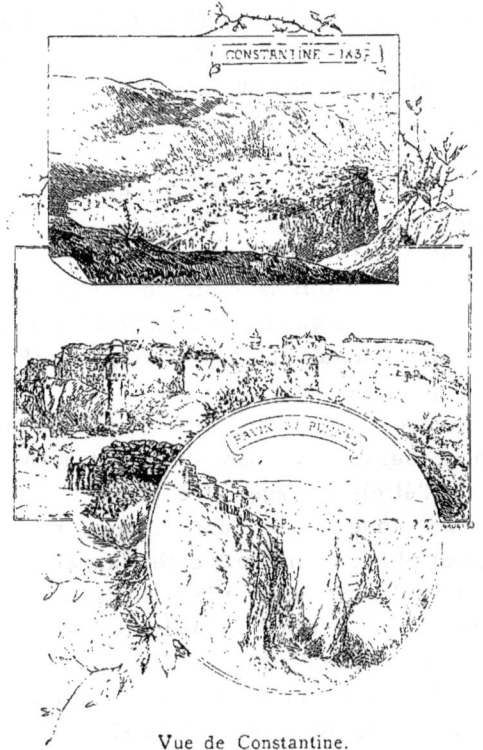

Vue de Constantine.

dirigées successivement sur des masses épaisses, y font un ravage horrible.

Les Arabes, épouvantés, se retirent hors de portée, et tiennent conseil pendant quelques instants sur ce qu'ils ont à faire.

Pirette profite de ce moment pour recharger ses armes ; il les place à différents endroits. Quand les assaillants reparaissent, il se multiplie, fait feu de toutes les fenêtres, et abat encore un grand nombre d'Arabes.

Ceux-ci s'élancent de nouveau et s'efforcent d'escalader la terrasse; mais tous ceux qui parviennent à gagner la muraille retombent à l'instant foudroyés.

Ni la soif, ni la fatigue n'arrêtent notre héros; il recharge ses armes avec la rapidité et la précision d'un soldat exercé, il vise avec la justesse d'un tireur habile, attend, pour ne pas perdre ses coups, que les Arabes se trouvent à une faible distance, et il fait en peu de temps un affreux carnage.

L'ennemi se retire encore une fois, emportant ses morts et ses blessés; mais il examine avec soin toutes les faces de la maison, et enfin découvre un endroit à l'abri du feu des fenêtres, où il dirige aussitôt tous ses efforts.

Pirette ne voit plus les Arabes, seulement il entend qu'ils commencent à démolir la muraille; le bruit des pierres qui tombent frappe à chaque instant ses oreilles; il se place derrière le mur menacé. Bientôt une ouverture pratiquée par les ennemis leur donne entrée dans l'intérieur.

Cette brèche est à l'extrémité d'un corridor obscur d'où Pirette peut tout observer sans être vu. Il laisse un Arabe s'engager dans l'étroit passage, et à peine y est-il entré qu'une décharge le renverse. Ses compagnons retirent le cadavre, mais n'osent plus pénétrer par cette dangereuse entrée, qui ne donne accès qu'à un homme à la fois. Ils se contentent de tirer, par l'ouverture, des coups de fusil que Pirette évite en s'abritant dans l'embrasure d'une porte.

Cependant la nuit approchait, et les Arabes, désespérant de s'emparer le soir même d'une maison si bien défendue, s'étaient ralliés à quelque distance. Le courage de Pirette n'a pas failli; mais il ne peut plus espérer de secours, et ses munitions sont épuisées: quinze cartouches seulement lui restent. Il avait tiré deux cent soixante coups de fusil. Il attend que l'obscurité soit complète, prend le meilleur de ses fusils et se glisse silencieusement le long de la muraille; puis, protégé par d'épais buissons de cactus et d'aloès, il passe, sans être aperçu, à travers le groupe d'Arabes, parvient en vue du camp et crie à la sentinelle:

— Ne tirez pas! je suis le colon de Ben-Seman!

Sa présence fut pour ses anciens camarades une cause de

véritable stupéfaction. Ils avaient entendu toute la journée une vive fusillade qui partait de la ferme et ils ne doutaient pas que les assiégés ne fussent nombreux et en état de se défendre. On ne pouvait comprendre comment un seul homme avait tenu une journée entière contre mille ennemis.

Cet étonnement sera partagé par tous nos lecteurs. *Le vrai peut quelquefois n'être pas vraisemblable*, et il faut avouer que c'est ici le cas, ou jamais, d'appliquer ce proverbe ; mais les preuves à l'appui du fait sont nombreuses et ne sauraient être contestées. Les trois cents soldats du camp de l'Arba ont vu et entendu ce qui précède, et des attestations ont été délivrées au brave Pirette par des officiers dont le nom seul est une garantie de véracité et d'honneur.

V

### Les Héros de Mazagran. — Le capitaine Lelièvre.

La défense de Mazagran est un des plus glorieux faits d'armes de l'armée d'Afrique qui en compte tant.

Voisine de Mostaganem dont elle est, pour ainsi dire, la citadelle, Mazagran est une petite ville de la province d'Oran. Une garnison composée de cent vingt-trois hommes seulement, commandés par le capitaine Lelièvre et le lieutenant Magnien, occupait un fortin défendant la place. Une pièce de 4, un baril de poudre et 40,000 cartouches composaient tout le matériel de guerre.

Le chef religieux des Arabes, Abd-el-Kader, ayant résolu de nous arracher la province d'Oran, berceau de sa puissance, voulut frapper un grand coup en s'emparant de Mazagran dont l'occupation gênait ses opérations.

Le 1ᵉʳ février 1840, des cavaliers arabes s'approchèrent pour éclairer les lieux. Ils furent, tout à coup, suivis d'une troupe de

12 à 15,000 hommes envoyés par 82 tribus arabes, sous les ordres de Mustapha-Ben-Tehamy.

L'irruption fut si soudaine, que le lieutenant Magnien surpris, n'eut pas le temps de rentrer avant la fermeture des portes : il fut obligé de se hisser par une corde dans l'intérieur du fortin.

On ne put défendre la ville. Les Arabes s'installèrent dans les maisons, placèrent deux pièces d'artillerie sur un plateau et se précipitèrent avec rage contre les murailles où ils plantèrent quatorze drapeaux. Les cent vingt-trois braves les attendent, tirent à bout portant, et font un horrible carnage de leurs ennemis. Les Arabes se cramponnent aux murailles et se font tuer à la baïonnette. Trois fois le drapeau français est abattu par la mitraille, trois fois il est relevé aux cris de : *Vive le Roi! Vive la France!*

La nuit étant arrivée, les assaillants envoient quérir du secours auprès des tribus voisines et reviennent à la charge au point du jour avec une rage nouvelle. Nos munitions s'épuisaient; le brave Lelièvre ordonna, pour les ménager, de ne se servir que de la baïonnette. La nuit sépara de nouveau les combattants. Nos soldats s'empressèrent de réparer les brèches du fortin vivement attaqué par l'artillerie arabe. Lelièvre rassemble ses hommes : « Mes amis, leur dit-il, nous avons encore un tonneau de poudre presque entier et 12,000 cartouches; nous nous défendrons jusqu'à ce qu'il ne nous en reste plus que douze ou quinze, puis nous entrerons dans la poudrière pour y mettre le feu, heureux de mourir pour notre pays. Vive la France! »

Le 5, la lutte continua tout le jour, acharnée, sans succès pour l'ennemi furieux. Le 6, les Arabes réunirent leurs forces et lancèrent 2,000 des leurs, ensemble, sur le fortin. Ils étaient sur le point de planter leur étendard dans l'enceinte, quand une décharge générale les contraignit à la fuite. De nouvelles colonnes, à trois reprises, se ruèrent sur la petite troupe. Nos braves les font tomber à coup de sabres et de baïonnettes, et quand les murs sont nettoyés, la mitraille opère de larges trouées dans leurs rangs.

Cette lutte inouïe durait depuis quatre jours. « On se battit quatre jours et quatre nuits, dit un Arabe qui rendit compte de ce siège à jamais mémorable. C'étaient quatre grands jours, car ils ne commençaient ni ne finissaient au son du tambour. C'étaient des jours noirs, car la fumée de la poudre obscurcissait les rayons du soleil, et les nuits étaient des nuits de feu, éclairées par les flammes des bivouacs et par celles des amorces. »

Le soir du quatrième jour du combat, l'attaque cessa. Les cavaliers arabes ramassèrent les morts. Ils emportèrent plus de mille des leurs, morts ou blessés. Nous n'avions perdu que trois hommes, seize furent blessés. Abd-el-Kader, à la nouvelle de cette défaite, tomba dans la consternation. Ses plans étaient anéantis.

Honneur aux cent vingt-trois !

## VI

### Les quatre-vingt-trois Chasseurs du capitaine de Géraux. Héroïsme de Dutertre.

La tribu arabe des Souhaliahs, secrètement gagnée à la révolte, avait prié le lieutenant-colonel de Montagnac de venir à son aide contre Abd-el-Kader. Homme de cœur et plein d'audace, de Montagnac ne soupçonna nullement la trahison. Il sortit à la tête d'un petit nombre d'hommes, et le 22 septembre tomba avec 350 chasseurs et 60 hussards seulement au beau milieu des troupes de l'émir qui l'attirait dans un affreux guet-apens. Enveloppé par des forces dix fois plus nombreuses, le brave colonel tient bon et communique à sa troupe son énergie guerrière. Hélas ! il tombe bientôt frappé d'un coup mortel. « Enfants, s'écrie-t-il, vous êtes accablés par le nombre, retirez-vous dans le marabout de Sidy-Brahim. Ne vous inquiétez pas de mon corps, tout est fini pour moi. » La petite troupe lutta encore durant trois heures. Les munitions étaient épuisées. Il ne restait plus que quatre-vingt-trois hommes sous les ordres du capitaine de Géraux qui réussit à les diriger sur le marabout de Sidi-Brahim, misérable fortin sans eau, sans vivres, sans poudre. Trois mille cavaliers arabes accourent poussant des cris de joie.

On improvise un drapeau au moyen d'une ceinture rouge et d'un mouchoir bleu, pour demander du secours à la garnison de Djemmah. Vain espoir! tout secours était impossible.

L'émir somme les Français de se rendre : « Nous sommes décidés à nous battre jusqu'à la fin, répond le capitaine de Géraux. Si l'ennemi veut, il peut commencer : nous sommes tous prêts et bien résolus, jusqu'aux derniers. »

En apprenant cet héroïque refus, Abd-el-Kader donne ordre à un de ses quatre-vingts prisonniers, le capitaine Dutertre, d'aller engager de Géraux à se rendre sous peine d'avoir, lui et les prisonniers, la tête tranchée. Le capitaine Dutertre consulte ses compagnons de captivité, s'avance près du fortin et s'écrie : « Malgré les injonctions et les menaces d'Abd-el-Kader, je vous exhorte à ne pas vous rendre ; mourons tous, s'il le faut, jusqu'au dernier. » Son héroïque conseil lui coûta la vie.

L'émir comprit que la famine lui livrerait plus facilement que le combat les défenseurs du marabout. Il changea le siège en blocus.

Nos héroïques chasseurs n'avaient rien à manger et, pour toute boisson, ils étaient réduits à mélanger de l'urine avec de l'eau-de-vie.

Le 25 au matin, de Géraux tente une sortie. Ses hommes se précipitent en avant. Les premiers postes sont enlevés à la baïonnette. La petite troupe, formée en carré de tirailleurs, se met en marche vers Djemmah, et gagne un ravin où elle s'arrête pour se reposer. Mais les Arabes accourent de partout : quatre mille hommes s'acharnent après nos quatre-vingt trois soldats.

Il fallait vaincre ou mourir. Nos braves s'élancent résolument sur les masses ennemies et se frayent un passage à la baïonnette. Ils n'étaient plus que quarante quand ils purent se compter.

Les Arabes reviennent à la charge. Dans leur désespoir, nos

Héroïsme de Dutertre.

Français font un terrible carnage. Vingt-sept d'entre les quarante succombent et, parmi eux, l'héroïque capitaine de Géraux. Ceux qui n'avaient point succombé s'apprêtaient à mourir quand, enfin, ils furent secourus par la garnison de Djemmah qui les cherchait depuis trois jours. Ils n'étaient plus que douze braves. Trois d'entre eux seulement n'avaient pas de blessure.

## VII

### Une décoration bien gagnée.

Au sud de la province de Mascara une révolte éclata, en 1850, parmi les Arabes. Notre autorité fut bientôt gravement compromise. Le lieutenant Mortalais fut envoyé avec son bataillon pour réprimer l'insurrection. Après quelques jours d'une marche pénible, l'ennemi fut rencontré ; ses forces étaient bien supérieures aux nôtres. Des deux côtés on se battit avec acharnement. Le petit bataillon du lieutenant éprouva de grandes pertes.

On était privé d'eau depuis deux jours. Il fallait à tout prix remplir les outres et les tonneaux à sec.

Un indigène se présenta, un soir, pour prévenir le capitaine qu'une source, située derrière un mamelon, coulait à deux kilomètres de son camp. L'indigène était un traître qui nous attirait dans un piège.

Sans défiance, le capitaine donnait des ordres pour l'occupation de la source, quand des coups de feu retentirent sur la gauche. On massacrait un de nos détachements. Le besoin était pressant. Le capitaine se porta au secours des nôtres ; mais, avant de partir, il appela le lieutenant Mortalais et lui dit :

— La route de la source semble libre : prenez vingt hommes ; emparez-vous de la position ; la source qui est là bas, c'est la vie : gardez-la, quoiqu'il arrive, jusqu'à mon retour.

— Oui, mon capitaine.

— La source n'est pas occupée en ce moment ; cependant, méfiez-vous, méfiez-vous bien !

— Oui, mon capitaine.

Et le lieutenant en s'éloignant, parlant à lui-même, dit : « J'aurai la source et je la garderai. »

Il n'avait qu'une poignée d'hommes ; à la tête de sa petite troupe, il se dirigea vers le mamelon qui paraissait inoccupé.

A peine arrivé au sommet, à quelques pas de la source, il reçoit une décharge terrible. Le lieutenant tombait dans une embuscade. Sans perdre une minute, Mortalais embusque ses hommes dans des anfractuosités de rochers et dirige sur les Arabes un feu qui les fait déloger.

La nuit tombait.

Dès la pointe du jour, on se rendit compte de l'affreuse position dans laquelle on se trouvait. On aperçut un village arabe au pied du mamelon, et de nombreux ennemis guettaient le moment favorable pour nous assaillir. Les rebelles n'avaient abandonné la source que pour nous attirer et nous retenir. D'en bas, habilement dissimulés, ils cherchaient à compter nos soldats.

Cinq des nôtres avaient été mis hors de combat.

Les Arabes s'agitaient. Ils allaient évidemment tenter un assaut ; c'en était fait du lieutenant et de sa trop faible troupe. La prudence conseillait une retraite honorable. Elle pouvait s'opérer par le versant opposé au mamelon ; mais le lieutenant s'était promis de prendre et de garder la source.

Cependant, il y avait à ses pieds deux cents Arabes armés jusqu'aux dents et décidés à tout. Le lieutenant et sa troupe ne pouvaient fuir la mort.

Du côté où s'était dirigé le bataillon nul secours ne semblait devoir venir. Un silence profond régnait dans la vallée. Le capitaine avait-il oublié son lieutenant ?

Un soldat muni d'un drapeau blanc, fut envoyé auprès des Arabes disposés à monter à l'assaut du mamelon. Il était envoyé en parlementaire pour convoquer les notables du village. Les Arabes se concertèrent et, par raillerie, consentirent à entendre les propositions qu'on allait leur faire. Ils étaient sûrs de la victoire !

Un territoire neutre fut désigné vers le milieu du versant. Le lieutenant avec quelques hommes, quinze hommes ! fit la moitié du chemin en descendant du mamelon, pendant que les notables faisaient l'autre moitié en le montant.

A la vue de ce petit nombre de soldats, les chefs arabes furent complètement rassurés. Dix notables se présentèrent suivis de toute la population en armes.

Mortalais, heureusement, savait la langue arabe. Quand les notables, l'air dédaigneux, arrogant, se présentèrent devant lui, il leur tint ce langage vraiment digne d'un Français :

— Voici ce que je viens vous proposer : en échange de la libre disposition de cette source, dont les Français ont besoin, je m'engage à ne pas attaquer votre village, à respecter vos foyers, à épargner la vie de vos femmes et de vos enfants.

C'était ce qu'on appelle du toupet ! Un sourire de mépris accueillit les paroles du lieutenant.

— Vous ne m'avez pas compris, dit-il, car vous pensez n'avoir affaire qu'à une poignée d'hommes ; mais, dans un instant, des centaines de Français vont paraître qui vous anéantiront, vous et les vôtres. Je vous propose donc la vie sauve, je vous offre le pardon en échange de cette source. Acceptez-vous ?

Un murmure d'indignation partit du côté des rebelles. Les notables, qui hésitaient un peu, furent entraînés.

— Nous refusons, s'écrièrent-ils.

— Vous refusez ?

— Oui.

A cette réponse catégorique, le lieutenant fait un signe ; dix soldats français s'élancent et braquent leurs pistolets sur les tempes des dix notables.

Le mouvement fut exécuté avec une prestesse incroyable. Pas un des notables menacés de se voir brûler la cervelle n'osa bouger.

— Maintenant, dit Mortalais aux autres Arabes, vous allez vous retirer et attendre mes ordres.

Devant l'attitude énergique et résolue du courageux lieutenant et de ses hommes, les rebelles redescendirent le mamelon tout confus. Ils étaient domptés.

Les prisonniers désarmés furent gardés à vue près de la source. Au bout d'une heure, une sonnerie de clairon se fit entendre. Le bataillon revenait du combat.

Au moment où nos soldats gravissaient le mamelon sur lequel était arboré le glorieux drapeau de la France, le lieutenant fit délivrer les prisonniers, et, s'adressant aux notables :

— Les Français ne sont pas des traîtres, s'écria-t-il. J'ai usé du seul moyen possible pour conserver la source à mes frères qui, sans elle, seraient morts de soif. Ils vont boire. Maintenant la partie est égale. Vous êtes libres. Reprenez vos armes et allez vous battre.

Stupéfaits, les Arabes regardaient le lieutenant de la tête aux pieds, ne pouvant comprendre sa grandeur d'âme. Ils partirent enfin, après avoir salué noblement celui qu'ils admiraient.

Arrivé à la cime du mamelon, le capitaine qui s'était rendu compte du danger de la position de son lieutenant environné d'ennemis, lui demanda comment il avait pu faire pour arriver là et se maintenir.

— Mon capitaine, j'ai fait ce que vous m'aviez dit de faire.

Au fond de son cœur il disait : J'avais promis d'occuper la source et de la garder.

Le capitaine prenait des mesures de défense, quand il aperçut au loin un groupe d'Arabes gravissant le mamelon. Ils étaient sans armes. Mortalais reconnut les notables, ses prisonniers de tout à l'heure. Tous venaient faire leur soumission.

D'un seul coup, par son audace et sa sagacité, Mortalais avait sauvé la vie à un bataillon français et soumis tout un parti rebelle.

Il fut décoré et, plus tard, il devint général.

## VIII

## Canrobert devant Zaatcha.

Canrobert, devenu plus tard le héros glorieux de Saint-Privat, né le 27 juin 1809, à Saint-Céré (Lot), appartenait à une famille de soldats.

Sorti de Saint-Cyr en 1829, il s'embarqua pour l'Afrique en 1835, prit part à l'expédition de Mascara, à la prise de Tlemcen, à différents combats meurtriers et au second siège de Constantine, où il reçut une grave blessure près du colonel Combes, qui le recommanda au maréchal Valée.

Décoré, il rentre en France et organise un bataillon étranger avec les débris des bandes carlistes.

De retour en Afrique, en 1841, il commanda bientôt un bataillon de chasseurs récemment créés, et ne tarda pas à se signaler de nouveau dans une foule de combats.

Pendant dix années, il ne cessa de combattre avec la plus grande audace et la même intrépidité.

Chef de bataillon en 1842, officier de la Légion d'honneur, lieutenant-colonel en 1845, colonel de zouaves en 1847, il fut fait commandeur après la prise de Zaatcha en 1849.

Sa bravoure chevaleresque lui mérita cet honneur.

Le jour de l'assaut de Zaatcha, après s'être placé en tête d'une des colonnes d'attaque, mettant le sabre à la main, il se retourna vers ses zouaves en jetant au loin le fourreau, il dit simplement : « Pas besoin de fourreau aujourd'hui. »

Il croyait bien sincèrement qu'il ne reviendrait pas vivant.

« Enfants, dit le colonel Canrobert, au peloton d'enfants perdus qui avaient juré de le suivre jusqu'à la mort, si le clairon sonne la retraite, rappelez-vous que ce n'est pas pour nous. »

Et il s'élance la tête haute, en avant du peloton, entouré d'une phalange de seize braves.

Prise de Zaatcha.

Il gravit le rude sentier qui conduit aux remparts. On ne peut marcher qu'à la file indienne, un par un. Le premier sergent qui se présente est tué, celui qui prend sa place a le même sort. Le jeune colonel prend la tête de la colonne, on l'admire, on le suit.

Sur ces seize volontaires, quatre officiers et douze sous-officiers, douze furent tués ou blessés.

Canrobert échappa par miracle.

Dans la marche qu'il fit sur Zaatcha pour amener des renforts au général Herbillon, qui ne pouvait parvenir à briser la résistance des Arabes, la petite colonne de Canrobert, épuisée par le choléra et les fatigues, se trouva en face de nombreux assaillants qui bloquaient la ville de Bou-Saâda et lui barraient le passage.

Canrobert s'avança résolument, malgré l'inégalité de forces et leur cria :

— Livrez-moi passage, car je porte avec moi un ennemi qui vous exterminera tous, la peste...

Les Arabes épouvantés par ces paroles, et voyant les traces visibles de l'épidémie, livrèrent le passage.

Canrobert jeta alors des renforts dans Bou-Saâda et se dirigea ensuite sur Zaatcha, sans être inquiété dans sa marche (1).

(1) Nous reviendrons plus loin sur l'héroïque Canrobert, en mettant sous les yeux du lecteur le récit de la bataille de Saint-Privat.

# Au Soudan

### Le siège de Médine.

Partis de l'Arabie, les Musulmans, après avoir peu à peu envahi l'Afrique, ont été les principaux organisateurs de la traite des noirs. Leur influence disparaîtra devant les progrès des Européens ; mais elle a été considérable, et quand nous avons voulu étendre nos possessions du Sénégal, nous les avons, dès 1857, rencontrés devant nous.

Un des premiers et des plus héroïques épisodes de cette lutte fut le siège de Médine.

Le marabout Omar, qui menait cette guerre sainte, n'était pas un adversaire à dédaigner. Pèlerin de la Mecque, réputé pour sa sainteté et sa science, il avait eu, en outre, l'art de se faire passer pour un être surnaturel. Quelques fusées lancées sur des villages avaient fait croire qu'il disposait de la foudre, et depuis 1848, il préparait son plan.

En 1854, il partit à la tête de 12,000 hommes, fanatisés au point de désirer la mort comme un bien, et conquit successivement les Etats nègres voisins.

Or, en septembre 1855, le général Faidherbe avait construit un fortin carré à Médine, à 250 lieues de la côte. Un vieux militaire énergique, Paul Holl, le commandait. La garnison comprenait 8 soldats blancs, 20 matelots noirs et 20 soldats sénégalais. Quatre canons armaient les faces, longues chacune de 30 mètres, du quadrilatère.

Le 20 avril 1857, à cinq heures et demie du matin, Omar arrivait devant la place et lui donnait l'assaut. — Les assaillants s'avancèrent en silence, resserrant les rangs à chaque décharge, mais, parvenus au pied du mur, ils ne purent le franchir et laissèrent six cents hommes sur le terrrain. Un nouvel assaut, donné le 11 mai, à une heure et demie du matin, fut repoussé. Omar changea son plan. Il y avait dans Médine 6,000 âmes, peu de vivres : avec du temps, la famine viendrait. Un nouvel assaut fut encore tenté le 4 juin, puis, Omar attendit. Six semaines après, la situation des défenseurs était navrante.

Les gens du village n'avaient plus de poudre, il restait deux gargousses par pièce, un ou deux coups par homme ; l'ennemi s'avançait à 50 mètres de l'enceinte du fort, et dressait ses embuscades jusque dans l'intérieur du village. 6,000 personnes sans abri, entassées dans un espace de 5,000 mètres carrés, se nourrissaient depuis un mois de racines sans avoir de quoi les faire cuire. Plusieurs même mangeaient de l'herbe crue. Immondices et cadavres empestaient l'air.

Enfin, le 18 juillet, il faut se résigner à mourir. On hisse les couleurs nationales. On prend le poste de combat, quand soudain, Paul Holl voit un groupe tirer sur les assiégeants. Ils ont des chapeaux de paille et des bottes. Plus de doute, ce sont des Européens, des libérateurs, c'est le salut !

C'était le salut en effet. Faidherbe venait d'arriver par le fleuve, tout anxieux de savoir ce qu'était devenue Médine. Quand il avait aperçu le fort silencieux, il n'avait pu contenir son émotion, et suivi de ses irréguliers seulement, il avait pris le pas de course.

Ce ne fut qu'à 150 mètres du fort qu'il vit les Toucouleurs touchant presque l'enceinte, et les assiégés s'élançant à sa rencontre.

Oh ! cette ivresse des heures de délivrance, ces larmes qui ne se commandent pas, ces frissons qui semblent électriser le corps, il faut les avoir ressentis pour se les figurer.

C'était même plus qu'une délivrance, dans cet état désespéré, c'était une résurrection.

De tels faits d'armes ne doivent pas tomber dans l'oubli ; de tels exemples ne doivent pas être perdus. Nous autres, Français, nous devons à nous-mêmes de conserver pieusement le souvenir de cette poignée d'hommes, plus obscurs que les héros de Marengo, mais au moins aussi méritants, et aussi le souvenir de leur chef, le vieux métis, Paul Holl, qui, selon l'expression de Faidherbe, « s'était couvert de gloire ».

**TROISIÈME PARTIE**

## CAMPAGNE DE CRIMÉE

I

### L'Alma. — Bosquet et ses Zouaves.

En entreprenant ces récits — nous l'avons dit au début — nous n'avons pas eu l'intention de faire l'histoire complète des campagnes glorieuses qui ont illustré nos armes : exposer les traits les plus saillants de la bravoure française en ce siècle où ils abondent, tel a été le but de cet ouvrage destiné à relever les cœurs et à les animer au souvenir d'un héroïque passé.

Nous ne raconterons donc pas en détail les hauts faits accomplis durant la mémorable campagne de 1854 qui manifesta de nouveau au monde l'indomptable bravoure de nos soldats. Quelques traits suffiront pour montrer qu'ils furent, comme ils sont encore aujourd'hui, les dignes héritiers des vaillants du premier empire.

A la première bataille, livrée, le 20 septembre, contre les Russes par le maréchal de Saint-Arnaud, nous eûmes à lutter contre un ennemi nombreux, admirablement installé sur des hauteurs fortifiées, couvrant de ses feux une vallée traversée par une rivière qu'il nous fallait franchir.

Protégé à gauche par des falaises à pic, l'ennemi se riait d'avance des efforts que nous aurions à faire pour arriver jusqu'à lui. 45,000 Russes commandés par le prince Menchikof, appuyés par 180 pièces de canon, nous attendaient de pied ferme sur des hauteurs presque inaccessibles.

Le général Bosquet, héros d'Afrique, à la tête du 3ᵉ zouaves, d'une voix tonnante, crie : *En avant !* Zouaves et turcos s'élancent. En un instant, ils arrivent vers les rives de l'Alma, à un village incendié par les Russes. La rivière est franchie. Il s'agit maintenant d'escalader les hauteurs sous les feux de l'ennemi. Turcos et zouaves s'accrochent aux aspérités du sol, aux crevasses, aux racines et grimpent comme des chats. Parfois le pied manque et les braves roulent les uns sur les autres, mais ils se relèvent meurtris et remontent joyeux.

En cinq minutes les plus alertes parvenaient au haut de la crête. L'ennemi n'en croyait pas ses yeux. Quand le 3ᵉ zouaves en entier arriva au sommet, ce qui fut l'affaire d'un quart d'heure, les braves, inondés de sueur, les mains écorchées, se jettent en avant sans se donner le temps de respirer. Un feu nourri est dirigé sur les Cosaques qui sont obligés de rétrograder. L'infanterie russe accourt en poussant des hourras frénétiques. Les zouaves se jettent sur elle à la baïonnette et, en peu de temps, la mettent en fuite.

« Dans la poursuite, écrit un de ces héros, nous traversons un vignoble chargé de raisins. La tentation est trop forte, nous nous arrêtons un instant. La fusillade crépite tout alentour,... les balles pleuvent sur nous comme grêle... Clameurs vaines !... nous cueillons le raisin, dévorons le fruit vermeil, et quelques enragés Parisiens, se tournant vers les tirailleurs ennemis, s'écrient en imitant l'accent si connu des marchands des quatre saisons de la capitale : « Chasselas de Fontainebleau !... frais comme l'œil !... deux sous le tas !... quatre sous la livre ! »

La gaieté française ne perd jamais ses droits ; elle va de pair avec la bravoure.

De la vallée on observait avec une vive anxiété les hauteurs ; quand on entendit le grondement des canons que nos braves étaient parvenus, après mille efforts, à hisser sur la crête, les officiers qui entouraient le général en chef s'écrient : « Voilà les Russes qui commencent leur feu contre la division Bosquet. » — Non, non, dit de Saint-Arnaud, je vois des pantalons rouges, c'est Bosquet ! Il a déjà gravi les hauteurs ; je reconnais là mon vieux Bosquet d'Afrique ! »

Lorsque, d'en bas, on aperçut l'aigle impériale, l'armée entière battit des mains et les cris de : « Vive Bosquet ! Vivent les zouaves ! Vivent les turcos ! » retentirent dant la vallée.

Lord Raglan, à la vue du courage de nos troupes, s'écria en

Le Maréchal de Saint-Arnaud.

applaudissant : « Oh ! ce ne sont pas des hommes, ce sont des tigres et des lions ! »

Le prince Menchikof, averti, refusa de croire à l'escalade des zouaves. Mieux informé, il fit diriger quarante pièces de canon contre les douze pauvres pièces que nous avions pu établir. Vains efforts ! nos troupes se maintiennent. La brigade de cavalerie Bonat s'élance en avant et l'ennemi est mis en fuite.

Le combat s'engage dans la vallée, la canonnade retentit

partout. Canrobert lance la première ligne de sa division sur l'Alma. Bourbaki, à la tête du 1ᵉʳ régiment des zouaves, accourt. Nos braves posent leurs sacs à terre. La charge sonne : jardins, enclos sont franchis ; en quelques minutes la rivière est traversée. Les balles qui tombent drues comme la grêle n'arrêtent pas l'ardeur de nos troupes. A la vue des bataillons de Canrobert, les Russes, placés sur le plateau, s'efforcent de barrer le passage ; les canons braqués contre eux n'intimident pas plus les nôtres

Le combat s'engage dans la vallée.

que les balles meurtrières. « Allons ! les enfants, dépêchons, crie le brave Bourbaki, le canon renverse, mais n'arrête pas. » Les Russes sont refoulés. La crête est couverte de morts et de blessés.

Une action des plus meurtrières s'engage près de la tour du télégraphe, centre de la résistance, et dont il fallait s'emparer à tout prix pour terminer la lutte. Un combat corps à corps à la baïonnette s'engage aux pieds du monticule servant de base au télégraphe. La lutte est courte mais terrible. Un *vieux chacal*, à barbe grise, reçoit un coup de baïonnette mal assuré qui lui déchire le visage. « Maladroit! s'écrie-t-il en haussant les épaules, tiens voilà comment ça se pratique; » et après ces mots, il enfonce jusqu'à la garde son sabre baïonnette dans la large poitrine du Russe qui expire aussitôt. Là, le sous-lieutenant Poitevin meurt frappé d'un boulet en pleine poitrine, au moment où il plantait le glorieux drapeau de son régiment. Là, Canrobert est blessé. Quand il s'affaissa tout à coup sur son cheval, un cri douloureux s'échappa de toutes les poitrines : « Canrobert est blessé! » Mais le vaillant était solidement trempé. Transporté en toute hâte derrière le télégraphe, après des soins empressés, il revint à lui. Mais ce n'est point un repos nécessaire qu'il demande : il saute sur son cheval et reparaît en un instant, le bras en écharpe, à la tête de ses bataillons enthousiasmés.

II

## Héroïsme du Maréchal de Saint-Arnaud

L'exemple donné par le maréchal de Saint-Arnaud ne fut pas moins décisif pour entraîner les troupes à la victoire. Une fièvre intense le dévorait; elle ne l'empêcha point de suivre d'un œil ardent toutes les péripéties d'un combat acharné, de veiller à tout et d'être présent là où il jugea sa présence nécessaire. L'héroïque chef de l'armée française resta treize heures consécutives à cheval. Toutes les instances furent vaines pour le décider à prendre quelque repos. La ligne de la bataille avait près de deux lieues d'étendue; il la parcourut plusieurs fois, donnant ses ordres avec un calme parfait, cachant aux yeux de tous, par d'incroyables efforts, sa lutte contre un mal qui devait bientôt l'emporter. Cependant, la nature reprend parfois son empire; quand la douleur devenait trop vive, quand ses forces épuisées allaient trahir son énergie, il se faisait soutenir sur son cheval par deux cavaliers. Preuve de la force de l'âme, de la suprématie de la volonté humaine pliant le corps à son gré!

Malgré son état de faiblesse, le maréchal voulut monter sur le plateau. Quand il y fut transporté, notre drapeau flottait glorieux au sommet de la tour du télégraphe, servant de cible aux boulets ennemis. Il voit les abords couverts de cadavres. Passant devant

Départ du Maréchal de Saint-Arnaud.

les zouaves qui avaient conquis la position, le maréchal se découvre et s'écrie : « Merci les Zouaves ! — Vive Saint-Arnaud ! » répondent les mâles soldats d'Afrique.

Commencée à midi, la bataille était gagnée vers six heures du soir. Le maréchal de Saint-Arnaud parcourut le front de l'armée victorieuse le saluant partout de ses vivats. La nuit venue, il eut froid. Le héros s'étendit sur une botte de foin, couvert d'un manteau rouge de spahi. Quand sa tente fut dressée, il se mit au travail et rédigea son rapport dans lequel se trouve cette phrase célèbre : « Les zouaves se sont fait admirer des deux armées; *ce sont les premiers soldats du monde !* »

Quelques jours après, le 26 septembre, le vainqueur, dans un ordre du jour, lu aux troupes assemblées et sur le point de marcher vers Sébastopol, faisait ses adieux à l'armée. Le maréchal succomba après avoir remis le commandement au général Canrobert. Le 29 septembre, il expirait, victime de son dévouement, à bord du *Berthollet* en partance.

III

Devant Sébastopol. — Enlèvement d'une redoute.

Le siège de cette place fameuse, défendue par quinze cents bouches à feu, dura onze mois. Une grande bataille fut livrée par les Russes, le 5 novembre 1854, sur le plateau d'Inkermann; ils y laissèrent quinze mille des leurs, tués ou blessés. Durant ce long siège, des prodiges de valeur furent accomplis par nos troupes attaquées à la fois par un ennemi courageux et par la maladie.

Parmi les nombreux épisodes qui s'accomplirent, nous signalerons celui de l'enlèvement d'une redoute, d'après le récit d'un jeune officier de notre vaillante armée; nous raconterons ensuite la prise de Malakoff qui termina le siège et la campagne.

« La lune se leva derrière la redoute située à deux portées de canon de notre bivouac. Elle était large et rouge comme cela est ordinaire à son lever. Mais ce soir elle me parut d'une grandeur extraordinaire. Pendant un instant la redoute se détacha en noir sur le disque éclatant de la lune. Elle ressemblait au cône d'un volcan au moment de l'éruption.

« Un vieux soldat auprès duquel je me trouvais, remarqua la couleur de la lune. « Elle est bien rouge, dit-il; c'est signe qu'il en coûtera bon pour l'avoir, cette fameuse redoute! » J'ai toujours été superstitieux, et cet augure, dans ce moment surtout, m'affecta. Je me couchai, mais je ne pus dormir. Je me levai, et je marchai quelque temps, regardant l'immense ligne de feux qui couvrait les hauteurs au delà du village.

« Lorsque je crus que l'air frais et piquant de la nuit avait assez rafraîchi mon sang, je revins auprès du feu ; je m'enveloppai soigneusement dans mon manteau, et je fermai les yeux, espérant de ne pas les ouvrir avant le jour. Mais le sommeil me tint rigueur. Insensiblement mes pensées prenaient une teinte lugubre. Je me disais que je n'avais pas un ami parmi les cent mille hommes qui couvraient cette plaine. Si j'étais blessé, je serais dans un hôpital, traité sans égards, par des chirurgiens ignorants. Ce que j'avais entendu dire des opérations chirurgicales me revint à la mémoire. Mon cœur battait avec violence, et machinalement je disposais comme une espèce de cuirasse le mouchoir et le portefeuille que j'avais sur la poitrine. La fatigue m'accablait, je m'assoupissais à chaque instant, et à chaque instant quelque pensée sinistre se reproduisait avec plus de force et me réveillait en sursaut.

« Cependant, la fatigue l'avait emporté, et, quand on battit la diane, j'étais tout à fait endormi. Nous nous mîmes en bataille, on fit l'appel, puis on mit les armes en faisceaux, et tout annonçait que nous allions passer une journée tranquille.

« Vers trois heures, un aide de camp arriva, apportant un ordre. On nous fit reprendre les armes ; nos tirailleurs se répandirent dans la plaine ; nous les suivîmes lentement, et, au bout de vingt minutes, nous vîmes tous les avant-postes des Russes se replier et rentrer dans la redoute. Une batterie d'artillerie vint s'établir à notre droite, une autre à notre gauche, mais toutes les deux bien en avant de nous.

« Elles commencèrent un feu très vif sur l'ennemi, qui riposta énergiquement, et bientôt la redoute disparut sous des nuages épais de fumée.

« Notre régiment était presque à couvert du feu des Russes par un pli de terrain. Leurs boulets, rares d'ailleurs pour nous (car ils tiraient de préférence sur nos canonniers), passaient au-dessus de nos têtes, ou tout au plus nous envoyaient de la terre et de petites pierres.

« Aussitôt que l'ordre de marcher en avant nous eût été donné, mon capitaine me regarda avec une attention qui m'obligea à passer deux ou trois fois la main sur ma jeune

Sébastopol.

moustache d'un air aussi dégagé qu'il me fût possible. Au reste, je n'avais pas peur, et la seule crainte que j'éprouvasse, c'était que l'on ne s'imaginât que j'avais peur.

« Le colonel passa devant notre compagnie; il m'adressa la parole : « Eh bien! vous allez en voir de grises pour votre début. » Je souris d'un air tout à fait martial en brossant la manche de mon habit, sur laquelle un boulet, tombé à trente pas de moi, avait envoyé un peu de poussière.

« Au bout d'une demi-heure, le feu des Russes diminua sensiblement; alors nous sortîmes de notre couvert pour marcher sur la redoute.

« Notre régiment était composé de trois bataillons. Le deuxième fut chargé de tourner la redoute du côté de la gorge; les deux autres devaient donner l'assaut. J'étais dans le troisième bataillon.

« En sortant de derrière l'espèce d'épaulement qui nous avait protégés, nous fûmes reçus par plusieurs décharges de mousqueterie qui ne firent que peu de mal dans nos rangs. Le sifflement des balles me surprit : souvent je tournais la tête, et je m'attirai ainsi quelques plaisanteries de la part de mes camarades, plus familiarisés avec ce bruit. « A tout prendre, me dis-je, une bataille n'est pas une chose si terrible. »

« Nous avancions au pas de course, précédés de tirailleurs; tout à coup, les Russes poussèrent trois hourras distincts, puis demeurèrent silencieux et sans tirer. « Je n'aime pas ce silence, dit mon capitaine; cela ne nous présage rien de bon. »

« Nous parvînmes rapidement au pied de la redoute; les palissades avaient été brisées et la terre bouleversée par nos boulets. Les soldats s'élancèrent sur ces ruines au cri de : *Vive l'Empereur!*

« Je levai les yeux, et jamais je n'oublierai le spectacle que je vis. La plus grande partie de la fumée s'était élevée et restait suspendue comme un dais à vingt pieds au-dessus de la redoute. Au travers d'une vapeur bleuâtre, on apercevait derrière leur parapet à demi détruit les grenadiers russes l'arme haute, immobiles comme des statues. Je crois voir encore chaque soldat, l'œil gauche attaché sur nous, le droit caché par son fusil élevé. Dans une embrasure, à quelques pieds de nous, un homme tenant une lance à feu était auprès d'un canon.

« Je frissonnai, et je crus que ma dernière heure était venue.

« Voilà la danse qui va commencer, s'écria mon capitaine. Bonsoir! » Ce furent les dernières paroles que je l'entendis prononcer.

La Messe au camp devant Sébastopol.

« Un roulement de tambour retentit dans la redoute. Je vis se baisser tous les fusils. Je fermai les yeux, et j'entendis un fracas épouvantable, suivi de cris et de gémissements. J'ouvris les yeux, surpris de me trouver encore au monde. La redoute était de nouveau enveloppée de fumée. J'étais entouré de blessés et de morts. Mon capitaine était étendu à mes pieds ; sa tête avait été broyée par un boulet, et j'étais couvert de sa cervelle et de son sang. De toute ma compagnie, il ne restait debout que six hommes et moi.

« A ce carnage succéda un moment de stupeur. Le colonel mettant son chapeau au bout de son épée, gravit le premier le parapet en criant : *Vive l'Empereur!* Il fut suivi aussitôt de tous les survivants. Je n'ai presque plus de souvenir net de ce qui suivit. Nous entrâmes dans la redoute, je ne sais comment. On se battit corps à corps, au milieu d'une fumée si épaisse que l'on ne pouvait se voir. Je crois que je frappai, car mon sabre se trouva tout sanglant. Enfin j'entendis crier victoire, et, la fumée diminuant, j'aperçus du sang et des morts sous lesquels disparaissait la terre de la redoute. Les canons surtout étaient enterrés sous des tas de cadavres. Environ deux cents hommes debout, en uniforme français, étaient groupés sans ordre, les uns chargeant leurs fusils, les autres essuyant leurs baïonnettes. Onze prisonniers russes étaient avec eux.

« Le colonel était renversé tout sanglant sur un caisson brisé, blessé près de la gorge. Quelques soldats s'empressaient autour de lui. Je m'approchai : « Où est le plus ancien capitaine ? » demandait-il à un sergent. Le sergent haussa les épaules d'une manière très expressive. « Et le plus ancien lieutenant ? — Voici monsieur qui est arrivé hier, » dit le sergent d'un ton tout à fait calme. Le colonel sourit amèrement : « Allons, monsieur, me dit-il, vous commandez en chef ; faites promptement fortifier la gorge de la redoute avec ces chariots, car l'ennemi est en force ; mais le général C*** va vous faire soutenir. — Colonel, lui dis-je, vous êtes grièvement blessé ? — Flambé, mon cher, mais la redoute est prise. »

Quelle énergie ! quel calme !

## IV

## Les lapins du capitaine Clinchant.

Durant le siège de Sébastopol, alors que le maréchal Canrobert, encore général, commandait en chef l'armée de Crimée, on créa des corps spéciaux, célèbres dans toute l'armée, les uns sous le nom de *francs-tireurs,* et les autres sous celui d'*éclaireurs.*

La mission de ces soldats était des plus périlleuses, et il existait entre les deux corps une émulation extraordinaire.

Un jour, deux soldats, deux rivaux, car l'un appartenait aux éclaireurs et l'autre aux francs-tireurs, causaient des Russes et l'un d'eux prétendait qu'ils étaient maladroits.

— Tu vas du reste en juger, dit-il à son camarade; grimpons sur le parapet, et tu verras qu'ils ne pourront nous toucher.

En apercevant ces deux soldats qui semblaient les braver, les Russes firent un feu d'enfer.

— Si on fumait une pipe, demanda le franc-tireur?

— Avec plaisir, répondit l'éclaireur.

Et tous deux de bourrer leur bouffarde au nez de l'ennemi, qui tirait plus que jamais.

— Et moi, tas de clampins, je vais vous donner du feu ! tonna une voix à leurs oreilles.

— Diable, nous sommes fichus, le père *Créneau !*

C'était le capitaine Clinchant, mort plus tard gouverneur de Paris, surnommé le père Créneau, qui faisait son apparition.

Clinchant, capitaine au 1$^{er}$ zouaves, commandait la 1$^{re}$ compagnie de ces célèbres francs-tireurs, son surnom lui venait de l'habileté avec laquelle il avait su disposer les créneaux derrière lesquels les soldats tiraient sur les Russes.

Le 1$^{er}$ janvier 1855, il lui en arriva une bien bonne.

Dans la matinée de ce jour, deux de ses soldats vinrent lui dire que, dans la nuit, près d'un ravin, pas loin des Russes, ils avaient déniché un terrier de lapins et qu'ils lui en apportaient deux à l'occasion de la nouvelle année.

Tout en ronchonnant contre les folies de ses zouaves, le capitaine se frottait déjà les mains à la perspective d'un prochain *frichti* des plus appétissants.

— Où sont-ils ces fameux lapins ?

A ce moment, les deux zouaves firent avancer deux superbes grenadiers russes que les camarades cachaient aux yeux du capitaine qui ne put s'empêcher de faire la grimace.

— Pristi, dit Clinchant, en voilà des lapins, jamais je n'en avais vu de si gros !

Ça passe pour cette fois, ajouta-t-il d'une voix sévère, mais, à l'avenir, le premier qui quittera la tranchée sans ordre sera fichu à la porte de la compagnie. Rompez !...

## V

## Mac-Mahon à Malakoff.

On sait que le général Canrobert (1), après avoir glorieusement commandé notre armée sous les murs imprenables de Sébastopol, crut devoir résigner son commandement entre les mains du général Pélissier le 16 mai 1855. Les redoutes du *Mamelon rouge* et du *Carénage* furent enlevées. La bataille de la Tchernaïa, gagnée le 16 août, avait repoussé l'armée russe d'observation : il s'agissait de prendre de vive force l'ouvrage de Malakoff, immense citadelle occupant un mamelon dominant

---

(1) Rentré en France en août 1855, n'ayant pas eu la joie de pénétrer dans Sébastopol, Canrobert fut nommé maréchal le 18 mars 1856.

En 1859, il prit part à la tête du 3e corps, aux batailles de Magenta et de Solférino.

tous les ouvrages de la place assiégée. Soixante-deux pièces de canon de divers calibres la défendaient. Un régiment d'élite l'occupait solidement.

Le général Pélissier fixa l'attaque au 8 septembre, jour de la

Mac-Mahon.

Nativité de la Sainte Vierge, comptant sur l'assistance de Marie, protectrice de la France.

L'heure de midi avait été choisie pour l'assaut général. Dès sept heures du matin les troupes étaient prêtes. Le 1ᵉʳ zouaves, rangé en bataille, attendait avec impatience le moment de l'attaque. La division qui doit prendre le bastion de Malakoff, avant de s'engager dans les tranchées, entend la lecture de l'ordre du jour.

Les montres sont réglées sur celle du général en chef.

La division de Mac-Mahon (1) se met en marche en suivant la vallée du Carénage. La marche est silencieuse : elle débouche, gravit le Mamelon vert, s'approche de la redoute Victoria ; puis,

---

(1) Nous aurons souvent l'occasion de parler de ce héros : une courte notice intéressera les lecteurs de cet ouvrage.

Le maréchal de Mac-Mahon, mort le 17 octobre 1893, à l'âge de 85 ans, était originaire de Sully, près d'Autun (Saône-et-Loire). Fils d'un maréchal de camp devenu Pair de France sous Charles X, Mac-Mahon descendait d'une famille irlandaise réfugiée en Bourgogne à la chute des Stuarts. En 1854 il se maria à Mademoiselle de la Croix de Castres, sœur du dernier duc de ce nom, et en eut quatre enfants dont une fille mariée en 1886 au comte de Piennes.

Lors de l'expédition d'Alger, à laquelle il prit part, Mac-Mahon était sous-lieutenant d'état-major.

Revenu en Algérie en 1833 en qualité de capitaine, il se signala par une série d'actions d'éclat au col de la Mouzaïa, à Staouëli. Il reçut un coup de feu en pleine poitrine au siège de Constantine. Mac-Mahon devint chef du 10ᵉ bataillon de chasseurs à pied, lieutenant-colonel du 2ᵉ régiment étranger et colonel du 41ᵉ de ligne.

En 1848 il reçut les étoiles de brigadier et celles de divisionnaire en 1852.

Le Dictionnaire bibliographique anglais de Becton raconte le trait suivant de Mac-Mahon :

« ..... Après le combat du col de Terchia, le maréchal de Mac-Mahon, qui était alors aide de camp du général Achard, reçut de celui-ci l'ordre de porter un pli à Blidah, au colonel Bullières. Et comme la mission était dangereuse, le général offrit à son officier un escadron de chasseurs pour escorte.

« Le jeune aide de camp refusa l'escorte, en déclarant que c'était trop ou trop peu, et il voulut partir seul. A mi-route, il se vit entouré de cavaliers ennemis ; mais, fonçant sur eux, les déconcertant par son audace, il traversa leurs rangs dans l'espoir de gagner, avant d'être rejoint, un précipice profond appelé le Ravin de Blidah.

« Et il poussa son cheval, une bête de pur-sang, vers le gouffre. L'animal s'élança et franchit le ravin avec son cavalier ; aucun Arabe n'osa tenter ce saut désespéré et le jeune officier gagna Blidah sain et sauf. »

Mac-Mahon passa vingt-deux ans en Algérie et fit preuve d'une bravoure héroïque au combat des Oliviers, à Aïn-Kebira, à Colea et dans toutes les rencontres.

Il arriva en Crimée au mois d'août 1854 et fut mis à la tête d'une division de l'armée assiégeant Sébastopol.

Après la prise glorieuse de Malakoff il fut fait Grand-Croix de la Légion d'honneur.

Nous raconterons la part décisive qu'il prit à la bataille de Magenta qui lui valut le bâton de maréchal et le titre de duc de Magenta.

Il fut nommé Gouverneur général de l'Algérie.

En 1870 il reçut le commandement du 1ᵉʳ corps d'armée.

Après la guerre, le 21 mai 1873, le maréchal de Mac-Mahon succéda à M. Thiers comme Président de la République.

elle défile, homme par homme, dans une tranchée, et va s'établir sous le feu de l'ennemi dans la parallèle la plus rapprochée du bastion ennemi.

Mac-Mahon, plein de confiance, chemine un instant à côté du général anglais qui lui serre la main et lui dit :

— Général, c'est donc vous qui êtes chargé de donner l'assaut à Malakoff ?

— Parfaitement !... A midi, je serai monté à l'assaut. Je serai bientôt au sommet de la tour ; vous y verrez flotter mon fanion et alors ce sera, pour vous, le signal de jeter vos troupes en avant.

— Vraiment ! c'est si sûr que cela ?

— Mais certainement. Croyez à ma parole. A midi et quelques minutes je serai maître de Malakoff.

Le général anglais fut ravi d'une si grande assurance.

Après être entré dans la parallèle, Mac-Mahon examine la position, fixe son emplacement, fait confectionner par les sapeurs du génie de longues échelles devant servir de pont, après avoir été couvertes de planches, pour franchir un fossé qui précédait le retranchement de Malakoff. Il appelle un brave enfant de Paris, Lihaut, caporal des zouaves, et le désigne pour planter sur le bastion son fanion tricolore.

— Zouaves, s'écrie-t-il, quand j'élèverai ce fanion, ce sera le signal de l'attaque ; vous vous élancerez et vous répèterez avec moi les cris de *Vive l'Empereur ! Vive la France !*

Tous les cœurs à l'unisson battent d'espérance. S'adressant à Lihaut :

— Vous me suivrez et planterez ce fanion sur l'épaulement de Malakoff ; c'est le drapeau-signal.

Soixante-quinze zouaves, portant accrochés à leur ceinturon des pics à rocs, sont choisis pour aller en tête de la colonne d'assaut ; ils doivent enfoncer leur instrument dans le talus du parapet et s'en servir pour escalader plus facilement le faîte.

Bientôt chacun est à son poste. L'heure approche : elle paraît lente à venir. Par moment des armes impatientes se lèvent au-dessus de la tranchée.

— Baïonnettes basses, s'écrie le prudent général, ne donnons pas l'éveil ; patience, l'heure viendra !

A midi juste, Mac-Mahon lève son épée et s'écrie :

— Allons, clairons des zouaves, sonnez la charge !

Il s'élance en avant. Le commandant Borel, son aide de camp, essaye de retenir son élan :

— Attendez, mon général, ce sera bien assez tôt d'aller en avant quand vous verrez quelques zouaves de l'autre côté du fossé.

Le fanion tricolore de la 1re division s'élève au-dessus de la parallèle. Les zouaves s'élancent... Ils ont soixante-quinze mètres à franchir avant d'arriver à l'autre bord du fossé. Les échelles ne sont pas prêtes. N'importe ! ils se jettent au fond du ravin. Plusieurs tombent criblés par les balles ennemies, tous disparaissent au fond de l'abîme...

— Ça ne mord pas, murmure Mac-Mahon.

— Donnez-leur donc le temps de gravir l'escarpe, dit son aide de camp.

Aussitôt le général aperçoit de l'autre côté du fossé ses braves qui montent à la courte échelle et se servent des pics à roc.

— En avant ! crie Mac-Mahon en sautant par dessus le parapet qui couvrait ses soldats.

Les clairons sonnent la charge avec furie, les tambours battent, huit cents pièces de canon dirigent leur tir sur les réserves de l'ennemi, tonnent avec un fracas épouvantable, et de toutes les tranchées débordent à flots des enfants de la France qui se précipitent sur la place assiégée. L'irruption des zouaves ressemble à une bordée de mitraille.

— A nous Sébastopol ! A nous ! s'écrient ces héros.

En un clin d'œil les glacis se couvrent d'assaillants qui se pressent, se poussent, sautent le fossé, gravissent le parapet où se tiennent les Russes ébahis, mais qui ne restent pas inactifs.

Pierres, balles, obus à main pleuvent sur la tête des nôtres qui ne se découragent pas pour si peu et qui crient sans cesse : *A nous Malakoff !*

La mêlée devient sanglante. On se bat corps à corps, à la baïonnette, à coups de crosse, d'écouvillon, de pioches, de pièces de bois arrachées çà et là. L'acharnement devient fureur.

Le colonel Collineau, toujours en avant, reçoit deux blessures ; il se bat comme s'il n'avait pas été atteint. Le porte-drapeau

La prise de Malakoff.

Ozenfant est blessé en plantant l'aigle impériale. Desmarets, le sergent Goussot sont tués.

Chassés du premier retranchement, les Russes se réfugient derrière le second.

Mac-Mahon est bientôt sur le sommet de l'ouvrage. Il y plante son épée et enfonce son fanion sur le parapet. Le brave Lihaut, qui ne l'a pas quitté, a reçu une pierre au visage qui ne l'a pas empêché de continuer l'escalade. L'étendard de la 1re division flotte sur les retranchements : il est criblé de balles, déchiré de trois boulets. Autour de Mac-Mahon, calme, impassible, tombent les morts et les blessés impossibles à compter. Trois cents zouaves tournent l'ouvrage et pénètrent en avant, malgré une lutte désespérée. Les défenseurs déposent les armes.

De loin, le général Pélissier, à l'aide d'une jumelle, suivait les péripéties du combat. Quand il vit l'intrépide Mac-Mahon au milieu du feu et de la fumée :

— Mac-Mahon est maître de Malakoff, s'écria-t-il ; on n'est pas plus beau sous le feu.

La garnison russe, s'attendant à un assaut matinal, ne comptait plus se battre ce jour-là : elle fut surprise ; mais elle ne se découragea point de son premier échec. Les courageux défenseurs de Malakoff revinrent à la charge avec une tenacité indomptable. Ils chassèrent les Anglais du grand redan couvert de morts. Bosquet reçut le choc des Russes. Un éclat d'obus l'atteignit et lui produisit dans la poitrine un épanchement de sang que l'on crut mortel.

Une explosion épouvantable se fit entendre tout à coup, suivie de mille hourras poussés par les Russes qui crurent à notre anéantissement complet.

Leur poudrière venait de sauter. Aussitôt le parapet est renversé, le drapeau du 91e de ligne englouti, neuf de nos officiers sont précipités dans l'abîme soudainement entr'ouvert ; des milliers de débris font des milliers de victimes. Les explosions se succédèrent à la nuit tombante, et nos héroïques soldats, impassibles à leur place, s'attendirent tous à sauter en l'air.

Le lendemain du combat, 297 hommes et 5 officiers, tout ce que la mort avait épargné dans le 91e de ligne, rapportèrent au camp le drapeau mutilé et retrouvé.

Le combat reprend avec fureur. Le général de Marolles succombe ; le général Mellinet a le visage déchiré d'une pierre ; les généraux Bourbaki et Trochu sont blessés. Cinq de nos généraux reçoivent des contusions plus ou moins graves. Le champ de bataille se couvre de morts. Un moment notre situation est sérieusement compromise, la retraite semble s'imposer.

Mac-Mahon reste inébranlable comme un roc sur les parapets de Malakoff.

Le commandant en chef de l'armée anglaise, Simpson, lui envoie à la hâte un de ses officiers.

— Général, lui crie-t-il, retirez-vous au plus vite : la redoute est minée ; d'un instant à l'autre vous pouvez sauter en l'air avec votre division.

C'est alors que Mac-Mahon fit cette réponse qui passera à la postérité :

— Ma place est ici. Dites à votre général *que j'y suis, j'y reste !*

La place en effet était minée. La tour de Malakoff était occupée par une centaine de Russes qui tiraient sans relâche sur nos troupes et nous tuaient beaucoup de monde.

Pour en finir avec eux, Mac-Mahon ordonne d'allumer des fascines, mais il se souvient des paroles de ses espions assurant que tous les bastions étaient minés. Il fait éteindre le feu. On creuse le sol de la redoute. Protection divine ! On découvre un fil métallique communiquant avec le nord de la rade, et qui aurait infailliblement causé une explosion terrible. On se hâta alors d'opérer une tranchée aux environs de la tour qui contenait une immense réserve de poudre. On y découvrit plusieurs fils, tranchés dès qu'ils sont aperçus.

Dieu protégeait la France.

Les Russes, comprenant admirablement que de la perte de Malakoff dépend celle de la ville entière, se réfugient dans les casemates de la tour et nous criblent de balles ; un vaisseau de la rade, le *Wladimir*, dirige des bordées qui causent de grands ravages. Leurs soldats font des efforts héroïques pour reprendre la redoute. Mais les turcos de Wimpffen sont là. Pareils à des lions ils s'élancent, se ruent à la baïonnette vers une gorge dans laquelle les Russes s'entassent pour pénétrer jusqu'à nous. On ferme le passage avec des gabions et des fascines et les ennemis qui sont parvenus à le franchir sont massacrés sans pitié et leurs cadavres servent à former un rempart.

Enfin cessent les terribles attaques d'un ennemi courageux et obstiné dans la défense. Les Russes se retirent à l'abri de leur artillerie qui continue à faire pleuvoir sur nous de nombreux projectiles jusqu'à la nuit.

La porte de la fameuse tour qui nous avait fait tant de mal est enfin brisée par un mortier, et les défenseurs sont fait prisonniers.

Au moment où les Russes déposaient les armes, une explosion épouvantable se produisit : la courtine qui avait causé tant d'efforts sautait. Nombre des nôtres tombaient morts ou blessés. Quand le nuage de poudre et de fumée fut dissipé, quelques uns parlaient de massacrer ceux qui venaient de se rendre. Les officiers français intervinrent et la garnison russe épargnée fut traitée avec tous les égards dus au courage malheureux.

Sébastopol fut évacué ; les forts minés sautèrent en l'air les uns après les autres et le feu détruisit ce que l'explosion avait épargné.

La prise de cette place formidable termina la guerre (1).

(1)              RAPPORT

*Adressé au Ministre de la Guerre par le Général commandant le Génie.*

Sébastopol, le 11 septembre.

Monsieur le Maréchal,

L'attaque générale de la place était fixée au 8 septembre à midi. Le 5 au matin, l'artillerie des attaques de la ville et celle des attaques anglaises, qui jusque-là avaient ménagé leur feu, devaient le reprendre avec une grande vivacité. Jamais canonnade semblable n'a été entendue : nous avions en batterie, dans les deux attaques, plus de 500 bouches à feu, les Anglais en avaient plus de 200 et les Russes plus que nous.

Le feu de l'ennemi endommageait nos tranchées, mais il nous faisait peu de mal. Le nôtre, malgré la grande étendue de la place, convergeait sur elle, et il a dû faire éprouver de très grandes pertes à l'armée russe. Pendant les derniers jours qui ont précédé l'assaut, les travailleurs d'infanterie étaient principalement employés à agrandir les places d'armes les plus avancées, à élargir les défilés et à transporter sur place les moyens de passer les fossés.

Le but de tous nos efforts, c'était la prise de l'ouvrage construit en arrière de la tour Malakoff. Cet ouvrage (redoute Korniloff des Russes), qui est une immense redoute, une sorte de citadelle en terre, occupe un mamelon qui domine tout l'intérieur du faubourg Karabelnaïa. Il prend de revers le Redan, attaqué par les Anglais, et n'est qu'à 1,200 mètres du port du sud, sur lequel les Russes avaient construit un pont de radeaux devenu leur unique communication entre le faubourg et la ville. Le fort de Malakoff a 350 mètres de longueur et 150 mètres de largeur ; ses parapets ont plus de 6 mètres de relief au-dessus du sol, et en avant d'eux se trouve un fossé qui, devant nos attaques, a 6 mètres de profondeur et 7 de largeur. Il est armé de 62 pièces de divers calibres.

Dans la partie antérieure se trouve, enveloppée par le parapet, la tour Malakoff, dont les Russes n'ont conservé que le rez-de-chaussée, qui est crénelé. A l'intérieur de l'ouvrage, les Russes ont élevé une multitude de traverses sous lesquelles sont d'excellents blindages, où la garnison trouvait des abris et des couchettes disposées de chaque côté sur deux rangs de hauteur. Un officier du génie russe, qui a été fait prisonnier, porte à 2,500 hommes la garnison du fort de Malakoff, dont j'ai cru devoir vous donner la description pour vous faire juger des difficultés que nos soldats avaient à surmonter.

Le front de Malakoff, qui a 1,000 mètres de longueur, est limité à notre gauche par le fort Malakoff, à notre droite par le redan du Carénage. Ce dernier ouvrage, qui n'était au commencement du siège qu'un simple redan, s'était transformé peu à peu en redoute fermée à la gorge et fortement armée. Les fronts extérieurs des deux redoutes de Malakoff et du Carénage étaient reliés par une courtine armée de 16 pièces, et, en arrière de cette enceinte, les Russes en élevaient une seconde qui réunissait les fronts de gorge des deux redoutes. Cette seconde enceinte, déjà en partie armée, n'avait pas encore de fossé présentant un obstacle sérieux. Quant au fossé de la première courtine et du redan du Carénage, la nature rocheuse du sol avait empêché l'ennemi de le creuser partout également, et sur plusieurs points on pouvait le passer sans trop de difficultés. Pour franchir les fossés, qui avaient une grande profondeur, nous avions imaginé un système de ponts se jetant en moins d'une minute par une manœuvre ingénieuse à laquelle nos sapeurs et nos soldats d'élite avaient été exercés ; ces ponts nous ont été fort utiles.

L'artillerie française avait pris sur celle des Russes une si grande supériorité qu'elle avait éteint presque tous les feux qui voyaient directement nos attaques ; les embrasures comblées ne laissaient plus la crainte que nos colonnes fussent assaillies par la mitraille à la sortie des tranchées ; les parapets étaient déformés et une partie des terres avait roulé dans les fossés ; enfin le fort de Malakoff avait reçu une si grande quantité de bombes, envoyées par nos batteries et par celles des Anglais, que les pièces qui n'étaient pas vues directement avaient aussi leurs embrasures comblées, et que partout les terrassements avaient perdu leur forme primitive. Mais en arrière des défenses situées en première ligne, les Russes avaient conservé beaucoup de pièces qu'on ne pouvait contre-battre qu'imparfaitement, et les colonnes de l'attaque Malakoff étaient exposées au feu des nombreuses batteries que les Russes avaient élevées au nord de la rade et dont les coups, quoique tirés à grande distance, ne laissaient pas que d'être dangereux.

Le 8 septembre, à huit heures du matin, on lança sur le bastion Central deux mines de projection chargées chacune de 100 kilogrammes de poudre. L'explosion se fit vers le milieu du bastion et parut y causer un grand désordre. A la même heure, nous fimes jouer en avant de nos cheminements sur le fort de Malakoff trois fourneaux chargés ensemble de 1,500 kilogrammes de poudre, afin de rompre les galeries inférieures des mineurs russes et de rassurer nos soldats, qui venaient se masser dans les tranchées, sous lesquelles les déserteurs annonçaient que le sol était miné.

A midi précis, nos soldats s'élancèrent des places d'armes avancées du front de

Malakoff. Ils franchirent les fossés avec une agilité surprenante, et, montant sur les parapets, ils abordèrent l'ennemi au cri de : *Vive l'Empereur !* Au fort de Malakoff, les talus inférieurs ayant une grande hauteur, les premiers arrivés s'arrêtèrent un instant pour se former, puis ils montèrent sur le parapet et sautèrent dans l'ouvrage.

La lutte, qui avait commencé par des coups de feu, se continuait à la baïonnette, à coups de pierres et à coups de crosses ; l'écouvillon était devenu une arme entre les mains des canonniers russes ; mais partout les Russes étaient tués, pris ou chassés, et il n'y avait pas un quart d'heure que l'attaque avait eu lieu, que déjà le drapeau français flottait sur la redoute conquise.

Le redan du Carénage avait aussi été enlevé, après une lutte très vive ; la colonne du centre était arrivée jusqu'à la seconde enceinte. Partout nous avions pris possession des ouvrages attaqués. Le général en chef fit le signal convenu pour l'attaque du grand Redan, et un peu plus tard pour l'attaque de la ville.

Les Anglais avaient 200 mètres à franchir sous un terrible feu de mitraille. Cet espace fut bientôt jonché de morts ; mais ces pertes n'arrêtaient pas la marche de la colonne d'attaque, qui arrivait en se dirigeant sur la capitale de l'ouvrage ; elle descendit dans le fossé, qui a environ cinq mètres de profondeur, et, malgré tous les efforts des Russes, elle escalada l'escarpe, et leur enleva le saillant du Redan. Mais, après une première lutte qui coûta cher aux Russes, les soldats anglais ne trouvaient devant eux qu'un vaste espace entièrement découvert, criblé par les balles de l'ennemi, qui se tenait abrité derrière des traverses éloignées. Ceux qui arrivaient remplaçaient à peine ceux qui étaient mis hors de combat. Ce n'est qu'après avoir soutenu pendant près de deux heures ce combat inégal, que les Anglais se décidèrent à évacuer le Redan.

L'attaque du bastion Central présenta le même résultat. Nos soldats du premier corps franchirent tous les obstacles et abordèrent bravement l'ennemi, auquel ils firent éprouver de grandes pertes dans le premier moment ; mais bientôt, criblés de feux et ne trouvant pas d'abri contre les coups qui les frappaient dans plusieurs directions, ils renoncèrent à une attaque dans laquelle le général en chef avait prescrit de ne pas s'obstiner.

Au front de Malakoff, les Russes firent de grands efforts pour reconquérir les ouvrages qui leur avaient été enlevés. Revenant sur le Redan avec des colonnes nombreuses, soutenues par de l'artillerie de campagne, ils parvinrent à le reprendre et à nous faire abandonner la seconde enceinte ; mais les premières colonnes d'attaque, soutenues par la garde impériale, restèrent inébranlables derrière le talus extérieur de la première enceinte.

Plusieurs retours offensifs furent aussi tentés, mais inutilement, contre l'ouvrage de Malakoff ; les cadavres de l'ennemi s'entassaient devant le front de gorge, mais la première division restait inébranlable, et à la chute du jour nous étions maîtres de cette citadelle, sans laquelle les Russes ne pouvaient plus continuer leur défense que pendant peu de jours, et encore en sacrifiant une partie de leur armée, qui après la rupture du grand pont de radeaux, serait restée sans communications avec le nord de la rade. Aussi ont-ils pris un grand parti. Ils avaient tout préparé pour détruire la place de leurs propres mains, dans le cas où ils seraient forcés de l'abandonner. Pendant la nuit du 8 au 9, de fortes explosions nous ont annoncé que cette grande lutte était arrivée à son terme. L'ennemi abandonnait Sébastopol, mais il ne voulut nous laisser que des ruines.

Nos pertes sont grandes, mais l'armée dont l'Empereur peut être fier, a bien mérité du pays. Les travaux si longs et si pénibles du siège n'ont jamais lassé sa patience. Toutes les fois qu'ils ont abordé l'ennemi, nos soldats ont fait preuve d'une grande bravoure, et l'assaut du 8 septembre est un fait d'armes dont la France peut s'enorgueillir.

Ainsi s'est terminé ce siège mémorable, dans lequel les moyens de la défense et ceux de l'attaque ont atteint des proportions colossales. Les Russes avaient plus de 800 bouches à feu en batterie et une garnison dont ils faisaient varier à volonté la force et la composition. Après l'immense quantité de projectiles qu'ils nous ont envoyés, on est surpris de voir qu'ils en étaient encore largement approvisionnés, et j'ai lieu de croire qu'ils ont laissé plus de 1,500 pièces dans la place.

L'armée assiégeante avait en batterie dans les diverses attaques, environ 700 bouches à feu qui ont tiré plus de 1,600,000 coups. Nos cheminements, exécutés en grande partie dans le roc au moyen de la poudre, présentent un développement de plus de 80 kilomètres (20 lieues). On a employé 80,000 gabions, 60,000 fascines et près d'un million de sacs à terre.

Agréez, Monsieur le Maréchal, l'hommage de mon respectueux dévouement.

*Le Général de division, aide de camp de l'Empereur,
commandant le Génie de l'armée d'Orient.*

NIEL.

**QUATRIÈME PARTIE**

# GUERRE D'ITALIE

## I

### Mac-Mahon à Magenta.

La garde impériale.

Magenta, sur la route de Milan, ville de 7 à 8,000 âmes, fut témoin de l'un des plus glorieux faits d'armes accomplis durant la campagne d'Italie en 1859.

Le général de Mac-Mahon qui commandait le deuxième corps d'armée, avait franchi le Tessin le 1ᵉʳ juin à Turbigo et s'était avancé jusqu'au village de Robchetto, dans le but de se porter à Magenta désigné par l'empereur Napoléon III comme rendez-vous de l'armée. On ignorait la marche de l'ennemi et nul ne s'attendait à avoir à le combattre bientôt.

Voulant reconnaître le pays, Mac-Mahon monte dans le clocher du village. A peine a-t-il jeté un coup d'œil sur le paysage qu'il descend quatre à quatre les escaliers et crie aux généraux qui l'ont accompagné :

— A cheval ! il n'est que temps, Messieurs.

Son œil avait aperçu l'armée autrichienne qui hâtait sa marche du côté où il se trouvait pour occuper la position prise, d'une importance majeure.

La moitié des troupes du général se trouvaient encore sur la rive du Tessin. Il n'avait qu'une division à opposer à un ennemi dont il ignorait les forces; n'importe! Mac-Mahon livre un combat d'avant-garde qui laisse la position en notre pouvoir.

Le général ennemi Giulay s'aperçoit de l'intention de son rival de se porter sur Magenta, il revient en toute hâte pour défendre les approches de Milan, capitale de la Lombardie ; ses trois corps d'armée repassent le Tessin et détruisent les ponts derrière eux pour isoler nos troupes et les couper en deux.

Mac-Mahon, reçoit, le 3 juin, de l'Empereur un ordre de se porter sur Buffalora et Magenta.

« Dites à l'Empereur, répondit le fidèle général, à l'officier d'ordonnance porteur de la dépêche, que je marche en deux colonnes : celle de droite à la tête de laquelle je suis (division Lamotterouge) se dirige sur Buffalora, qu'elle aura atteint à deux heures et demie au plus tard ; la division Camon lui sert de réserve ; celle de gauche (division Espinasse) marche sur Magenta. J'apprécie qu'elle y sera vers trois heures et demie, car elle a un long chemin à parcourir. Je n'ai pas encore connaissance des dispositions occupées par l'ennemi ; je ne puis donc donner aucune indication sur ce que je ferai. Mais, que Sa Majesté soit tranquille, je saurai prendre les dispositions les mieux appropriées au terrain et au rôle que mon corps d'armée est appelé à remplir. »

La division Lamotterouge ne tarda pas à engager l'action à Buffalora ; mais, tout à coup, des masses compactes d'Autrichiens s'avancèrent entre Caggione et Magenta, dans le but évident de couper la division Espinasse et la division de Lamotterouge.

L'Empereur, qui avait engagé l'action à San-Martino et se trouvait aux prises avec de nombreuses troupes, était perdu si Mac-Mahon n'avait découvert le seul parti qu'il y eût à prendre. La décision du général fut prompte. Abandonnant l'attaque de Buffalora, Mac-Mahon, heureusement inspiré, donna à ses deux divisions un unique objectif : Magenta. C'était bien là qu'il fallait aller.

Cette habile diversion attirait l'attention des ennemis et les obligeait à concentrer toutes leurs forces sur un seul point. Il n'y avait pas de temps à perdre : l'Empereur se trouvait dans la position la plus critique. Dès qu'il entendit le canon de Mac-Mahon du côté de Buffalora, Napoléon III n'avait pas craint d'engager contre 60,000 hommes la seule division de grenadiers

Mac-Mahon à Magenta.

placée sous sa main. Il comptait sur l'appui très prochain de Canrobert, de Niel et des Sardes dont la marche était entravée par mille obstacles. Mais la garde montra une bravoure héroïque et par sa résistance obstinée donna le temps au général Mac-Mahon d'arriver et de sauver l'armée.

« Notre brave régiment, écrit un sergent du 3ᵉ grenadiers de la garde impériale (1), se dispose par pelotons à distance entière à gauche du remblai du chemin de fer, le 3ᵉ bataillon à une certaine distance des deux premiers pour leur servir de réserve. Quatre pièces du régiment d'artillerie à cheval de la garde sont chargées d'appuyer le mouvement en suivant la route, les servants, à l'uniforme bleu à tresses rouges, galopant autour des pièces. A notre approche la redoute ouvre son feu. L'ennemi, solide dans sa position et sentant sa retraite assurée, nous crible d'une grêle de balles et de mitraille ; nous tombons au milieu des rizières, et n'avançons que péniblement à travers les boues et les obstacles de ce terrain coupé de haies et de ruisseaux ; des retranchements et des rives du canal partent des fusées qui serpentent à travers nos rangs. Sous ces projectiles étranges, aux sifflements aigus et prolongés, nous baissons un instant la tête ; le colonel Metmann s'en aperçoit, et s'adressant à nous d'une voix irritée : « Qu'est-ce que c'est, grenadiers ? » nous dit-il. A ces mots, les bonnets à poil se redressent aux cris mille fois répétés de : « Vive l'Empereur ! » et le régiment arrive décimé, mais fièrement aligné, tous vides comblés, sous la redoute. Le colonel Metmann est à la tête de nos deux premiers bataillons en colonne ; il laisse quelques secondes de répit aux hommes, puis il brandit son épée, commande en avant et nous guide à l'assaut.

« La redoute s'enflamme : fusils et canons vomissent la mort ; mais nous gravissons froidement ces rampes qui semblent rouler une lave brûlante, et descendons dans la redoute avec un flegme que nous envierait le plus beau régiment des gardes anglaises.

« L'ennemi est chassé de la redoute ; il fuit par le pont. On

(1) *Nos gloires militaires*, chez Mame, p. 626.

s'aperçoit alors que le dernier Autrichien, un sergent du génie, va faire sauter une arche : il s'avance, mèche en main ; c'est un brave qui se dévoue. Un caporal, nommé Albert, court à cet homme et le tue au moment où il allume le fourneau de mine ; le capitaine Blache arrache la mèche fumante ; le pont est sauvé de la destruction.

« Notre régiment franchit alors le canal, et, poussant l'ennemi, se dirige sur la droite, vers Ponte-Nuovo, soutenu dans son mouvement par trois compagnies de zouaves.

« Mais de profondes colonnes autrichiennes surgissent de tous côtés, et tentent de se glisser le long du Tessin jusqu'au pont San-Martino. Laissant le régiment garder la redoute, afin d'arrêter l'ennemi dans ce mouvement offensif, mon bataillon court de nouveau sur Ponte-Nuovo di Magenta, en suivant la rive gauche du canal et fait concorder son attaque avec celle des zouaves de la garde, dont douze compagnies sont arrivées devant ce village. Les zouaves, avec leur colonel Guignard, prennent haut la main le pâté de maisons qui borde le pont sur la rive droite, puis ils attendent que Cler, leur général de brigade, leur donne le dernier signal.

« Les Autrichiens se sont fortement retranchés dans Ponte-Nuovo, dont toutes les maisons sont occupées ; l'ennemi, bien à couvert, dirige sur nous une vive fusillade. Au moment où Cler aperçoit nos bonnets à poil déboucher des rizières sur l'autre bord, il crie : « En avant ! » Ses zouaves traversent le canal en déchirant l'air de leur cri de guerre ; ils nous laissent les maisons de droite qui sont enlevées en un clin d'œil, et nettoient, de leur côté, celles de gauche de leurs défenseurs. »

La brigade autrichienne se retire sur Magenta.

« Mais bientôt se dressent devant nous des masses profondes qui dessinent une attaque générale ; nous nous arrêtons et commençons le feu. En un instant la fusillade et la canonnade de l'ennemi nous entourent d'un tourbillon de feu et de fumée ; mais nos soldats s'enracinent à leur poste, prodiguant la poudre. Le général Giulay lance alors contre nos trois bataillons une division tout entière. L'ennemi arrive sur nous en colonne serrée, en poussant de violents hourras ; nous reculons, la rage au cœur.

« La situation devient critique. »

La pauvre division écrasée, malgré des prodiges de valeur, est contrainte de se retirer sur Naviglio Grande. Le général Cler est tué, Wimpfen tombe de cheval. Le chiffre des ennemis grossit sans cesse, celui de nos hommes diminue. Le canon de Mac-Mahon a cessé de se faire entendre, Canrobert impatiemment attendu ne paraît pas. Qu'est-il arrivé ? La garde va-t-elle seule soutenir encore longtemps le poids de toute l'armée autrichienne assurée d'une victoire prochaine ?

« Calme et impassible, Napoléon III n'en ordonne pas moins de continuer une lutte qui, d'heure en heure, devient plus inégale. Les grenadiers et les zouaves de la garde prennent, reperdent, reprennent les positions les plus difficiles. Les rangs de ces beaux régiments sont cruellement décimés. Le général Mellinet a plusieurs chevaux tués sous lui. »

Enfin, vers quatre heures et demie, Canrobert apparaît. Entouré de son état-major il court au canon ennemi, acclamé par les héroïques grenadiers qui l'accueillent aux cris mille fois répétés de : « Vive Canrobert ! » Bientôt Mac-Mahon entre en ligne portant la victoire dans les plis de son drapeau. Espinasse, Lamotterouge accourent suivis de leurs intrépides divisions. Le combat aussitôt change de face : l'Empereur est délivré, l'ennemi mis en fuite par l'élan irrésistible de nos troupes enfin en mesure, grâce à leur concentration, de prendre magnifiquement l'offensive.

Mac-Mahon était accouru à temps. Précédé du 7ᵉ chasseurs il avait traversé, dans une course folle, les fourrés, les haies, les fossés. Les chevaux rapides comme l'éclair avaient brisé les vignes enlacées, franchi tous les obstacles. En vain les tirailleurs autrichiens s'étaient efforcés de barrer le passage ; en vain les hulans s'étaient heurtés contre ses cavaliers, le sabre avait dispersé, mis en pièces les obstacles. Mac-Mahon, prompt comme la foudre, avait pu s'aboucher avec Espinasse, lui intimer l'ordre d'occuper Marcallo, de s'y maintenir à tout prix, et de rejoindre ensuite la 1ʳᵉ division marchant sur Magenta.

Le monument élevé à Magenta en l'honneur des soldats français morts sur le champ de bataille.

Toutes les troupes avaient convergé vers Magenta au moment opportun, l'Empereur était sauvé (1).

Hélas! ce combat glorieux coûta la vie au brave Espinasse. Entré à Magenta encore occupé par l'ennemi, il fut frappé en pleine poitrine. Trois cents Tyroliens, habiles tireurs, occupaient une grande maison d'où ils dirigeaient un feu meurtrier sur nos troupes. Descendant de cheval, Espinasse s'écrie : « Il faut s'emparer de cette maison. » Donnant l'exemple il marche vers elle avec ses zouaves : « Allons, mes zouaves, dit-il, enfoncez cette porte. » Le général joignant l'action à la parole frappe du pommeau de son épée la persienne d'une fenêtre en s'écriant : « Entrez par là ! » Une balle tirée des étages supérieurs lui fracasse le bras et le renverse mort.

Les soldats bondissent de rage, se ruent sur la maison et massacrent sans pitié tous les Tyroliens qu'elle renferme. Ce fut une boucherie sans nom. Il n'en resta pas un.

A sept heures du soir, Magenta était complètement purgé d'ennemis et le général Auger criblait de boulets les débris des colonnes autrichiennes en fuite.

Le 6 juin, l'Empereur transportait son quartier général en cette ville et donnait à Mac-Mahon vainqueur le titre glorieux de duc de Magenta.

Le 7 juin, Mac-Mahon entrait triomphalement à Milan, capitale de la Lombardie, à la tête de l'armée acclamée par les applaudissements enthousiastes d'une foule en délire.

---

(1) Cette bataille fut féconde en actes héroïques. Voici en particulier un trait de courage digne de passer à la postérité :

Daurières servait en 1859 au 2ᵉ zouaves, que commandait le colonel Tixier. Le jour de la bataille de Magenta, l'héroïque soldat, s'élançant dans la mêlée, parvint jusqu'au drapeau d'un régiment autrichien et s'en empara ; mais comme la hampe le gênait pour se battre, il la brisa et garda seulement la soie qu'il plia et roula en ceinture autour de son corps.

Après le combat, Daurières apporta sa prise au colonel.

— Et la hampe, qu'en as-tu fait ? demanda celui-ci.

— Je l'ai jetée au vent, dit le zouave ; elle m'embarrassait.

— Il faut la retrouver, dit le colonel.

Daurières retourna sur le champ de bataille, retrouva la hampe et la rapporta.

Le lendemain, le général de Mac-Mahon citait l'humble héros à l'ordre du jour et le faisait chevalier de la Légion d'honneur devant l'armée assemblée.

## II

## Un des héros de Solférino.

Le héros dont nous racontons ici les exploits est un héros chrétien, le capitaine de Sonis, dont le courage est devenu légendaire.

Venu d'Algérie le 7 mai 1859, son premier acte en arrivant à Gênes avait été de monter au sanctuaire de Carignan pour recommander à Dieu son âme, sa famille et la France.

Dès les débuts des hostilités il s'était empressé d'accourir auprès des blessés, après l'achèvement de son service, les félicitant de leur courage, pansant leurs plaies, les exhortant doucement à la patience chrétienne. Le grand Maître, lui aussi, « avait passé par là. »

Dans cette campagne, de Sonis donnait à tous l'exemple des plus belles vertus.

S'il n'oubliait pas le service du prochain, il n'oubliait point celui de Dieu. Dès que son escadron était arrivé à son lieu de campement, le pieux capitaine se mettait à la recherche d'un clocher, et se dirigeait vers le presbytère. Il trouvait là un bon curé qui ne savait pas plus de français qu'il ne savait, lui, d'italien : « Allons au plus pressé, Monsieur le Curé, s'il vous plaît, entendez ma confession. Nous causerons après, si nous en avons le temps. » Quand il le pouvait, il communiait ce jour-là, sinon c'était pour le lendemain. « L'affaire faite, je rentrais au camp, le cœur joyeux, tout plein de Dieu. La mort pouvait venir, j'étais en règle et je remontais à cheval, prêt à tout sacrifice. »

Dans une lettre adressée à un de ses amis de Limoges, il raconte ceci : « Dans nos reconnaissances, en traversant des bourgades ou des villages, tout à coup nous apercevons un clocher : « Le Maître est là ; à terre ! » Nous descendons tous les deux de cheval, — avec son ami le capitaine Robert, — nous entrons dans l'église, nous prions un prêtre de nous donner la sainte Communion. C'est fait! Nous repartons aussitôt : le temps n'est pas à nous. Nous faisons notre action de grâces à cheval et en courant... »

Le capitaine avait reçu un des premiers l'annonce de l'engagement général qui allait se livrer le 24 juin. « A minuit, écrit-il, je fus prévenu que le réveil serait sonné à deux heures du matin et que mon escadron devait être à cheval à trois heures. Je fis prévenir mon monde, et en un clin d'œil les feux furent allumés, le café fait et avalé par précaution, car ici comme en Afrique, lorsque l'on part, on ne sait ni où, ni à quelle heure on arrivera.

« Pour mon compte, j'étais miné par une fièvre qui me tenait depuis deux jours, et je n'avais rien mangé depuis ce temps. On me conseilla d'abord d'entrer dans l'ambulance, mais j'étais bien sûr que Dieu me donnerait des forces, et je pensais qu'il était possible que mon escadron fût engagé le lendemain. Je restai donc à mon poste, et je m'en suis bien trouvé, car si j'ai beaucoup souffert dans la première partie de la journée, j'ai été complètement guéri après la charge que nous avons fournie, et depuis laquelle je me considère comme inaugurant une nouvelle existence qui est un miracle de la bonté de Dieu. »

Cet homme était donc d'un tempérament héroïque, la bataille seule fournissant remède à ses maux.

La bataille de Solférino, qui décida de la campagne d'Italie, s'engagea en avant de Casanova, au bout du village. Le combat fut terrible. De Sonis a raconté avec simplicité la part qu'il y prit : son récit respire l'ardeur dont brûlait son âme française et héroïquement chrétienne.

Consumé de fièvre, n'ayant rien mangé depuis deux jours, affaibli par l'insomnie et les sueurs, de Sonis quitta son bivouac à trois heures du matin.

« Nous nous dirigeâmes, dit le héros, droit devant nous par un chemin entouré d'arbres qui ne nous laissait rien deviner de la grande plaine de six lieues d'étendue, sur laquelle a été livré un des plus grands combats des époques modernes. Au bout d'une heure de marche, nous dûmes nous arrêter et rester trois quarts d'heure la bride au bras, pour laisser défiler un corps d'armée qui avait l'avance sur nous.

« Jusqu'au moment où le feu a commencé, personne ne croyait à un engagement sérieux. Le secret était parfaitement gardé, et l'on disait que l'ennemi n'était pas de ce côté. Enfin, la

Bataille de Solférino.

halte terminée, nous sommes remontés à cheval et nous sommes arrivés au petit trot dans cette magnifique plaine, où a été consommé le sacrifice sanglant que je n'oublierai jamais.

« Cependant le canon commençait à se faire entendre sur notre gauche, et les coups en devinrent bientôt si précipités, qu'il fut clair qu'une grande bataille allait commencer. La plaine immense qui nous avait été dérobée jusqu'alors par le pays très fourré que nous avions parcouru, était maintenant sous nos yeux. Elle était bordée à gauche par une chaîne de hautes collines couronnées par une suite de villages, qui formaient un réseau de positions formidables et dont il nous semblait impossible de s'emparer. En face de nous on voyait un bois au milieu duquel se dressait le clocher du village. Enfin, à droite, la plaine était couverte de plantations de mûriers et de vignes qui nous cachaient des milliers de tirailleurs autrichiens.

« Notre division de cavalerie d'Afrique, commandée par le général Desvaux, se massa du côté de la plaine, et la division Partonneaux, comprenant les lanciers, les 2º et 7º hussards, fut se former à notre droite. L'artillerie de ces deux divisions se déploya en avant d'elles, et elle ouvrit le feu. Ce feu, ouvert à quatre heures du matin, a été ainsi nourri sur toute la ligne, c'est-à-dire sur une étendue d'environ quatre lieues, jusqu'à la nuit. L'on peut dire qu'il se livrait quatre batailles à la fois, tant le terrain avait d'étendue. Le bruit était effrayant. Tous les villages qui couronnent les hauteurs avaient été attaqués en même temps par notre infanterie et notre artillerie. C'était pour nous un spectacle magnifique.

« Pendant presque toute la journée nous avons assisté de pied ferme et sans bouger à ce grand drame, nous bornant à faire quelques mouvements de manœuvre, pour essayer d'attirer à nous la cavalerie autrichienne cachée dans un bois en face, ou pour suivre les mouvements de notre infanterie, qui gagnait toujours du terrain. Les boulets passaient au-dessus de nos têtes; beaucoup, tombant à cinq ou six pas en avant, ricochaient en sifflant à nos oreilles. Un de ces projectiles vint passer entre les jambes de mon cheval et tua le cheval qui était derrière moi. La mort me paraissait imminente, mais j'avais fait le sacrifice de ma vie, et je pensais que si Dieu me jugeait nécessaire à ma famille, il saurait me préserver de tout mal.

« Ce fut seulement le soir que notre division se déploya et se rapprocha du bois où était caché l'ennemi. A droite, le corps d'armée du maréchal Niel, qui depuis le matin n'avait pu faire autre chose que garder ses positions, faiblissait attaqué par des forces supérieures.

« Depuis deux heures, le tir des Français devenait moins fréquent, nos munitions diminuaient. En face de nous, un peu obliquement, l'infanterie autrichienne, protégée en partie par un champ planté de mûriers et de vignes, sillonné de petits fossés, menaçait de foncer sur le corps Niel, qu'elle eût peut-être forcé de céder le terrain. Le moment était critique.

« C'est alors que notre général de division reçut l'ordre de nous faire charger. Nous fûmes aussitôt prévenus que la

La tente du général de Sonis.

charge allait sonner. Nos deux escadrons étaient superbes. Nous étions en bataille, occupant une grande partie de la plaine. L'infanterie qui était sur les hauteurs nous voyait et attendait avec impatience notre charge, destinée à soutenir le corps Niel qui succombait sous le nombre. Le quatrième escadron, commandé par Guyot, était formé en colonne derrière l'aile gauche. Le général donna l'ordre à cet escadron d'arriver pour entamer le mouvement, mais le bruit était tel que personne n'entendait.

« Enfin il était si urgent de charger que mon escadron fut désigné. J'arrivai au trot sur le général et j'arrêtai ma troupe pour prendre ses ordres. Sa voix était pleine d'émotion. Il sentait qu'il m'envoyait au sacrifice. Il me donna l'ordre d'engager un feu de tirailleurs avec l'ennemi et de charger à fond au centre, quand le reste de la ligne chargerait sur les deux ailes. Nous étions si près de ceux que nous allions combattre que je pus voir que c'étaient des chasseurs tyroliens.

« Je fis remarquer au général que mes hommes seraient tués un à un, mais je lui demandai la permission de charger. Il réfléchit quelques secondes, et me dit : « Oui, chargez ! chargez de suite. En fourrageurs, marche ! »

« Je me retournai vers mon escadron et je commandai la charge. Puis je partis à fond de train, sans la moindre émotion, le cœur aussi calme que dans les moments de grande paix intérieure. J'étais plein de foi. J'étais à dix pas en avant de tout mon monde. Je me trouvais au moins à quatre pas en avant de Jalabert, qui commandait mon premier peloton. J'étais donc une cible superbe. Nous arrivâmes au galop de charge à l'entrée du bois. L'infanterie ennemie se recula à notre approche. Je la serrai de près et je m'efforçai de couper sa colonne pour la rabattre sur nos lignes. Mais, arrivé au milieu des taillis, j'aperçus de magnifiques carrés de Tyroliens, auxquels les fantassins se joignirent, et qui nous écrasèrent sous un feu roulant, nous entourant de tous côtés. Je voulus rallier nos cavaliers pour entamer un de ces carrés ; mais tout le monde tombait autour de moi...

« Voyant succomber ainsi mes braves chasseurs, je me précipitai de rage sur ces carrés, et je me trouvai en face de figures que je n'oublierai jamais, de baïonnettes qui scintillaient à mes yeux comme des lames de rasoirs, tandis que des milliers de balles me sifflaient aux oreilles. J'étais seul. Une partie de mon escadron était couchée à terre ; l'autre était attaquée de flanc par un escadron de hulans. Mon pauvre cheval gris était sous moi, blessé à mort. Je lui mis l'éperon au ventre ; il eut encore la force de me sortir de tous ces carrés, me porta à une vingtaine de pas, et tomba. Je dus alors courir à pied, le sabre en main, poursuivi par des milliers de balles, après avoir paré avec mon sabre un coup de baïonnette qui devait me tuer.

« J'arrivai ainsi sur le 3ᵉ chasseurs d'Afrique, qui venait de se déployer et qui arrivait, avec mon régiment, pour soutenir notre mouvement. Un de mes chasseurs m'amena un cheval de troupe. Je sautai dessus et ralliai mon monde.

« J'étais parti avec un escadron magnifique ; je n'avais plus qu'un peloton. Un de mes officiers, M. de Bailleul, était tombé frappé d'un coup de feu ; nous n'avons pu retrouver son corps (1). M. G... avait eu comme moi son cheval tué sous lui. Après moi, le régiment a chargé. C'est là que sont tombés nos amis... Tout cela a coûté cher à la division de chasseurs d'Afrique, mais nous avons sauvé le corps Niel et soutenu dignement notre vieille réputation.

« Je n'ai pas eu la plus légère égratignure. Avant la charge, un boulet est venu ricocher entre les jambes de mon cheval, m'a couvert de terre et a été tuer le cheval qui était derrière moi.

« Quelques personnes trouveront peut-être que j'ai tort de vous parler des dangers que j'ai courus parce qu'ils peuvent se présenter encore, et que vous dire tout cela est fournir un aliment à vos inquiétudes et à vos chagrins. Mais je vois les choses de plus haut, et je désire que vous les voyiez comme moi.

« Remerciez Dieu de tout votre cœur de m'avoir préservé de la mort par un miracle de sa toute-puissance. Votre foi s'animera par la pensée que toutes les chances de la mort se sont, en quelque sorte, rassemblées autour de moi, afin que la protection de Dieu soit plus éclatante. Je m'étais recommandé de toute mon âme à Dieu et à Marie, auxquels je vous avais confiés, ma bien-aimée, vous et nos enfants.

« De SONIS. »

---

(1) Il fut fait prisonnier et conduit à Gratz. — Il raconta qu'au moment de lancer son escadron, M. de Sonis, d'un geste rapide, fit de la main droite, un signe de croix ; puis : « En avant ! » et il partit.

Les chasseurs d'Afrique, malgré les grandes pertes qu'ils avaient subies (1), culbutèrent tout devant eux. La bataille avait duré jusqu'à huit heures du soir.

La charge du capitaine de Sonis, qui avait fait ce qu'il faut pour périr, lui valut une brillante citation à l'ordre du jour, la croix de la Légion d'honneur et, plus tard, un avancement mérité.

La glorieuse bataille de Solférino, gagnée le 24 juin, amena le traité de Villafranca, le 11 juillet 1859.

Ce traité fut signé à Zurich au mois de novembre de la même année.

---

(1) Le seul escadron de Sonis avait eu 11 tués sur place, 34 blessés, 1 officier blessé et 1 fait prisonnier; 30 chevaux tués et 14 blessés.

CINQUIÈME PARTIE

# GUERRE FRANCO-ALLEMANDE

## La Bravoure française dans la défaite.

Voici les mauvais jours, les plus mauvais de notre histoire ! la gloire française subit une longue et funeste éclipse, un voile funèbre s'étend sur notre drapeau, la victoire s'est enfuie, notre sol est envahi, la défaite succède à la défaite et il semble que nos armes ont à jamais perdu l'art de triompher. Hélas ! ils tombent à rangs pressés nos malheureux soldats ; mais, pensée consolante, avec eux ne meurt point la vaillance sous les coups d'un ennemi plus nombreux et plus fort. Comme François Ier chaque Français, après chaque combat, peut s'écrier : *Tout est perdu fors l'honneur,* et sur la tombe de nos vaillants on peut inscrire sans forfanterie ces mots du chansonnier :

*Honneur aux enfants de la France !*

Dans cette guerre maudite, follement entreprise, tout tourna contre nous. Une force supérieure, une volonté plus puissante que toutes les énergies humaines dirigeait les évènements. Nous avions péché par orgueil. La France avait abandonné Rome et son Pontife. Nous ne vivions plus que sur les gloires du passé, nous ne travaillions plus : la guerre de 1870 fut un châtiment (1), une terrible expiation. Au lieu de prier le Dieu des armées et de se frapper la poitrine, le peuple abusé chantait la *Marseillaise*, criait : à Berlin ! insultait les généraux. Nous fûmes dupes de l'imprévoyance et écrasés par le nombre.

« Mon Dieu que les évènements sont affreux ! écrivait M. de Sonis à un prêtre de ses amis. Est-ce possible de s'être lancés dans cette aventure, étant si peu prêts ? Pour mon compte, je ne m'y suis jamais trompé, et j'avais prévu ce qui nous arriverait, quoique je connusse toute la valeur de nos troupes. Mais *il n'y a rien à faire contre le nombre, lorsque les chiffres atteignent une certaine limite;* et c'est avec un million d'hommes que l'armée allemande nous a envahis ! Ah ! cher Monsieur, nous avons toujours besoin de Dieu ; mais aujourd'hui plus que jamais. Le gouvernement qui abandonne Rome et qui inaugure la statue de Voltaire, la veille de l'Assomption, — comprend-on cela ? — *attire les foudres du ciel sur nos têtes.* »

Mais, en succombant sous le nombre, l'armée française, plus brave que jamais, força « jusqu'au bout l'admiration d'un vainqueur encore plus étonné que fier de ses succès (2). »

Humilions-nous sous la main du Tout-Puissant qui châtie pour réformer ; instruisons-nous à nos revers et ne nous décourageons point. « Car, si quelque chose doit inspirer la confiance dans l'avenir, c'est de penser que, d'après le propre témoignage de nos ennemis eux-mêmes, leur triomphe a été l'effet d'un pur accident (3), qu'il n'a rien moins fallu que des hésitations inexplicables pour ne pas convertir en victoires décisives les journées si glorieuses de Gravelotte et de Saint-Privat, et que, loin de trouver dans ces cruels souvenirs aucune pensée de découragement, il nous est permis d'y rechercher la certitude

---

(1) Le Souverain Pontife Pie IX, en 1860, à la veille de l'invasion des Marches, dit à M. l'abbé Cabanis :

« Votre Empereur n'est qu'un fourbe ; je ne crois plus à sa parole... *Pour lui, le jour de la justice est venu.* Dites-lui de ma part que je n'ai pas d'autre réponse à lui faire, si ce n'est que *l'épée de Dieu est prête à le frapper par la main des hommes, non plus par la mienne.* » (*Le secret de l'Empereur*, par M. Thouvenel).

La justice divine attendit dix ans.

(2) Mgr Freppel, *Oraison funèbre du général de Sonis.*

(3) Paroles de M. de Bismarck au Reichtag allemand.

que la France, instruite par ses revers, saura se retremper à l'école de l'adversité, pour reprendre son rang en Europe et dans le monde entier (1). »

Heureusement, Dieu a fait les nations guérissables : tant qu'un peuple possède l'Evangile il garde en lui un principe de vie, de résurrection, de salut. A un jour donné la sève devient féconde, le feu caché sous la cendre reprend la flamme ; purificateur, il embrase tout.

I

## Les débuts de la Guerre.

WISSEMBOURG. — FRŒSCHWILLER. — REISCHOFFEN.

Le comte de Bismarck, nous tendant un piège habile, nous fit déclarer la guerre à l'Allemagne coalisée. La France notifia la fatale déclaration le 19 juillet 1870.

Huit corps d'armée se formèrent aussitôt sous le commandement en chef de l'empereur Napoléon III, avec le maréchal Le Bœuf en qualité de major général.

Voici la composition des huit corps d'armée :

Le I<sup>er</sup> corps avait pour chef le maréchal de Mac-Mahon ;
Le II<sup>e</sup>, le général Frossard ;
Le III<sup>e</sup>, le maréchal Bazaine ;
Le IV<sup>e</sup>, le général de Ladmirault ;
Le V<sup>e</sup>, le général de Failly ;
Le VI<sup>e</sup>, le maréchal Canrobert ;
Le VII<sup>e</sup>, le général Douay (Félix) ;

La garde impériale, formant le VIII<sup>e</sup> corps, était placée sous le commandement du général Bourbaki (2).

(1) Mgr Freppel *Oraison funèbre*.
(2) Plus tard tous ces corps d'armée furent réunis en deux grands commandements confiés aux maréchaux de Mac-Mahon et Bazaine de triste mémoire.

Quand la guerre éclata, le maréchal de Mac-Mahon, commandant le Ier corps, se trouvait en Algérie dont il était le gouverneur général. Les zouaves et les turcos furent laissés sous son commandement.

Son corps d'armée se forma à Strasbourg, composé de quatre divisions d'infanterie sous les ordres des généraux Ducrot, Douai (Abel), Raoult, de Lartigue. Le général Duhesme commandait la division de cavalerie.

La première pensée de l'Empereur avait été de prendre rapidement l'offensive, mais comme nous n'étions point prêts, notre mobilisation fut lente tandis que celle de l'ennemi, préparée depuis longtemps, fut aussi prompte que bien ordonnée.

Une faute inconcevable, irréparable, causa d'avance l'abîme dans lequel s'engloutirent nos armées les unes après les autres : on avait disséminé sottement nos troupes sur toute une longue frontière, au lieu de les concentrer sur les Vosges. Infiniment plus nombreux que nous, les Allemands groupèrent leurs forces sur un seul point et écrasèrent successivement des corps d'armée hors de portée pour se secourir à temps mutuellement.

C'était la guerre *par petits paquets* contre des masses énormes procédant par mouvements tournants et qui n'avaient pas grand chemin à faire pour nous envelopper.

Les approvisionnements faisaient défaut. Notre artillerie ne portait pas. Les obus ennemis nous décimaient avant la bataille, avant même que nous eussions pu juger de la position des canons meurtriers.

Nous étions partis en guerre avec une confiance absolue en des mitrailleuses qui ne servirent qu'à nous abuser. L'expérience en fut piteuse. Elles lançaient des balles en quantité, mais à une portée si courte que l'ennemi placé devant n'en connut pas souvent la qualité.

Le 23 juillet, le maréchal de Mac-Mahon arriva à Strasbourg (1). Le 2 août un avantage insignifiant livra au général Frossard la ville de Sarrebruck bâtie sur les deux rives de la Sarre.

---

(1) Il reçut le 25 juillet le commandement de toutes les forces placées à l'est des Vosges, ayant sous ses ordres les Ier, V[e] et VIIe corps.

Le lendemain, la division incomplète du général Douay, formée seulement de 4,800 hommes, va occuper Wissembourg, petite place déclassée, à un kilomètre de la frontière. Elle est attaquée bientôt par des forces supérieures, au moment où nos soldats, se croyant tranquilles, s'occupaient de la soupe, du nettoyage des armes et du blanchissage. Les turcos se battent avec un héroïsme sans pareil, mais les Bavarois les écrasent par le nombre; le général Douay tombe mort, et Wissembourg est pris par l'ennemi. 30,000 hommes occupent le Geissbert défendu par moins de 2,000 de nos braves soldats.

A Wissembourg une division française de 4,800 hommes avec 18 canons à faible portée trouva moyen de tenir tête pendant sept heures à 110,000 Allemands soutenus par 280 bouches à feu (1).

A Frœschwiller. le 6 août, nous fûmes également écrasés par le nombre. Trois noms ont été donnés à cette bataille : ceux de Wœrth, de Frœschwiller et de Reischoffen, parce que le combat se livra dans ces trois villages à jamais célèbres; mais l'action principale se livra à Frœschwiller.

En cette bataille, livrée par le I$^{er}$ corps d'armée harassé de fatigue, après des marches successives, contre cinq corps d'armée, sous les ordres du prince royal de Prusse, nous combattîmes toute une journée avec le plus grand acharnement, écrasés par une artillerie infiniment supérieure à la nôtre.

---

(1) Pour donner une idée du courage déployé par nos troupes en ce combat, nous mentionnons spécialement ici les épisodes suivants :

Une batterie de canons avait été forcée de se replier, mais une pièce en mauvais état n'avait pu suivre par défaut d'attelage. Huit cents Prussiens accourent pour l'enlever, en poussant des cris de joie. Une poignée d'artilleurs français s'obstine à conserver la pièce. L'ennemi ne l'aura pas ! Il est reçu à coups de mousqueton. Le cri de : « A nous la ligne ! » se fait entendre. Aussitôt, cinquante de nos braves petits fantassins accourent avec six chevaux. Le feu des Prussiens couche par terre hommes et animaux. Les défenseurs font des efforts inouïs pour traîner la pièce à bras, mais en vain : une de ses roues est brisée par un obus.

Les survivants se jettent alors à la baïonnette sur les huit cents Allemands qui les cernent, et vont ensuite rejoindre leur régiment avec le plus grand sang-froid.

Dans cette action, le capitaine Vésinger tomba blessé à la cuisse. Des braves accoururent pour l'enlever : « Laissez-moi, leur dit-il, retournez à vos postes, nous n'avons pas déjà assez de monde. Si vous êtes vainqueurs, vous aurez toujours le temps de me ramasser. » Il s'étendit tranquillement dans un sillon. Bientôt après une balle perdue vint le fracasser.

Jusque vers trois heures, l'ennemi ne fit presque aucun progrès. L'état-major prussien avoua qu'à un certain moment, chez les Allemands, « le combat était sans direction, *les compagnies ayant toutes perdu leur commandant.* »

Un secours arrivé à point nous eut donné la victoire : Desaix, Desaix, que n'étiez-vous là ! Les zouaves accomplirent des merveilles. Le courage de nos soldats arracha des cris d'admiration au prince royal lui-même.

Nous ne ferons pas ici la description de cette bataille fameuse : le récit laconique du maréchal de Mac-Mahon devant la commission d'enquête sur les actes du gouvernement de la Défense nationale en donnera un résumé exact et suffisant. Nous raconterons seulement avec quelques détails la charge héroïque des vaillants cuirassiers qui sauvegarda la retraite, devenue nécessaire, de sa malheureuse armée (1).

« Les troupes, déposa simplement le maréchal, montrèrent à Frœschwiller la même énergie qu'à Wissembourg. La bataille commença vers sept heures du matin, par la droite des Prussiens qui fut repoussée. L'ennemi attaqua ensuite notre centre du côté de Wœrth, mais il ne fit d'abord aucun progrès. Il établit alors en batterie, sur les hauteurs de Grunstett, un nombre de pièces si considérable qu'il nous fit éprouver des pertes sensibles, ce qui nous obligea à rester sur la défensive.

« La lutte se soutint avec des chances diverses jusque vers trois heures de l'après-midi, mais l'ennemi ne faisait aucun progrès. C'est alors qu'un corps d'armée considérable parvint à tourner notre droite, malgré les efforts de la division Lartigue et de la brigade de cuirassiers de la division Duhesme. Cette brigade chargea, mais en vain, avec la plus grande vigueur les lignes ennemies.

« Vers cinq heures, je fus obligé de donner l'ordre de battre en retraite, dans la crainte d'être coupé de mes communications avec le reste de l'armée.

« Dans cette journée, les 35,000 hommes que j'avais sous mes

---

(1) Notre but principal n'est pas de décrire les batailles, mais de faire ressortir — nous l'avons dit — les actions héroïques.

ordres eurent à combattre 140,000 Allemands, et l'on doit dire que, jusqu'à la fin, ils ont soutenu la réputation de leurs devanciers.

« L'armée se dirigea sur Saverne. Les premières troupes y arrivèrent le lendemain matin, 7 août, sur les huit heures ; les autres vers midi.

« Par suite de la longueur de la marche, — deux étapes, — faite après une bataille qui avait duré toute la journée, et sans que les hommes eussent pu manger la soupe, il me resta un certain nombre de soldats en arrière.

« Presque tous, cependant, furent ralliés par l'arrière-garde. »

A Sarrebourg, le maréchal de Mac-Mahon fit sa jonction avec le V<sup>e</sup> corps d'armée.

### LA CHARGE HÉROIQUE.

Cette charge, improprement nommée *charge des cuirassiers de Reichshoffen*, ne s'effectua pas, en réalité, dans cet endroit : il n'y eut à Reichshoffen qu'un engagement d'arrière-garde. Ce fut bien là, en effet, dans le château de M. le comte de Leusse, que le maréchal de Mac-Mahon passa la nuit précédant la bataille ; mais la charge eut lieu à Morsbronn, assez loin du bourg de Reichshoffen. Une autre charge s'exécuta sur le même champ de bataille à la fin du combat. La résistance obstinée de nos soldats assaillis par le nombre avait obligé les Prussiens d'attendre devant Wœrth l'arrivée de renforts. Le XI<sup>e</sup> corps, venu à leur aide, parvint peu à peu à déborder notre aile droite commandée par le général de Lartigue.

Ce vaillant chef, après avoir lutté avec une ardeur extrême, fait savoir au maréchal de Mac-Mahon que trois régiments de sa division ont besoin d'être soutenus par une réserve et que ses munitions sont épuisées.

Le maréchal lui envoie un aide de camp l'engageant à tenir jusqu'au bout pour attendre le secours de la division Lespart.

Les zouaves du 3<sup>e</sup> régiment combattent à outrance dans le bois de Niederwald ; mais les troupes du XI<sup>e</sup> corps prussien entourent les deux bataillons du 56<sup>e</sup> et débordent Morsbronn.

Le sort de l'armée est gravement compromis. Voyant son aile droite sur le point d'être tournée, le général de Lartigue, inquiet, demande secours au général Duhesme qui commandait la cavalerie du I$^{er}$ corps d'armée. Il le prie de dégager cette aile en faisant charger ses régiments contre l'infanterie qui débouchait de Morsbronn.

Le général Duhesme était souffrant, gravement atteint d'une maladie qui le conduisit au tombeau quinze jours plus tard. Il choisit pour la charge la brigade du général Michel composée de deux régiments de cuirassiers, le 8$^e$ et le 9$^e$.

Le concours du 8$^e$ régiment avait été seul demandé. Il était abrité dans un ravin à l'est d'Eberbach. Le 9$^e$ cuirassiers se déploie en arrière du 8$^e$ qui commence le mouvement.

Les mille cavaliers, mille héros, traversent d'abord un chemin creux, puis arrivent à découvert.

« Allez-y comme à Waterloo ! » s'écrie le général de Lartigue au colonel de la Rochère, qui commandait au 8$^e$ cuirassiers, et au général Michel marchant à la tête du 1$^{er}$ escadron de sa brigade.

Ils allaient comme à Waterloo, c'est-à-dire à la mort.

« Mes pauvres cuirassiers ! dit le général Duhesme en se tournant vers son chef d'état-major, et en essuyant une larme, c'est une folie, on va les faire tuer pour rien. »

Néanmoins, homme de devoir, il veut les mener lui-même à la charge : à peine peut-il se tenir en selle. On le retient, on lui montre qu'il faut sauver à tout prix les débris de la division de Lartigue, et c'est à la fois avec tristesse et la plus ardente envie qu'il voit s'éloigner ses vaillants cuirassiers dont il est incapable de partager le sort glorieux.

Les cavaliers sont mal abrités ; les projectiles de deux batteries tombent en arrière et en avant de leurs rangs. C'est avec des clameurs de joie que les cuirassiers accueillent la sonnerie du *garde à vous* : « En avant ! en avant ! » s'écrient-ils d'une voix unanime.

Le terrain qui se trouvait devant eux est malheusement on ne peut plus défavorable à l'action ordonnée. Les chemins sont bordés de fossés profonds ; des rangées d'arbres forment une

Monument de Reischoffen.

sorte de barrière infranchissable; des souches coupées à fleur du sol empêchent toute manœuvre d'ensemble. Le terrain n'avait pas été reconnu d'avance.

Au contraire, le sol où se trouvait l'ennemi présentait des ressources précieuses à sa défensive. Des houblonnières, des pommiers espacés dans des vergers formaient autant d'abris sûrs pour les tirailleurs disséminés et couchés à terre jusqu'au village de Morsbronn occupé par les Thuringiens et appuyés par les hussards hessois du 13ᵉ régiment. L'artillerie ennemie concentre son feu sur le plateau et nous accable. Rien n'arrête nos cuirassiers. Ils s'élancent, serrent les rangs, galopent avec furie. Nos cavaliers n'aperçoivent pas l'ennemi qui les fusille de tous les côtés.

Les chevaux, frémissants, bondissent les naseaux enflammés. Leurs fers étincelants lancent des volées de cailloux. Les cuirasses crépitent sous les coups redoublés des balles qui pleuvent comme la grêle.

Ils subissent des pertes cruelles, beaucoup tombent morts au milieu de la course effrénée qui les emporte.

Quand la charge fut arrivée à quatre cents mètres, deux décharges meurtrières s'abattirent sur l'escadron placé en avant. Les chevaux roulent dans la poussière, les rangs sont confondus. L'ennemi tire à bout portant: il oppose 9,000 baïonnettes aux 1,000 sabres de notre cavalerie. Les canons prussiens débusquent du bois, tirent sans que nous puissions répondre et font des trouées profondes à travers nos cuirassiers enveloppés d'une pluie de feu.

Les survivants ne s'arrêtent pas. Ils chargent, ils chargent encore; ils avancent mutilés, décimés, mais ils se reforment et avancent toujours intrépides. Il fallait sauver l'armée!

Désuni par les accidents du sol, le 8ᵉ cuirassiers se jette à corps perdu sur l'ennemi, bouscule la ligne de tirailleurs opposée à ses coups, passe rapidement à travers les fantassins du 32ᵉ régiment thuringien et va se heurter aux maisons de Morsbronn.

Les fusiliers hessois attendent nos héros et font feu.

On se bat dans les rues, on se bat au pourtour du village.

Hommes et chevaux tombent par files les uns sur les autres. Nos cuirassiers roulent à terre avec un fracas terrible. Ils sont accablés dans un combat où l'infanterie seule joue un rôle, absolument comme à Waterloo.

Toute cavalerie luttant seule contre de l'infanterie, sans être soutenue par des troupes à pied, est nécessairement condamnée à périr. C'est ce qui advient à notre vaillante cavalerie qui combat jusqu'à la mort, mais sans triomphe possible.

Quelques hommes parviennent à traverser Morsbronn et à gagner la campagne. Ils ne sont qu'une poignée, ces héros : les autres sont morts...

Cependant la lutte n'est point finie. Le 9ᵉ cuirassiers, conduit par le colonel Waternan, entre en scène, suivi de deux escadrons du 6ᵉ lanciers, et s'élance vers le néfaste village. Les Hessois l'accueillent par des coups de fusil.

Nos escadrons intrépides cherchent à pénétrer à Morsbronn par l'ouest du village. Les rues sont barricadées, les maisons occupées par l'ennemi qui tire à coups sûrs. Nos cavaliers sont décimés. A force d'énergie, quelques-uns des nôtres démontés parviennent à enlever les plus gros obstacles obstruant le passage. Voici nos héros dans Morsbronn. Ils chargent, ils chargent avec fureur dans toutes les directions. Le combat est acharné. Les cadavres de nos héros s'entassent par monceaux dans l'étroite rue du village et forment de vraies barricades d'hommes et de chevaux broyés.

Nos cavaliers combattent jusqu'au bout et se font abattre sur place, jusqu'à ce que tous soient tués, blessés ou pris. Quelle bataille ! Que de courage !

Le lieutenant-colonel de Beaume est frappé à mort, le colonel Waternan qui conduit pour *la dixième fois* à la charge quelques débris placés sous sa main, tombe de son cheval qui est tué, et se trouve emporté par l'ennemi. Le sous-lieutenant de Quinnemont, en passant contre la fenêtre d'un rez-de-chaussée, reçoit à bout portant un coup de revolver. Sans descendre de son cheval l'officier traverse la gorge de son adversaire, capitaine prussien, embusqué dans la chambre.

Une barricade est enlevée, ses défenseurs sont sabrés, le village est purgé des Prussiens.

Nos cavaliers se reforment au bas de Morsbronn sous le feu de la mitraille. Ils sont abattus, mais restés intrépides.

« Alors, dit M. Dick de Lonlay (1), commence cette folie sublime ; déchirés par une pluie de fer, ils chargent dans les champs de lin, où les chevaux disparaissent jusqu'au ventre ; ils font des trouées dans les houblonnières, où culbutent cavaliers et montures ; ces géants remontent en selle, la fureur de mourir les saisit, ils chargent, ils chargent encore et balayent dans la plaine, jusqu'à Dürenbach et Walbourg, tout ce qui se rencontre devant eux, semblables à un vent violent qui soulève en tourbillons et dissipe la poussière des grands chemins. »

Le 8ᵉ cuirassiers n'existait plus. Quelques débris conduits par le colonel de la Rochère parvinrent à gagner la pointe nord-ouest de Haguenau et se trouvèrent en présence de nouveaux fantassins ennemis.

Il y en avait partout.

Les cuirassiers survivants se dirigèrent sur Saverne, après la perte de la bataille. Les quelques cavaliers du 9ᵉ régiment et les lanciers du 6ᵉ, sortis en vie de Morsbronn, errèrent un peu de tous les côtés par petits groupes.

« La brigade Michel, dit le rapport officiel du grand état-major général de Berlin, pouvait être regardée comme anéantie, ainsi que le 6ᵉ régiment de lanciers ; bien peu de leurs cavaliers durent rejoindre l'armée sains et saufs. »

Cette magnifique chevauchée fut la chevauchée de la mort, mais elle sauva la droite de l'armée française et suspendit les progrès de l'ennemi.

### ENCORE LES CUIRASSIERS.

A trois heures il devenait évident que notre héroïque, mais trop petite armée, allait être enveloppée de toutes parts. Le maréchal de Mac-Mahon voit poindre tout à coup à sa droite

---

(1) *Français et Allemands,* chez Garnier frères.

une masse de 40,000 Badois et Wurtembergeois frais et dispos, qui n'avaient pas encore combattu. Nos munitions sont épuisées. A cet aspect, l'infortuné chef du Ier corps sent que la bataille est perdue et qu'il ne s'agit plus de vaincre, mais d'assurer à tout prix la retraite de nos vaillants soldats harassés de fatigue, privés de nourriture depuis longtemps, écrasés par le nombre et une artillerie formidable qui a réduit la nôtre au silence sur tous les points. A ses côtés tombe le général de Colson, son chef d'état-major.

C'est encore aux cuirassiers que le maréchal a recours. Il commande au général de Bonnemains de charger avec les quatre régiments de sa division, formant la cavalerie de réserve.

D'une voix tonnante le héros de Malakoff et de Magenta s'écrie : « Général, en avant! le salut de l'armée l'exige. » Les quatre régiments s'ébranlent et arrivent au sommet des crêtes.

D'un geste brusque l'illustre maréchal montre aux cuirassiers l'artillerie prussienne qui s'avance au galop pour s'installer sur les positions avancées. « Arrêtez pendant vingt minutes ces batteries, s'écrie-t-il, avec une vive animation ; sacrifiez-vous pour la retraite. »

Les héros ont compris. Ils savent qu'ils vont tous à la mort. En avant pour la France!

Tout est contre eux, la nature du sol, les fossés, les arbres, le nombre d'un ennemi caché au loin qui tire en sûreté, et les obus et les balles. Il faut enlever cinquante pièces de canon, et ils ne sont que deux mille! deux mille armés de sabres impuissants contre des armes à longue portée. N'importe ! ils s'élancent, ils volent avec la même fierté, le même mépris de la mort que leurs frères de Morsbronn dont ils vont partager le sort glorieux.

Le 1er régiment pénètre au sud du chemin qui va de Frœschwiller à Wœrth. Le feu épouvantable de l'ennemi l'accable bientôt. Un fossé rompt l'élan des cuirassiers, et les désunit. La désunion rend la charge inefficace. Combien tombent frappés à mort !

Le régiment décimé se retire sans avoir pu aborder l'ennemi, sans même avoir pu l'apercevoir.

Alors le 4ᵉ régiment s'élance. Les cuirassiers parcourent mille mètres sans se désunir. Du haut des crêtes les Prussiens font pleuvoir les obus et les balles qui retentissent avec fracas sur les cuirasses et les percent à jour. Leur colonel est blessé, leur commandant est meurtri. Les débris du régiment sont contraints de revenir sans avoir pu aborder un ennemi invisible.

Aussitôt entre en ligne le 2ᵉ régiment qui charge par front. Une partie va se précipiter dans un fossé. Quelques cavaliers cependant parviennent jusqu'à une pièce dont les servants prussiens se cachent derrière les arbres. Nos héros tombent criblés de projectiles avant d'arriver. Le lieutenant-colonel Boré ramène les survivants.

Nullement déconcerté par l'insuccès, le 3ᵉ régiment allait charger à son tour, quand le colonel de Lacarre a la tête emportée par un obus au moment où il criait : « Char... » La moitié du régiment s'élance sur un terrain balayé par les projectiles et jonché de cadavres d'hommes et de chevaux. Le sang de ces nouveaux héros se mêle au sang qui coule à terre. Les 4ᵉ et 5ᵉ escadrons se disposaient à remplacer les deux premiers détruits quand le maréchal fit parvenir l'ordre de cesser la charge qui avait arrêté l'ennemi, stupéfait de tant de courage.

Il était quatre heures. L'armée battait en retraite sur Saverne, saluant de ses bravos les intrépides cavaliers survivants qui, casques percés et cuirasses sanglantes, défilent impassibles et se remettent de temps en temps face en tête pour l'empêcher d'être coupée. La veille de cette cruelle et néfaste journée la France possédait dix régiments de cuirassiers, dix magnifiques régiments. Le lendemain de la bataille de Frœschwiller, le maréchal de Mac-Mahon, questionné, répondait tristement : « Les cuirassiers ! Il n'en reste plus ! »

Ils étaient morts au champ d'honneur. Les 1ᵉʳ, 2ᵉ, 3ᵉ, 4ᵉ, 8ᵉ et 9ᵉ régiments s'étaient sacrifiés.

Les Allemands pouvaient écrire cet éloge funèbre : « Les cuirassiers français se jetèrent sur nos troupes avec une sauvage impétuosité et avec un héroïque esprit de sacrifice. »

L'ennemi était vainqueur : nous lui fîmes payer cher sa victoire. Les Allemands avouent avoir perdu en cette journée 489 officiers et 10,133 hommes. Bien inférieurs en nombre, nous ne perdîmes, *d'après eux*, que 200 officiers et 9,000 hommes tués, blessés ou pris.

Notre général en chef se montra admirable de sang-froid et de dévouement. Il brava le feu comme le plus vaillant des soldats (1). Resté jusqu'au dernier moment sur le champ de bataille, couvert d'une boue épaisse, l'épaulette enlevée, la tunique criblée de trous, n'ayant à la main qu'une moitié de longue-vue, l'autre étant brisée par une balle, il allait et venait sur son grand cheval devant les zouaves, agitant sa vaillante épée ; il parcourait les rangs au milieu des obus qui sifflaient sans cesse, rassurant ses troupes décimées par les balles et disant : « Mes amis, cela ne fait plus de mal. » Il voulait s'élancer sur l'ennemi et se faire tuer. On dut intervenir : ses aides de camp saisirent son cheval et empêchèrent son dessein.

Qui ne connaît le trait suivant ? Épuisé de fatigue, — le maréchal était resté vingt-six heures en selle — ses forces le trahirent durant la retraite. Il tomba sans connaissance dans un fossé.

On s'empresse à ses côtés. Un soldat lui tend sa gourde d'eau-de-vie qui ranime le héros.

Quand le maréchal revient à lui, de grosses larmes roulent sur ses joues attristées :

---

(1) L'ennemi lui-même rendit hommage au courage héroïque du Maréchal : à sa mort, l'organe militaire officiel prussien, le *Militoer Wochenblatt*, publia, *sur l'ordre de Guillaume II*, en gros caractères, en tête de ses colonnes, l'éloge suivant du maréchal de Mac-Mahon :

« Avec le maréchal qui vient de mourir disparaît un des premiers soldats de l'Europe. De tous les pays, affluent sur le cercueil du défunt, des manifestations qui prouvent que la bravoure et les nobles sentiments sont honorés partout et sont considérés comme étant au-dessus des compétitions des peuples et des partis.

« C'est ainsi que Sa Majesté l'empereur Guillaume a fait déposer sur la tombe du maréchal une couronne de lauriers comme une preuve que l'Allemagne et son souverain savent honorer l'ennemi noble et brave.

« En réalité, personne ne nous a disputé la victoire d'une façon plus dure ni plus opiniâtre que le défunt maréchal à la bataille de Wœrth ; il ajouta ce jour-là de nouveaux lauriers à sa glorieuse couronne.

« Les amis et les ennemis le tiennent également comme le modèle du vrai soldat, et il n'est pas de cœur de soldat qui ne se réjouisse de ce que notre époque ait produit une pareille figure de chevalier sans peur et sans reproche. »

« Maréchal, pourquoi pleurer ? s'écrient officiers et soldats ; nous vous aimons tous bien ; est-ce que nous vous avons refusé de mourir ? »

Remontant à cheval, il s'avança avec les siens dans la direction de Niederbronn.

Ses vaillants compagnons ne refusèrent jamais de mourir : ils allaient bientôt tous voler à de nouveaux dangers (1).

> Si la gloire a ses charmes,
> Ses charmes et ses transports,
> Elle a aussi ses larmes,
> Ses larmes sur les morts.

Dormez en paix, héros qui avez combattu sans avoir triomphé ! Que le Dieu des armées vous couronne et qu'il soit votre récompense éternelle !

---

(1) Ce n'est pas seulement sur le champ de bataille que nos cuirassiers sont vaillants : ils sont vaillants dans la paix et ils ont la parole aussi vaillante que l'action.

On raconte qu'à Saint-Pétersbourg, lors d'une des réceptions qui suivirent les funérailles d'Alexandre III, le prince Henri de Prusse, frère de l'empereur Guillaume, s'était rapproché des membres de la mission française.

Tout à coup, il s'arrêta devant l'un d'eux, superbe colonel de cuirassiers en grande tenue de service.

— Vous avez un uniforme magnifique, colonel. Je l'admire parce qu'il est à la fois très sévère et très beau, mais je lui adresse une légère critique à propos de ceci et il désignait la cuirasse du colonel.

Car vous pensez bien que cela n'a plus la moindre utilité. Voyez chez nous, en Allemagne, nous avons encore des régiments de cuirassiers, — la tradition le veut ainsi, — mais ils n'ont plus de cuirasses.

— Tant mieux, monseigneur ! fit le colonel — car *nos cuirassiers ne craignent que la cuirasse chez les cuirassiers ennemis.*

Le prince, qui n'avait pas l'âme cuirassée contre cette riposte, fit prestement demi-tour et disparut.

## II

## Le Maréchal Canrobert à Saint-Privat.

Le maréchal Canrobert, cité comme témoin dans le procès du maréchal Bazaine, raconta, au cours de l'interrogatoire, la bataille de Saint-Privat, livrée sous Metz le 18 août. Sa déposition simple et modeste fera connaître le héros mieux qu'un récit pompeux :

« Dès le point du jour, le 18, je visitai mes avant-postes, rectifiant de mon mieux les positions. A mon retour, je fis venir le maire de Saint-Privat, pour lui demander cinq hommes bien déterminés et bien sûrs que j'envoyai de l'autre côté de l'Orno ; ils me revinrent deux heures après, m'affirmant qu'ils n'avaient rien vu du tout.

« Vers huit heures, le maréchal Bazaine m'envoya M. Campionnet, capitaine de son état-major, pour me demander si j'avais quelques observations à faire et si l'ennemi se présentait. Je répondis que non, qu'une reconnaissance de cavalerie qui rentrait ne m'avait rien appris de nouveau. Je restai là, rectifiant les lignes et tâchant de faire gratter la terre. Nous avions ordre de nous fortifier.

« Malheureusement, nous n'avions que quelques rares outils ; ma réserve du génie, on le sait, était restée à Châlons. Les soldats faisaient de leur mieux lorsque, vers onze heures et demie, j'entendis le canon ; je montai à cheval et me portai à un endroit qu'on appelle Jérusalem, et voilà que les obus pleuvent en très grande quantité. Nous envoyons notre artillerie. J'allais oublier que le matin même, le nombre de mes batteries s'était accru de deux, il était porté à onze. Nous nous battons à coups de canon comme à Rezonville ; l'action s'engage et les Prussiens accentuent leur mouvement sur la droite de l'armée française.

« Je n'avais pu me réapprovisionner de munitions le 17, j'avais marché toute la journée ; j'avais demandé des gargousses au commandant en chef. Elles m'étaient promises, mais je n'avais encore rien reçu ; c'est donc avec des caissons à moitié pleins, qui me restaient de la journée du 16, que j'eus à soutenir la bataille. L'infériorité de mon artillerie me fut aussi préjudiciable qu'à Rezonville, et j'eus encore 5,200 hommes hors de combat; sur 26,000 dont se composait mon commandement, c'était une grosse perte. Après nous avoir canonnés vigoureusement, l'ennemi jeta la garde du roi de Prusse entre le III° Corps et le mien, surtout sur Saint-Privat. Malheureusement, je n'avais pas de mitrailleuses. Ces engins, sur lesquels nous avions tant compté, auraient été d'une grande utilité à cause du champ de tir favorable qu'offrait la garde prussienne. Nous l'avons arrêtée avec la mousqueterie et, d'après les rapports prussiens, elle perdit 8,000 hommes.

« Le roi de Prusse, écrivant le soir à la reine Augusta, lui disait que « la garde royale avait trouvé son tombeau à Saint-Privat. » C'est acquis à l'histoire. M. Thiers m'a affirmé, et, je le crois, qu'au moment de la délimitation de la nouvelle frontière, le roi de Prusse insista personnellement pour avoir les champs de bataille du 16 et du 18, où dormaient ses soldats, et, pour les obtenir sans difficulté, recommanda d'être plus coulant du côté de Belfort. Tout cela, pour expliquer la situation de mon corps, qui avait à lutter contre trois corps d'ennemis ensemble, contre 90,000 hommes et 272 pièces de canon.

« Dans cette situation, j'envoyai, comme de juste, un de mes officiers, M. de Bellegarde, prévenir le maréchal que nous étions attaqués, que j'avais extrêmement besoin de munitions ; je demandais aussi des renforts. Le maréchal Bazaine eut la bonté de me renvoyer, vers une heure et demie ou deux heures, mon officier, qui me dit que des ordres étaient donnés au général Bourbaki de mettre à ma disposition la division des grenadiers de la garde, et au général Soleille, de m'envoyer la réserve d'artillerie. Je fis courir ces bonnes nouvelles dans les rangs. Cependant, aucun secours ne venait ; j'envoyai un autre officier,

M. de Chalus, chercher des munitions ; il revint avec cinq ou six caissons.

Portrait de Canrobert.

« Pendant l'action, je reçus deux dépêches : dans la première, le maréchal Lebœuf m'informait qu'il apercevait des masses énormes d'ennemis se porter sur notre droite ; l'autre, du maréchal Bazaine, réitérant l'ordre de la veille, m'engageait à prendre des précautions et surtout à tenir à Saint-Privat, de manière à faciliter un changement de front et à pouvoir me rapprocher des positions qu'il faisait étudier. Je répondis que nous tiendrions autant que possible, mais que nos munitions s'épuisaient.

« Entre quatre et cinq heures, le feu de l'ennemi, après s'être ralenti un instant, reprit avec une plus grande intensité, tandis que nous ne pouvions plus tirer que toutes les deux minutes. J'envoyai un de mes aides de camp prier Ladmirault de me donner quelques gargousses.

« En bon camarade il m'envoya, malgré des avis contraires, trois ou quatre caissons, dont je me servis immédiatement. J'informai à ce moment le maréchal Bazaine que les attaques de l'ennemi redoublaient et que bientôt je ne pourrais plus tenir. Il était quatre heures et demie, je le priai de m'envoyer des secours. A-t-il reçu cet avis ? Je ne sais ; mais vers cinq heures et demie ou six heures, l'artillerie prussienne dominait la mienne ; Saint-Privat était en feu, écrasé de trois côtés.

« A ce moment, un brave, qui a été tué depuis devant Paris, le général Péchat, avec le 9ᵉ bataillon de chasseurs et les 6ᵉ et 12ᵉ de ligne, s'élança pour arrêter l'ennemi : mais il ne put tenir, car l'ennemi ne venait pas ; — si seulement il était venu !... — mais ses obus seuls nous arrivaient. Alors, nous nous retirâmes par échelons au pas ordinaire — j'appuie sur ce mot — nous gagnâmes les hauteurs du bois de Saulny, protégés par la cavalerie du général du Barail.

« Nous avions gardé quelques coups, quatre ou cinq par pièce, comme qui dirait la poire pour la soif ; nous versâmes ces coups dans les caissons d'une grande batterie de secours établie par un chef d'escadron, M. de Montluisant. J'ai appris alors que douze caissons qui n'étaient pas arrivés à Saint-Privat avaient alimenté cette grande batterie de Montluisant, qui tint tout de suite l'ennemi en respect.

« J'ai su depuis que, un peu plus tard, l'artillerie de la garde, installée près de la ferme de la Croix, avait contenu l'ennemi et qu'il n'avait pas osé s'établir à Saint-Privat. Enfin j'envoyai le capitaine Caffarel, de mon état-major, informer le maréchal

Bazaine que je battais en retraite et le prier de me donner ses ordres.

« Cet officier arriva tard, à cause de l'encombrement des routes. Mais comme j'avais dans ma poche l'ordre de prendre, le

Saint-Privat.

lendemain matin, la position que le colonel d'état-major Lewal avait dû reconnaître, je dirigeai de ce côté mes troupes, mes malades et mes estropiés.

« J'arrivai à trois heures du matin, le 19, et, à neuf heures, nos lignes étaient rétablies. »

Secouru par Bazaine, le héros aurait pu remporter une éclatante victoire sur les Prussiens auxquels il infligea d'énormes pertes.

Accablés par le nombre, les balles et les obus, le village en feu, les bataillons commençaient à faiblir, malgré la présence du vaillant maréchal, impassible au milieu de ses soldats, qu'il soutenait par cette rare intrépidité qui lui avait valu l'admiration de tous.

— Allons, mes camarades, dit-il aux braves 62ᵉ et 100ᵉ de ligne, du courage, du calme, mes amis, faites comme votre vieux maréchal!...

Et les cris de : « Vive le maréchal! vive Canrobert! » retentissaient, dominant le bruit de la bataille, comme jadis sur le plateau de la Chersonnèze, à Inkermann et aux tranchées de Sébastopol.

L'ennemi rendit un brillant témoignage à sa vaillance. Au lendemain de sa mort, le *Moniteur officiel de l'Empire* publiait la dépêche suivante de Guillaume II au lieutenant Canrobert :

« Profondément ému de la triste nouvelle que vous venez de m'annoncer, je me permets de vous exprimer mes sincères condoléances. Mon père et mon grand-père m'ont souvent parlé du vaillant maréchal en termes de la plus haute estime et admiration.

« Guillaume. »

---

(1) Durant la bataille, le roi de Prusse et son entourage coururent un grand danger du côté de Rezonville :

« J'avais envoyé mes chevaux à l'abreuvoir, rapporte M. de Bismarck. Au crépuscule, je me trouvais près d'une batterie qui tirait. Les Français se taisaient de leur côté. Tandis que nous pensions que leurs canons étaient démontés, ils concentraient depuis une heure canons et mitrailleuses pour une suprême attaque. Soudain, ils ouvrirent un feu terrible d'obus et d'autres projectiles. C'était dans l'air un craquement, un sifflement, un roulement, un hurlement incessants.

« Nous fûmes séparés du roi, que Roon avait obligé à se porter en arrière.

« Je restai près de la batterie, décidé à me mettre, en cas de retraite, sur le premier canon venu qui m'aurait porté et mis à l'abri.

« Nous nous attendions à voir l'infanterie française attaquer, et j'aurais fort bien pu être fait prisonnier.

« Mais l'attaque n'eut pas lieu, et nos chevaux étant enfin revenus, j'allai rejoindre le roi.

« Je tombai alors de Charybde en Scylla.

## III

## Les Défenseurs de Bazeilles.

### L'INFANTERIE DE MARINE.

Bazeilles est un bourg de 2,048 habitants situé sur la rive droite de la Meuse, à trois kilomètres de Sedan. Des maisons élégantes, de gracieuses villas environnées de massifs de verdure sont construites sur une colline s'étendant de l'est à l'ouest.

L'enfance de Turenne s'écoula dans le château dont on contemple les ruines. En face se trouve le château de Montvillers au milieu d'un parc planté d'arbres. De magnifiques prairies s'étendent en avant du village au-delà de la Meuse. Les habitants vivaient dans l'aisance et le calme le plus profond lorsque l'affreuse guerre de 1870 amena parmi eux le trouble, la ruine et la mort.

Le 31 août, le riant village prit subitement un aspect tout nouveau. Infanterie, cavalerie, artillerie débouchaient dans les

---

« Les obus, qui tout à l'heure passaient au-dessus de ma tête, labouraient maintenant le sol où nous galopions.

« J'engageai le roi à reculer davantage. La nuit était venue. Il désira manger quelque chose. Il y avait assez à boire, le vin et le rhum ne manquaient pas chez le cantinier voisin, mais il n'y avait rien à manger que du pain sec. On réussit pourtant à trouver quelques côtelettes dans le village, juste assez pour le roi, mais rien pour sa suite.

« Sa Majesté voulut coucher dans sa voiture, au milieu de chevaux morts et de soldats blessés. Mais, à la fin, le roi trouva un asile dans une hutte...

« Pendant toute la journée, je n'avais mangé que du pain de munition et du lard. J'obtins enfin cinq ou six œufs. Les uns les voulaient cuits. Moi, je les préfère crus. J'en cassais donc quelques-uns sur mon sabre et les avalai, ce qui me fit grand bien.

« Au jour, je mangeai, pour la première fois depuis trente-six heures, quelque chose de chaud. C'était une soupe de saucisses aux pois, que me donna le général de Gœben, et que je trouvai excellente. »

Les périls courus rendirent prudents les généraux allemands. Dans la soirée du 18 et dans la matinée du 19 août, la bataille leur avait coûté 20,159 hommes mis hors de combat et 1,877 chevaux tués ou blessés.

sentiers ; les rues et les places que venaient occuper les troupes de général Lebrun, commandant le XII° corps, pendant que sur la rive gauche de la Moselle l'artillerie allemande et les Bavarois du général Von der Tann foulaient, sur un large espace, l'herbe verte et les champs ensemencés, réquisitionnant partout, répandant au loin la terreur et la désolation.

Cette magnifique contrée allait en un jour se transformer.

L'armée prussienne, après la bataille de Beaumont, commençait son mouvement sur Sedan où Mac-Mahon, sur les ordres de l'empereur influencé par l'impératrice, avait résolu, quoique à contre cœur, de concentrer ses troupes composées, en bonne partie, de soldats formés à la hâte, mal instruits, incomplètement équipés, harassés de fatigue par des marches et des contre-marches incessantes de jour et de nuit.

L'ennemi voulait à tout prix s'emparer de Bazeilles pour opérer un mouvement tournant qui lui permît d'enserrer à Sedan l'armée française dans un cercle de fer et de feu.

Il était loin de s'attendre, en cet obscur village, à la résistance qu'il rencontra.

Elle fut acharnée, d'un héroïsme sans pareil.

Vers dix heures du matin, notre infanterie de marine suivie de la brigade Cambriels et de la division Grandchamp, se dirigeant vers Bolant, traverse Bazeilles.

Le 34° de ligne vient s'établir à cent mètres du village.

Un brouillard épais empêche de percevoir les troupes ennemies qui s'installent le long de la Meuse, sur la rive gauche, et établissent aux bons endroits une formidable artillerie.

Quand le soleil, perçant les nuées, paraît, le canon ouvre son feu contre nos soldats qui vont se placer dans les fossés de la route à l'entrée du bourg.

Le général Lebrun, commandant du XII° corps, un brave, accourt au bruit de la canonnade. Le général Cambriels donne l'ordre au 34° de ligne de défendre le village coûte que coûte.

L'église de Bazeilles sert d'objectif au tir de plusieurs batteries ennemies qui font pleuvoir les obus sur la place et les maisons situées près d'elle et criblent d'éclats nos soldats abrités sous les toits.

Notre artillerie bien inférieure en nombre et en portée ne reste point silencieuse : elle répond avec vigueur. Les batteries font un feu d'enfer.

Les Bavarois reçoivent du renfort. Le général Lebrun ordonne à la brigade d'infanterie de marine commandée par le général Martin des Pallières d'aller au secours du 34ᵉ de ligne fortement engagé.

Les projectiles sifflent et éclatent de tous les côtés. Les « marsouins » chargent leurs armes. On se bat avec acharnement vers le pont du chemin de fer. La 30ᵉ compagnie se lève et part au pas de course pour soutenir nos mitrailleuses engagées en cet endroit : elle est suivie de la brigade Martin des Pallières.

Les attelages de nos deux batteries sont tués, les pièces renversées ; mais nos vaillants artilleurs s'attellent et les ramènent, sous la protection de nos braves marins qui seront héroïques jusqu'à la fin du combat.

Onze heures sonnent, l'action est des plus vives. Une grêle de boulets et de balles s'abat sur l'infortuné village.

Accablé par le nombre, le général Cambriels demande du renfort. Aussitôt le général Lebrun accourt vers le général Grandchamp qui, n'en pouvant plus de fatigue, s'était couché et dormait dans un sillon, malgré la chute des obus qui le couvraient de terre. Il lui demande s'il a des troupes disponibles : « J'ai là deux compagnies de ligne. — Il faut les envoyer au plus tôt. » Les compagnies partent au pas de course.

Le maréchal de Mac-Mahon avait prescrit au Génie de faire sauter le pont du chemin de fer sur la Meuse situé en avant du village. Les Bavarois s'efforcent de déborder en cet endroit. L'ordre, hélas ! ne fut pas exécuté, les poudres n'étant pas arrivées.

Le 34ᵉ de ligne, couvert de projectiles, est obligé de se retirer en emportant de nombreux morts et blessés.

Les chasseurs bavarois traversent la Meuse et s'avancent au bas de Bazeilles.

Martin des Pallières accourt et dispute le terrain pied à pied. Les « casques à chenille », aussi nombreux que des fourmis, s'avancent et parviennent à travers les rues.

Aussitôt les tirailleurs français du 2ᵉ régiment d'infanterie de marine accourent au pas de course, la baïonnette en avant, et foncent sur les Bavarois qui se débandent et se sauvent les uns dans les jardins, les autres dans les cours et les maisons. On en tue sans compter.

Des deux côtés des renforts viennent prolonger la lutte. Les Bavarois sont enfoncés à la baïonnette. Nos marins ne tirent pas : ils trouvent plus expéditif l'usage de la *fourchette*.

Le général prussien amasse son infanterie sur le pont du chemin de fer, libre hélas ! Nos mitrailleuses qui, cette fois, font bon service, foudroient les masses ennemies et Martin des Pallières avec son infanterie de marine, bien postée, les accable de balles.

L'ennemi revient à la charge. Il est repoussé avec pertes par quatre fois. Le pont du chemin de fer est jonché de cadavres. La Meuse roule des morts et des blessés dans ses eaux ensanglantées, sous un soleil splendide.

A la cinquième charge, les Bavarois parviennent enfin à déborder du pont et à s'emparer du bas du village. La lutte alors devient horrible. Nos « lignards » et nos « marsouins » rivalisent de courage. Ils courent comme des lions, balayent les bataillons à la baïonnette. Çà et là on se bat corps à corps, on s'assomme à coups de crosse, on se mord, on se piétine.

Le clocher de l'église est le théâtre de violents combats. Des chasseurs bavarois poursuivis jusque-là sont impitoyablement massacrés.

Le général Martin des Pallières est blessé. Pansé sommairement avec un chiffon de toile retenu par une corde, le vaillant commandant remonte à cheval et reste sous le feu tant qu'il peut tenir en selle.

Les maisons sont prises et reprises.

Le colonel Brière de l'Isle, à la tête de son régiment de marine, refoule l'ennemi au bas du village.

La lutte fait rage en cet endroit.

Les batteries prussiennes lancent des obus incendiaires qui mettent le feu aux maisons de Bazeilles.

Malgré leurs efforts, les Bavarois sont contraints de s'enfuir dans la prairie, emportant à la hâte leurs morts et leurs blessés.

A cinq heures du soir Bazeilles brûle, mais le village est

Bazeilles.

purgé des Prussiens. Ils n'ont laissé que des ruines et des cadavres entassés.

A six heures, le commandant Lambert occupe militairement le village et nos marins s'avancent jusqu'au pont du chemin de fer, théâtre de tant de luttes.

A ce moment, on aurait pu faire sauter le pont si les poudres étaient arrivées ; mais il était écrit que toutes les chances tourneraient contre nous.

Dans le but de donner plus de variété à notre récit, nous allons exposer la narration intéressante d'un témoin et d'un auteur important du drame de Bazeilles, faite au général Boulanger qui la consigne au long dans son ouvrage intitulé : *L'invasion allemande* (1).

« Le 31 août au soir, dit-il, je reçus l'ordre d'achever la poursuite de l'ennemi en déroute, et d'occuper le village de Bazeilles. Cet ordre fut exécuté.

« Arrivé aux dernières maisons, je fis poursuivre par quelques tirailleurs les retardataires qui n'avaient pas encore repassé la Meuse. Nos hommes s'avancèrent jusqu'au pont du chemin de fer, que nous eussions pu en ce moment faire sauter, si l'officier du Génie, chargé de cette opération, eût reçu les poudres qu'il attendait.

« Comme il ne faisait pas encore nuit, je fis cacher le gros de ma troupe pour ne pas laisser ignorer à l'ennemi que le village était occupé, ne faisant tirer que quelques hommes isolés sur les masses que l'on apercevait de l'autre côté de la rivière. Les coups portaient parfaitement, ainsi que je pus m'en assurer au moyen d'une lunette. Un moment surtout, j'aperçus une certaine agitation vers la tête d'une troupe en marche. Après avoir été fait prisonnier, j'appris que, le 31, vers cinq heures, un major avait été tué à la tête de son régiment, d'un coup de feu tiré par les gens de Bazeilles. Ce fut, dit-on, la raison qui fit détruire ce village de fond en comble et fusiller ses habitants.

« Je regrette d'avoir été certainement la cause d'un pareil malheur.

« Dès que la nuit fut venue, je fis établir deux grand'gardes en avant du village, et, peu après, je fus informé que l'ennemi

(1) Page 1322 et les suivantes.

commençait à repasser la Meuse. Je pus m'assurer par moi-même de la réalité du fait et j'en fis prévenir le général de division par un capitaine.

« Le chef d'état-major m'envoya alors un de ses officiers.

« Je le menai aux avant-postes, et il put se convaincre de la réalité du mouvement qui s'opérait. C'est alors qu'arrivaient les poudres destinées à faire sauter le pont. Je menai également aux avant-postes l'officier du Génie, et il put constater, par lui-même, que l'opération était devenue impossible sans employer la force. Je lui proposai ce moyen si les ordres du général en chef les lui prescrivaient ; mais il ne voulut pas tenter l'aventure, et partit pour rendre compte de sa mission. Il ne revint pas, ni lui, ni le chef d'escadron d'artillerie qui était venu m'annoncer l'envoi de deux pièces pour détruire le pont dans le cas où on ne pourrait pas le faire sauter. Ce fut fâcheux, car deux pièces, à défaut de deux batteries, placées à droite et à gauche de Bazeilles, auraient bien gêné le passage de l'ennemi.

« Vers minuit, je crus que les Bavarois allaient prendre l'offensive. Aux avant-postes, on distinguait de plus en plus le pas des hommes et des chevaux, le cliquetis des armes et même les commandements, bien qu'ils fussent faits à voix basse. Le passage s'effectuait sur des ponts de bateaux en amont et en aval de Bazeilles, et dans la pensée de l'ennemi, avec le plus grand secret. Ses précautions le prouvaient, et il se garda même de répondre aux coups de feu tirés, malgré mes efforts, par les sentinelles isolées et qui étaient serrées de trop près.

« D'un autre côté l'incendie nous éclairait comme en plein jour et nous plaçait, par conséquent, dans une situation très critique, puisque l'ennemi pouvait nous voir sans être vu. En attendant les ordres que j'avais envoyé prendre, je fis rassembler ma troupe dans la grande rue, me tenant prêt, en cas d'attaque, à me porter rapidement dans la partie supérieure du village où se trouvaient deux compagnies, de sorte, qu'en pénétrant, l'ennemi eût eu ainsi tout le désavantage de ma première position.

« C'est alors que le général Reboul vint me trouver et m'expliquer que je n'étais moi-même qu'à un poste avancé de la division et qu'il importait de garder le village tout entier. En conséquence, je me remis à l'œuvre pour rendre la position aussi forte que possible, et bien que j'eusse affaire à des hommes morts de sommeil, je parvins à faire fermer toutes les rues par de solides barricades, et j'étais prêt à recevoir l'attaque de l'ennemi. »

### DEUXIÈME ATTAQUE.

Nous continuons le récit :

« Vers quatre heures et demie du matin les Bavarois se présentèrent en force du côté de la route de Mouzon. Ils y furent reçus par un feu très vif d'une de mes compagnies.

« Peu après, deux autres compagnies furent à leur tour attaquées par des masses venant du sud. Pendant que je me rendais de ce côté, le capitaine de la 1$^{re}$ compagnie entraîne ses hommes vers la partie supérieure du village. Je m'élance pour empêcher ce mouvement de retraite ; malheureusement, je ne puis atteindre cette compagnie qu'à l'extrémité du village.

« Je trouvai M. le général Reboul qui me donna l'ordre de ramener dans Bazeilles, non seulement cette compagnie, mais encore tous les hommes qui se trouvaient à proximité.

« Mes premiers efforts furent infructueux : des tirailleurs ennemis étaient parvenus à s'emparer d'une maison au milieu de la grande rue, et de là ils faisaient un feu à bout portant sur ceux qui essayaient de passer. Je fis établir, dans une maison en face, quelques tireurs qui les réduisirent au silence ; puis, leur porte fut enfoncée et les cinq ou six survivants furent faits prisonniers.

« Débarrassé de cet obstacle, je parvins à entraîner vers le centre du village une centaine d'hommes ; ceux-ci, malgré une grêle de balles, chargent bravement « à la fourchette, » pour me servir de leur expression, et refoulent les Bavarois qui commençaient à remonter la grande rue.

« Nous allions malheureusement, au bout de quelque temps, être forcés de céder au nombre, quand nous arrivèrent trois autres compagnies.

« La lutte alors devint plus acharnée que jamais.

« On se fusille à bout portant.

« Nos pertes sont énormes, mais celles des Bavarois, moins agiles que nos hommes, sont certainement bien plus considérables.

« L'ennemi s'était emparé de l'église et des premières maisons du village, s'étendant de plus en plus vers la partie ouest. Il menaçait de nous prendre à dos. Sûr que l'un de nos capitaines tiendrait jusqu'à la dernière extrémité, au point où il se trouvait, je me porte sur la droite, ralliant sur mon chemin tous les hommes que je rencontre. J'ai bientôt avec moi près de deux cents hommes, avec lesquels je refoule les tirailleurs bavarois qui avaient déjà envahi les jardins à l'ouest de Bazeilles. Nous arrivons en combattant jusqu'à la rue qui longe l'église.

« En y débouchant, nous nous trouvons en présence de fortes colonnes bavaroises qui nous obligent à notre tour à battre en retraite. La compagnie d'appui avait dû, elle aussi, être contrainte de céder au nombre, car, en passant devant la rue qu'elle avait occupée, nous sommes salués d'une grêle de balles. Il en est de même dans la grande rue, où je suis blessé au pied. En cet endroit, le sol était tellement sillonné de projectiles, qu'on eût juré y voir les traces d'un râteau. C'est là que sont tombés tant d'officiers; le général Reboul, pourtant, s'était constamment tenu à cette place dangereuse pour diriger l'attaque.

« A mon retour, je ne le trouvai plus ; il avait été forcé de reculer devant le flot montant du côté du parc, en même temps qu'il montait du côté des jardins que nous venions de quitter.

« C'est alors que, pour continuer à nous défendre plus avantageusement, nous nous retirâmes dans une maison isolée située au point culminant de Bazeilles (1). J'avais avec moi quatre capitaines, deux lieutenants, et à peu près une centaine d'hommes. Grâce surtout à l'activité de l'un des capitaines, la maison fut rapidement mise en état de défense ; ce brave officier, prenant un fusil, se plaça ensuite à l'une des fenêtres, et, grâce à sa mer-

---

(1) La maison Bougerie qui fut défendue à outrance par un détachement d'infanterie de marine sous les ordres du commandant Lambert, le 1ᵉʳ septembre.

veilleuse adresse, il amena chez les hommes une émulation sublime.

« Cependant, malgré les pertes considérables qu'il éprouvait, l'ennemi avançait toujours ; voyant que notre maison allait être cernée, et me trouvant dans l'impossibilité de marcher, j'engageai les officiers qui se trouvaient avec moi à me laisser avec quelques hommes et à se retirer sur le gros de la division. Pas un ne voulut y consentir, et tous me déclarèrent qu'ils se défendraient avec moi jusqu'à la fin. Je cédai à leur désir, d'autant plus que nous n'avions pas encore perdu tout espoir d'un retour offensif des nôtres.

« Nous ignorions alors qu'eux aussi étaient fort occupés de leur côté, et entendant le bruit de nos mitrailleuses, nous nous imaginions qu'elles se rapprochaient.

« Dans le village aussi l'on tirait encore, et nous distinguions parfaitement les détonations de nos chassepots de celles des fusils bavarois.

« Au bout de deux heures, nous étions complètement cernés par les Bavarois.

« Bientôt notre maison se trouva dans le plus piteux état ; les portes et les fenêtres étaient percées à jour ; la toiture, à moitié enlevée par un obus qui avait blessé quatre ou cinq hommes.

« Mais la lutte continuait toujours avec acharnement.

« Elle ne cessa qu'avec nos munitions.

« Il fallut alors songer à se rendre, si c'était possible, car nos ennemis poussaient des cris de mort qui ne nous permettaient pas d'attendre aucun quartier.

« Nos soldats eux-mêmes ne s'y trompaient point, et ils voulaient sortir à la baïonnette. Je les arrêtai en leur disant que j'allais sortir et que, si l'on me tuait, il serait temps pour eux de vendre chèrement leur vie.

« Au moment où je franchis la porte, j'eus sur la poitrine plus de vingt baïonnettes, et j'aurais été infailliblement massacré si un capitaine bavarois ne s'était précipité entre ses hommes et moi. Ce fut presque de sa part un acte de courage, car ses soldats étaient tellement exaspérés des pertes énormes que nous leur avions fait subir, que, dans leur rage aveugle, ils ne pouvaient plus rien discerner. »

Un grand artiste, Alphonse de Neuville, a popularisé ce glorieux épisode en composant un tableau célèbre, connu sous la désignation des *Dernières cartouches*.

Honneur au commandant Lambert, héroïque défenseur de la dernière maison de Bazeilles en flammes !

Quand ils sortirent de la maison où ils avaient pensé mourir, les survivants franchirent un à un le seuil de la porte : ils n'étaient plus que quarante ! La plupart blessés déposèrent leurs armes inutiles. Quatre canons bavarois, placés tout près, allaient foudroyer la maison à moitié démolie.

Furieux d'avoir été arrêtés si longtemps, les Bavarois se précipitent dans l'intérieur. Ils ne trouvent que des débris, des morts, et des mourants baignés dans le sang. Les cloisons, les lits, l'escalier, les planchers sont rouges du sang français.

Les officiers qui furent faits prisonniers dans la maison Bougerie, conduits le soir devant le Prince royal, reçurent l'autorisation de garder leur sabre, « n'admettant pas, dit-il, qu'on désarmât d'aussi braves soldats. »

Ils voulurent partager la captivité avec leurs hommes et furent dirigés sur l'Allemagne le lendemain. Plusieurs parvinrent à s'évader et allèrent rejoindre l'armée de la Loire.

Cinq mille Bavarois jonchèrent les rues et les places de Bazeilles défendu jusqu'au bout.

Le maire de ce bourg à jamais célèbre raconta que, le soir du combat, il entendit un officier ennemi dire avec colère: « Monté trois régiments, pas redescendu cinq cents ! »

Douze cents cadavres furent trouvés dans le seul parc du château de Montvillers.

L'autorité prussienne, pour cacher le nombre des morts, fit brûler les corps des soldats bavarois (1).

---

(1) Les soldats de Von der Tann se vengèrent avec une férocité inouïe sur les malheureux habitants. Ils massacrèrent les prisonniers, incendièrent le village avec des torches et fusillèrent une partie de la population.

D'après le témoignage du maire lui-même, la population, qui était de 2,040 habitants avant l'attaque prussienne, fut réduite à 1,860. Il y avait 423 maisons ; 363

## IV

## Le Général Margueritte.

### LA CHARGE A SEDAN.

« *Sans peur et sans reproche,* » telle était la devise du général Margueritte, qui commandait les braves chasseurs d'Afrique à Sedan. Sans peur et sans reproche il demeura jusque dans la mort. Lorrain d'origine, il n'avait jamais été à l'école. Le jeune Margueritte ne possédait qu'un seul volume, les *Œuvres* de Vauvenargues, et dans ce livre, le héros avait souligné ces mots : « *Il n'y a pas de gloire achevée sans celle des armes.* » « *Le courage agrandit l'esprit.* »

Mis à l'ordre du jour à seize ans, cité quatre fois à l'ordre de l'armée, il devenait sous-lieutenant à vingt ans et chevalier de la Légion d'honneur. Son général disait de lui au Mexique, où il était lieutenant-colonel du 12ᵉ chasseurs : « On ne sait plus en quels termes faire l'éloge du lieutenant-colonel Margueritte. »

La charge héroïque qu'il commanda à Sedan le 1ᵉʳ septembre, et qui termina sa glorieuse carrière, ne saurait être ici passée sous silence.

Différentes alertes durant la nuit qui précéda le combat avaient attiré son attention. A quatre heures du matin, il reçoit un renseignement sinistre écrit au crayon sur le dos d'une enveloppe, formulé ainsi par un voyageur de commerce : « La fusillade commence sur les bords de la Meuse. Il va y avoir une grande bataille. Le Prince royal est là avec son armée. Nous serons entourés par plus de 200,000 hommes. » Le voyageur,

---

furent brûlées à la main avec du pétrole, des allumettes, des bougies placées sous les lits ; 37 maisons avaient été incendiées par les obus allemands. On n'épargna même point les plus pauvres masures. Des femmes furent fusillées. On y commit des horreurs.

qui connaissait bien le pays, avait dit : « L'armée sera entourée et mitraillée sur les positions qu'elle occupe. »

La prophétie ne se réalisa que trop complètement, hélas ! Le général informé crut-il à la défaite possible ? — en France on ne compte guère que sur la victoire — nous l'ignorons ; quoiqu'il en soit, il donna rapidement ses ordres. Sa division superbe, composée de cinq magnifiques régiments auxquels on avait adjoint deux corps excellents formés en Afrique, d'une discipline admirable, pleine d'ardeur et de confiance en ses chefs, se range en bataille sur deux lignes placées en arrière du bois de la Garenne, lui faisant face, sur les hauteurs d'Illy. La position découverte était dangereuse.

A six heures, la bataille commence : le canon tonne de toutes parts. La fusillade devient promptement très vive.

L'ennemi paraît du côté de Floing, de Fleigneux et d'Illy, au moment où nos troupes exécutent un mouvement de retraite, ordonné par le général Ducrot (1), aussitôt après que fut blessé le maréchal de Mac-Mahon qui lui avait transmis le commandement en chef, mouvement, hélas ! bien vite contremandé par le général de Wimpffen s'autorisant des ordres de l'Empereur pour succéder au maréchal rendu incapable de diriger les opérations.

A neuf heures, le général de Galliffet apprend aux officiers du 3ᵉ chasseurs que Mac-Mahon est blessé.

— Nous avons eu l'honneur d'être désignés pour soutenir la retraite de l'armée, leur dit-il. Je compte sur vous. Je vous fais mes adieux : il est probable que nous ne nous reverrons pas tous.

Les officiers n'avaient pas pris leurs places devant leurs escadrons, que l'on vit aussitôt paraître les casques d'une compagnie prussienne installée le long du remblai de la route d'Illy à Floing.

— Enlevez-moi ça, les chasseurs ! s'écria le général Margueritte frémissant d'impatience.

Le 3ᵉ régiment ne fut pas long à s'élancer sur les tirailleurs

---

(1) Le général Ducrot, qui avait un profond coup d'œil, avait vite jugé la position de notre armée intenable à Sedan.

ennemis, à les culbuter et à les mettre dans le plus grand désordre.

Les autres régiments furent dirigés sur Illy et défilèrent le long du remblai; mais beaucoup de chasseurs tombèrent tués ou blessés par les fantassins embusqués qui se reformèrent à la hâte.

Le général Margueritte fait sonner le ralliement dans le but de renouveler la charge; mais à la vue de ses pertes, ne se sentant plus soutenu par le reste de la cavalerie qui battait en retraite du côté de la Belgique pour sortir du cercle de feu qui nous enserrait, accablé par une fusillade des plus intenses, il prend le parti de se replier sur le bois de la Garenne.

Sa division traverse le bois sous une grêle épouvantable d'obus, de projectiles de tout genre. Le 1$^{er}$ régiment de hussards est horriblement éprouvé, mais il ne bronche pas sous un feu meurtrier. Des généraux passent devant sa ligne et crient : « Bravo les hussards ! Bravo ! » Le général Tillard, en tête de sa brigade, s'écrie en se tournant vers ses hommes : « Mes enfants, il nous faut tous mourir pour la France, aujourd'hui. » Un obus éclate, l'atteint au ventre, le renverse de cheval. Un long flot de sang s'écoule de sa blessure mortelle. Son aide de camp, capitaine d'état-major, est tué à son côté.

Vers midi, le général Margueritte, profitant d'un court moment de répit, fait mettre pied à terre pour resangler les chevaux, et dirige sa division décimée en arrière de la crête qui relie Floing et Cazal.

Cherchant à reconnaître ce qui se passe en face de lui, il aperçoit des masses profondes qui s'avancent sur les hauteurs où il se trouve, par les prairies situées sur les bords de la Meuse. Sa cavalerie est promptement abordée par les tirailleurs prussiens qui la criblent à coups de fusil. Elle ne peut répondre aux balles, mais elle demeure impassible. Le général donne l'ordre à son escorte de rejoindre avec lui sa division placée un peu en arrière, galope un instant vers elle, puis, tout à coup, retournant son cheval devant l'ennemi, il dit : « Remontons voir ! »

Les officiers le suivent à courte distance.

Bataille de Sedan.

Les tirailleurs ennemis gravissaient déjà la pente à flots pressés : ils étaient légion.

Que pouvaient faire contre eux les 1,500 malheureux chasseurs, formant en ce moment l'effectif de sa division mutilée?

Le vaillant général a regagné la crête; il présente le côté gauche à l'ennemi qui est proche : une balle traverse ses deux joues et lui coupe une partie de la langue. Il tombe!... Il ne peut plus parler. On s'empresse. Le lieutenant Réverony met d'abord le général à genoux, puis le redresse et le prend par le bras droit. Tous deux marchent péniblement, assaillis par une grêle de balles tirées presque à bout portant. Nul n'est atteint.

Le capitaine Henderson met pied à terre, soutient le général pendant que le lieutenant de Pierres prend le cheval bai de son chef, qui porte une certaine somme contenue dans les sacoches de la selle.

On place alors le blessé sur un cheval gris amené par un cavalier, et on se met en marche pour redescendre la funeste crête, toujours sous le feu des Prussiens. Quand le triste cortège passe devant le front du 1$^{er}$ régiment de chasseurs d'Afrique, un cri, un cri de colère et de vengeance retentit contre l'ennemi qui a blessé à mort le général bien-aimé.

Les chasseurs se dressent sur leurs étriers, les figures bronzées des vieux soldats s'animent, les sabres sont agités d'un mouvement convulsif. « *En avant! vengeons le général!* » hurle-t-on de toutes parts.

Je cite maintenant le récit d'un officier témoin : « Le général, tête nue, la langue pendante, la figure couverte de sang, avait conservé toute sa connaissance. Il poussait des cris rauques, les sons sortaient du fond de la gorge; cherchant à se faire comprendre, il faisait avec la main signe de marcher en avant et de charger.

« Les sabres ne s'abaissèrent pas en signe de deuil, comme cela a été écrit quelque part. Il y eut au contraire, à ce moment, dans ce magnifique régiment, un élan sublime de colère et de rage... Les lames de sabre brillaient bien haut. C'est alors que, sans d'autres ordres, le 1$^{er}$ régiment de chasseurs d'Afrique s'élança sur l'infanterie prussienne. Peu après on emportait son chef, le colonel Clicquot, atteint d'une balle dans la poitrine, blessure dont il mourt le 9 septembre.

« On conduisit le général Margueritte vers une ambulance, et on arrivait à peu près au bas du versant, quand le capitaine H..., qui venait de parler au général, s'adressant ensuite au lieutenant de P..., lui dit :

« — Donnez-moi le cheval que vous avez en main, et allez dire au général de Galliffet de prendre le commandement de la division.

« Cet officier, passant à côté du 1ᵉʳ régiment de hussards arrêté vers le bas de la pente, se rendit immédiatement auprès du général de Galliffet, pour lui transmettre l'ordre de prendre le commandement, que lui passait son chef hiérarchique, le général Margueritte. »

En ce moment le général de Galliffet parlait au général Ducrot. Les chevaux, effrayés par l'épouvantable fusillade prussienne, reculaient comme quand ils reçoivent la grêle sur le nez, hennissant de douleur. Les cavaliers se montraient admirables de sang-froid. La crête, en un clin d'œil, fut couverte de cadavres d'hommes et de chevaux. Après que la charge eût sonné, des pelotons entiers disparurent. Les tirailleurs, formés en carrés, furent renversés, mais ils étaient si nombreux qu'ils rendirent vains les efforts inouïs de la cavalerie française, luttant corps à corps.

Le général de Galliffet, au milieu de ses héros, fit d'énergiques tentatives pour reformer ses escadrons mitraillés. « Encore un effort, mon cher général, lui criait le général Ducrot, si tout est perdu, que ce soit pour l'honneur des armes !...

— Tant que vous voudrez, mon général, tant qu'il en restera un ! » et le sabre à la main, le général de Galliffet s'élançait avec ses restes d'escadrons. Il s'élança par trois fois (1).

---

(1) Le général de Galliffet fut un très brave et très brillant soldat ; il avait le « feu sacré. »

Engagé volontaire à dix-huit ans, le jeune Galliffet ne passa par aucune école militaire, ce qui ne l'empêcha pas d'arriver au plus haut grade militaire.

Le 30 décembre 1853, il entrait comme sous-lieutenant au régiment des guides ; peu de temps après, il partait pour la Crimée, attaché à l'état-major du général Bosquet, en qualité d'officier d'ordonnance. Il ne tarda pas à y obtenir une citation

Hussards, lanciers, cuirassiers, chasseurs firent des prodiges de vaillance. La cavalerie succomba, mais glorieusement.

La dernière charge, à elle seule, coucha sur la terre ensanglantée 800 cavaliers et 80 officiers.

Du haut de la Muraphée, le roi Guillaume ne put retenir cette exclamation : « Oh ! les braves gens ! » et le grand état-major prussien, dans son récit officiel, dut rendre hommage à la vaillance française en ces termes :

« Bien que le succès n'eût pas répondu aux efforts de ces braves escadrons, bien que leur héroïque tentative ait été impuissante à conjurer la catastrophe à laquelle l'armée fran-

---

à l'ordre du jour de l'armée et la croix de chevalier de la Légion d'honneur. Il servit ensuite en Algérie dans le régiment de spahis, prit part à la campagne d'Italie, retourna en Algérie et revint auprès de l'empereur comme officier d'ordonnance.

Il ne tarda pas à partir pour le Mexique, où son intrépidité le fit citer à l'ordre du jour et lui valut la rosette rouge. Au Mexique, il reçut dans la région abdominale un biscaïen qui lui enleva une partie de la hanche. Quelques mois de traitement et un blindage métallique qu'il ne quitta plus suffirent à le remettre en selle. Il retourna comme chef d'escadron en Algérie, repartit pour le Mexique, d'où il revint colonel, et, à la suite d'un duel retentissant avec le prince Murat, duel que l'empereur punit de trois mois de suspension d'emploi, il reçut le commandement du 3e régiment de chasseurs d'Afrique, à la tête desquels il conduisit le 1er septembre 1870 la charge légendaire de Sedan que nous racontons.

Prisonnier de guerre, il s'évada et vint, dans la lutte contre la Commune, commander une brigade dans l'armée de Versailles. On sait avec quelle vigueur il mena l'œuvre de répression qui lui avait été confiée.

La même année, il fut nommé au commandement de la subdivision de Batna et participa à la pacification de la région. En 1873, à la tête d'une colonne de méharistes, où le duc de Chartres servait sous ses ordres, il atteignait El-Goléa et recevait la croix de commandeur en récompense de cette aventureuse entreprise ; puis il revenait en France, commandait la 31e brigade d'infanterie au camp d'Avor, était nommé général de division avec quartier général à Dijon, et se liait avec Gambetta d'une amitié qui devait le transformer en fervent républicain.

Après la chute du maréchal, il fut nommé, à la tête du 9e corps, à Tours, en 1879, en remplacement du général du Barail.

Commandant du 12e corps en février 1882, il vit ses pouvoirs renouvelés en février 1885 par le général Lewal.

Depuis 1888, le général de Galliffet siégea au conseil supérieur de la guerre en qualité d'inspecteur général de corps d'armée et de commandant éventuel d'une armée.

Il dirigea brillamment, en 1891, les manœuvres de Champagne, après lesquelles il obtint la médaille militaire, suprême distinction, qu'il qualifiait lui-même de maréchalat démocratique, et dont il porta toujours l'insigne.

Il présida, en Beauce, ses dernières manœuvres, et il entra en disponibilité le 23 janvier 1895.

çaise était déjà inévitablement vouée, celle-ci n'en est pas moins en droit de jeter un regard de légitime orgueil vers ces champs de Floing et de Cazal, sur lesquels, dans cette mémorable journée de Sedan, sa cavalerie succomba glorieusement sous les coups d'un adversaire victorieux. »

Tel est l'impartial témoignage d'un ennemi implacable (1).

Ne reprochons pas au maréchal de Mac-Mahon les plans qu'il a suivis et qui causèrent la défaite : ils lui furent imposés. Une vive discussion s'était élevée à Strasbourg entre lui et le maréchal Lebœuf, major-général, au sujet du plan de campagne : « Non, non, ce n'est pas possible, » répondait à tout instant le héros de Magenta. Il dut s'incliner enfin devant les ordres formels de Napoléon III. On vit deux grosses larmes sillonner les joues bronzées du maréchal.

Plus tard, la marche sur Sedan lui est de même imposée, alors qu'il voudrait revenir sur Paris.

« Il sait donc qu'il va au-devant d'immenses dangers, dit M. l'abbé Mangematin, vicaire général d'Autun (2); lui qui jusque-là a toujours été victorieux, il a le pressentiment d'un désastre; et il marche! N'y a-t-il pas là une forme du courage plus rare et plus admirable que l'intrépidité du soldat bravant le fer et le feu, mais entraîné par l'espoir du triomphe? Aussi obéissaient-ils sans hésitation à leur chef ces officiers magnanimes qu'il envoyait à la mort : ils étaient sûrs de son courage; ce qu'il leur demandait, ils savaient qu'à leur place il l'eût fait lui-même! Du geste, Mac-Mahon montre à un colonel des batteries qui vomissent la mitraille et empêchent d'organiser la retraite : « Il faut les prendre. — C'est la mort pour tous, Maréchal! — Oui! embrassons-nous, Colonel. » Et le colonel, à ses soldats : « En avant, mes enfants! » « Ah! les braves gens! » dira plus tard le chef des ennemis, contemplant une

---

(1) Le général Margueritte fut conduit à une ambulance, puis logé à Sedan à la sous-préfecture. Quand l'Empereur vint le voir, le général écrivit au crayon ces mots : « Moi, ce n'est rien ; mais que va devenir l'armée? que va devenir la France? » Il mourut le 6 septembre en Belgique, au château de Beauraing.

(2) Discours à la réunion fraternelle des anciens élèves du Petit Séminaire d'Autun, 27 août 1894.

autre charge de cavalerie, historique comme celle des cuirassiers de Reischoffen.

« Ah ! oui, si le succès eût dépendu seulement de la valeur et de l'héroïsme, certes, il eût été du côté de nos soldats d'Afrique et de Crimée ! »

V

## Soldats novices au feu.

« Nous avions passé la nuit couchés dans la boue (1). Le temps était froid. Beaucoup de soldats, rompus par la fatigue, n'avaient pu ou n'avaient pas voulu dresser leurs tentes. Ils s'étaient couchés sur la terre, couverts de leurs toiles ; un grand nombre d'entre eux dormaient encore après l'appel du matin. Leurs têtes pâles, amaigries, immobiles, les faisaient ressembler à des cadavres. Le frisson et la fièvre glaçaient les membres. Il n'y avait point eu la veille d'aliments chauds, faute de bois ; on s'en passa encore le matin. Mais on savait qu'on devait combattre, et la perspective d'une lutte imminente ne tarda pas à réchauffer bien des cœurs qui, sans cela, auraient été abattus par la misère.

« Il est cinq heures du matin. Nous descendons la hauteur sur laquelle on nous avait juchés ; nous traversons un vallon ; déjà la canonnade retentit de toutes parts. Nous gravissons une colline ; la troisième compagnie prend position dans un champ moissonné, où nous sommes éloignés encore des projectiles de l'ennemi. La majorité de nos hommes n'avait jamais été au feu. Les détonations continuelles, les boulets perdus qui viennent tomber au milieu de nous ne les intimident pas. Assis sur leurs sacs, ils plaisantent sur le peu d'efficacité du tir des Prussiens.

(1) Récit de M. Soret, professeur d'histoire au lycée de Chaumont : *Notes d'un volontaire au 50ᵉ de ligne*. Dentu, éditeur.

Un malheureux musicien est atteint à la cuisse d'une balle perdue ; on le transporte à l'ambulance sans que le moral de ses compagnons en soit affecté.

« Les cartouchières sont à la portée de la main ; on fait jouer les ressorts du chassepot ; nul ne doute de faire un excellent usage de ces armes.

« Nous voyons défiler les turcos, lestes, agiles, allant au combat comme à une fête. Non loin de leurs turbans blancs, se détachent les habits sombres des tirailleurs à pied ; l'aspect de ces belles troupes dissipe mes tristes pressentiments, accrus par les nouvelles de la défaite de Beaumont.

« Notre régiment va jouer un rôle glorieux ; comme à Wissembourg et à Frœschwiller. Ici, nous ne serons plus surpris, nous sommes en force. Le terrain est accidenté, nous pouvons tirer à deux cents mètres.

« Aborder les Prussiens à la baïonnette, et la victoire est à nous. Telles sont les espérances dont nous nous repaissons.

« Cependant le feu devient plus violent et plus intense de part et d'autre. On nous crie :

« — En avant !

« Une marche rapide nous conduit dans des réduits en terre, improvisés par les soldats du Génie.

« — La hausse à trois cents mètres ! commandent les officiers.

« Tout à coup, l'ordre est donné de nous coucher dans un champ ; nous nous étendons, les fusils appuyés sur des choux, afin que le canon ne se remplisse pas de terre. Surtout, il ne faut pas tirer avant d'en avoir reçu l'ordre. Les armes sont au cran de sûreté. Alors commence une longue et pénible attente. »

Cette attente, qui ne devait se terminer que par la retraite et la reddition, fut un des épisodes les plus poignants de la bataille. Ces hommes couchés, consumant un courage inutile à recevoir les coups qu'ils ne rendaient pas, héros sans gloire d'une scène tragique, n'ont pas été jugés comme ils eussent mérité de l'être s'il n'eût dépendu que d'eux. Jugeons-les dans la réalité du rôle qui leur fut départi, nous les jugerons favorablement :

« Le soleil darde sur nos têtes ; il n'y a point d'eau dans les bidons ; ceux qui ont conservé de l'eau-de-vie ne peuvent en faire usage, car elle brûle les gosiers altérés et les estomacs vides.

« Impossible de préciser le nombre d'heures que nous passâmes dans cette situation.

« Breulet, mon ancien caporal, fait entendre un gémissement ; il a le talon emporté par un éclat d'obus et demande de l'eau...

« Le son d'un râle d'agonie arrive jusqu'à moi ; c'est le fourrier de la compagnie qui a la tête fracassée.

« Mon voisin se soulève sur son coude et me dit tranquillement :

« — Caporal, nous sommes fumés.

« — C'est donc plus fort qu'à Wissembourg ?

« — Oui, je n'ai jamais entendu de détonations semblables.

« Je m'endors profondément. Je ne sais combien de temps dura mon sommeil ; il fut interrompu par la conversation du colonel Ardouin avec un commandant d'artillerie :

« — La journée était à nous, disait ce dernier ; mais nous ne sommes pas soutenus.

« Nous voyons en même temps, au fond du vallon, sur la lisière du bois, s'entasser une longue queue de blessés et de fuyards de toutes armes : fantassins, chasseurs à pied, zouaves, artilleurs. Nous ne bougeons point de place. »

Plus tard, on fera reproche à ces hommes de n'avoir pas bougé. Cependant, que faisaient les officiers ? Ils obéissaient eux aussi, et attendaient, et faisaient preuve, dans l'abnégation, d'une intrépidité digne d'un autre théâtre :

« C'est dans ce moment critique que les hommes de sang-froid et de courage se manifestent.

« Notre colonel se promène tranquillement derrière nous, la figure impassible. Un obus coupe l'oreille de son cheval, qui tressaille ; il ne daigne pas en descendre, malgré les prières de ses soldats.

« — Allons, s'écrie-t-il, bon courage ! Voilà le général Douay qui arrive ; la journée se rétablit. Nous avons le temps de regagner la bataille, restons en place.

En Batterie.

« En avant de nous, le brave capitaine Beaufort est atteint d'une balle à la cuisse ; il n'en persiste pas moins à se tenir debout.

« — Je marche avec une balle dans les chairs, disait-il à ses soldats ; vous pouvez bien marcher avec votre sac sur le dos.

« Le lieutenant Regnoux répond à ceux qui lui demandent pourquoi il ne se couche pas :

« — Parce qu'il faut que je voie.

« Le sous-lieutenant Beaugeois, récemment sorti de Saint-Cyr, a choisi une place périlleuse ; il conserve le calme d'un vieux soldat.

« Je ne vous oublierai pas, sergent Sarte, héros inconnu, qui avez égalé les plus braves. Des généraux semblables à vous auraient pu mourir, mais n'auraient point capitulé. Je vous vois toujours, encourageant les soldats par votre bonne humeur et ces plaisanteries excellentes sur le champ de bataille :

« — Il n'est pas défendu de saluer les obus ; quant aux balles et aux boulets, on ne leur doit pas de politesse, cela ne sert de rien.

« — Eh bien, là-bas ! vous faites attention à un homme mort ! Voilà une belle affaire ! Il faut bien qu'il y ait quelqu'un qui attrape un pruneau de temps en temps.

« Un obus était tombé devant moi sans éclater ; un autre avait éclaté à cinquante centimètres en me couvrant de terre.

« — Eh bien ! caporal, êtes-vous touché?

« — Non.

« — Quand je disais que c'étaient des f... maladroits! Cependant, je vous conseillerai ce soir de vous brosser.

« Quelques secondes après cette réflexion, je vois la figure du sergent couverte de sang ; il y porte la main gauche.

« — Je n'y porte pas la droite, dit-il, parce que je crois qu'elle est piquée... Mon colonel, puis-je aller à l'ambulance?

« Le bras droit pendant, la tête appuyée sur la main gauche, il alla se faire panser. Le bonheur voulut que ses blessures fussent légères ; il s'est guéri et a, si je ne me trompe, échappé aux Prussiens.

« Nous étions encore couchés à terre, attendant notre sort, quand des coups de canon se font entendre à côté de nous.

« Sont-ce des Français qui les envoient (1) ? »

Hélas ! ce ne sont pas les Français qui les envoient. Le moment est venu où l'armée française, cernée, est poussée vers Sedan.

## VI

## Un souvenir de l'Epiphanie en 1871.

On se battait ferme, aux avant-postes, sous Paris, mais la gaieté française ne perdait aucun de ses droits.

Il s'agissait de fêter les Rois. Une superbe galette avait été pétrie... avec quelle farine !... Du blé grillé et écrasé...

Tout à coup, au moment d'enfourner, quelqu'un s'avise de l'unique chose qu'on n'aurait pas dû oublier.

— Et la fève ?

Une fève ! Où en trouver une ?

A ce moment, un sifflement strident se fait entendre, et, dans le mur voisin, s'aplatit une balle de plomb.

Un soldat courageux se précipite et rapporte triomphalement le projectile.

— Voilà la fève ! crie-t-il.

Et la 1re compagnie du 24e bataillon de marche tira les Rois avec une balle de plomb. Ce fut un caporal qui fut roi.

Treize jours après, il était blessé à Montretout, et décoré.

---

(1) Le courageux auteur de cet intéressant récit fut fait prisonnier à Sedan ; mais étant parvenu à s'évader, il gagna la Belgique, d'où il revint à Chaumont reprendre au lycée son cours interrompu.

## VII

### Les héros de Loigny autour de la bannière du Sacré-Cœur.

Nommé depuis peu de jours commandant en chef du 17<sup>e</sup> corps d'armée (1), le général de Sonis, dont nous avons raconté la vaillance, et qui s'était signalé de nouveau au combat de Brou, où il remporta la victoire, reçut l'ordre du général en chef d'Aurelle de Paladines, d'aller occuper immédiatement les positions que Chanzy venait de quitter pour repousser les Bavarois. Son corps d'armée, qu'il avait eu toutes les peines du monde à former, composé à la hâte de soldats et de mobiles fatigués, n'en pouvant plus, obéit et partit à neuf heures du soir, marchant presque nu-pieds dans une neige épaisse. Le héros se prépara au sacrifice qui n'allait pas tarder à s'accomplir.

### RÉCIT DU GÉNÉRAL DE SONIS.

« Nous cheminions encore une fois dans la nuit, raconte le général. Nous avions de douze à quinze degrés de froid. Nous avancions lentement sur une route arge et glacée ; nos chevaux marchaient avec peine. En me retournant pour reconnaître ceux qui me suivaient, j'aperçus le colonel de Charette, qui venait de mettre pied à terre pour se réchauffer. J'en fis autant et nous nous mîmes à causer en marchant. Nous ne tardâmes pas à être rejoints par MM. de Bouillé, de Cazenoves, de Troussures et par le Père Doussot, religieux dominicain et aumônier des zouaves pontificaux.

« Là je puis dire que la conversation devint très intime. La victoire de Coulmiers, remportée le 4 novembre, nous remplissait d'espérance. Nous parlions de choses de Dieu et nous écoutions avec le plus vif intérêt les paroles ardentes, pleines

(1) Ce corps faisait partie de l'armée de la Loire.

de patriotisme, que le saint prêtre nous disait. Nous étions pleins de confiance; nous sentions que nous allions remplir un grand devoir; nous nous préparions au combat. »

Le Père Doussot marchait à pied entre le général et le colonel de Charette. « Nous parlions ensemble, dit le Père Doussot, du grand et seul moyen de salut qui restât à la France et à ses armées : celui de redevenir franchement chrétienne. Alors, nous montrant son fanion que portait un de ses spahis, M. de Sonis nous dit : « Voilà pourquoi, ayant à mettre un signe sur mon fanion, j'ai mis celui que vous voyez. » C'était une croix blanche sur un fond bleu. « Mais, général, dit Charette, j'y voudrais quelque emblème religieux plus marqué. — C'est vrai, cette croix héraldique ne parle pas assez de Jésus-Christ. J'y avais bien fait peindre d'abord un crucifix, mais il était si mal fait, que je n'en voulus plus. — Eh bien ! mon général, tenez, j'ai ce qu'il vous faut. »

« Alors, dit de Sonis, le colonel nous parla d'une magnifique bannière brodée par les Visitandines de Paray-le-Monial et portant l'image du Sacré-Cœur de Jésus. Après l'avoir richement dessinée et confectionnée, les religieuses l'avaient déposée, durant un mois, sur le tombeau de la bienheureuse Marguerite-Marie, dont on lui avait fait toucher les reliques. Leur intention avait été de la faire parvenir au général Trochu, pour qu'il la fît arborer sur les remparts de Paris. Elles l'adressèrent, à cet effet, à M. Dupont, de Tours, qui leur fit savoir qu'à cette date Paris était fermé par l'entier investissement de l'armée allemande. « Eh bien ! vous le donnerez aux volontaires des contrées de l'Ouest, » lui répondirent-elles. Qu'entendirent-elles par ce nom alors sans application ? Elles-mêmes s'en rendirent mal compte. Quoiqu'il en soit, ce fut justement sous ce nom de légion de volontaires de l'Ouest que, peu de temps après, M. de Charette obtint de mettre au service de la France son épée et celle de ses zouaves pontificaux. M. Dupont comprit alors qu'à eux appartenait l'étendard du Sacré-Cœur, et il le leur envoya. »

Entendant ce récit, de Sonis versa des larmes.

« — Eh bien ! répond-il, puisque c'est à vos zouaves qu'il

était destiné, c'est un de vos zouaves qui le portera. Vous me choisirez et me désignerez vous-même mon porte-fanion. »

« L'entretien en était là lorsque, vers onze heures et demie du soir, continue M. de Sonis, nous atteignîmes un grand château, près Saint-Péravy-la-Colombe. J'en fis mon quartier-général et je priai M. de Charette de m'envoyer ceux de ses zouaves qui étaient trop jeunes ou trop délicats pour coucher dehors, en cette rude saison.

« Je fis faire un grand feu. A force de chercher, nous pûmes nous procurer du pain, du saucisson, avec quelques fruits. Ce fut tout notre souper. Nous étions là réunis dans une grande salle, lorsque je vis entrer avec M. de Charette un jeune homme blond, d'une figure charmante, qui m'apparut à la lueur d'un feu vif et pétillant : c'était le jeune comte de Verthamon, naguère défenseur du Pape, déjà père d'une famille de deux petits enfants, qu'il venait de quitter pour le service volontaire de la France.

« — Général, dit le colonel en frappant sur l'épaule de son jeune compagnon, voilà votre porte-fanion et voici le drapeau. »

« Disant cela, M. de Charette me présentait un volumineux rouleau, qu'on ouvrit et qui, enfin, nous laissa voir une bannière magnifique, de la forme de celles qu'on porte aux processions. Elle était en moire blanche, brodée d'or, portant au centre le Sacré-Cœur de Jésus, en velours cramoisi. Au-dessus et au-dessous de l'image on lisait cette invocation :

« *Cœur de Jésus, sauvez la France !* »

« Cette vue nous remplit de confiance. Me tournant vers Charette : « Colonel, merci ! Vous m'avez offert cette bannière ; maintenant c'est moi qui vous la donne pour votre régiment. Qu'elle en soit le drapeau ; faites-la porter devant lui ; elle lui convient trop bien ! »

« Un officier d'état-major fit observer que, vu l'esprit sceptique de l'armée (1), il serait mieux d'attendre, pour déployer ce signe

(1) L'esprit sceptique, hélas ! n'était que trop réel chez un grand nombre qui avaient perdu la foi. On ne croyait plus guère au Dieu de Clovis et de Jeanne

religieux, le moment où le canon se ferait entendre. « Alors personne, dit-il, n'a envie de rire. — Oui, c'est vrai, attendons ce signal qui ne peut guère tarder. »

« On remit, pour l'instant, la bannière dans son fourreau, mais je fis donner tout de suite une lance à Verthamon, pour y suspendre l'étendard lorsque l'heure en serait venue. »

Chacun s'endormit dans l'espérance. Sonis ne prit aucun repos. Vers deux heures du matin, il réveilla ses amis et tous se rendirent à la messe célébrée au village par le Père Doussot. « C'était le premier vendredi du mois, dit M. de Sonis ; et, par une heureuse coïncidence, le religieux, se conformant à la liturgie de son Ordre, disait ce jour-là l'office du Sacré-Cœur. J'eus le bonheur de communier, avec plusieurs zouaves. »

Ordre fut donné, après l'action de grâces, de se mettre en route pour Patay. Un télégramme du général d'Aurelle de Paladines vint réjouir tous les cœurs : il annonçait une victoire sous Paris. « Officiers, sous-officiers et soldats de l'armée de la Loire! Paris, par un sublime effort de courage et de patriotisme, a rompu les lignes prussiennes. Le général Ducrot, à la tête de son armée, marche vers nous. Marchons vers lui avec l'élan dont l'armée de Paris nous donne l'exemple. Je fais appel aux sentiments de tous, des généraux comme des soldats. Nous pouvons sauver la France. Vous avez devant vous cette armée prussienne que vous venez de vaincre sous Orléans (1); vous la vaincrez encore. Marchons donc tous avec résolution et confiance. En avant, sans calculer le danger ! Dieu protège la France (2) ! »

Le général de Sonis s'empressa de communiquer la dépêche et d'accélérer le mouvement du 17° corps sur Patay, où il arriva vers six heures et demie. Là, il eut un entretien avec le général Chanzy qui lui fit espérer un répit pour ses soldats harassés de

---

d'Arc dans l'armée de la Loire. Sans espérance chrétienne, on marchait au combat sans force pour surmonter les fatigues physiques et sans moyen de lutter contre d'inévitables découragements.

(1) A la bataille de Coulmiers.

(2) La fausse nouvelle de la victoire de Ducrot était parvenue de Tours, lancée par M. de Freycinet, délégué à la guerre, trompé lui-même par Gambetta.

fatigue; mais bientôt on entendit le bruit formidable de la bataille engagée. A onze heures et demie un billet de Chanzy lui parvint, disant :

« Nous sommes vivement engagés à Loigny, venez à notre secours. »

C'était l'heure du sacrifice.

M. de Sonis lève son camp, marche au canon et détache trois brigades, n'en conservant qu'une seule pour lui-même.

Dans sa marche il rencontre des fuyards du 16ᵉ corps débordé, remet un peu d'entrain parmi les mobiles. A deux heures et demie le général Chanzy vint à lui, disant : « Rendez-moi le service de me remplacer ici. »

Les bataillons de Sonis relèvent aussitôt ceux du 16ᵉ corps. « Mais, dit le général, j'eus la douleur de remarquer qu'à mesure que ces bataillons étaient remplacés par nous, ils filaient en arrière. »

## L'ACTION.

C'était l'abandon complet. Cependant, malgré cette fâcheuse défection, son infanterie, appuyée par vingt-six bouches à feu, gagnait du terrain, quand on l'avertit qu'il allait être tourné sur sa gauche par des masses ennemies. Aussitôt, Sonis partage sa réserve d'artillerie, canonne vigoureusement l'ennemi de deux côtés et, au bout d'une heure et demie, force le corps allemand à se replier.

Le mouvement tournant des Prussiens avait échoué. La journée s'annonçait favorable.

Il s'agissait de s'emparer de Loigny, centre principal de la résistance. L'ennemi s'était retiré de cette position fortifiée par lui.

Le 2 décembre, à midi, l'amiral Jauréguiberry l'avait fait occuper; mais les Allemands, en force, après avoir été repoussés d'abord, vinrent canonner le village, incendiant les maisons au moyen d'obus à pétrole. On lutta corps à corps dans l'auberge de Saint-Jacques. Les nôtres avaient le dessus quand arriva le duc

de Mecklembourg avec ses réserves qui gagnèrent du terrain (1).
Le général de Sonis accourt, tourne contre l'ennemi son artillerie, admirablement desservie, va lancer son unique brigade sur Loigny, quand un grand trouble se manifeste sur sa ligne de combat. Le centre de ses troupes se repliait.

Aussitôt le général, indigné, se précipite à cheval vers le 51ᵉ de ligne et crie de toutes ses forces : « En avant ! avez-vous peur ? » Voyant ses hommes reculer : « Misérables, vous nous perdez ! »

Vains efforts !

« Mes paroles furent impuissantes, déposa le général devant la commission d'enquête (2). Ce malheureux régiment reculait toujours sans que j'aie pu comprendre cette panique. Indigné, je menaçai de brûler la cervelle aux soldats que j'avais devant moi. Je criai : « Vous êtes des lâches, vous nous perdez, vous nous déshonorez ; vous êtes des misérables, indignes du nom français ; je flétrirai le nom de votre régiment. » Les spahis de mon escorte frappaient les fuyards à coups de plat de sabre pour les ramener

---

(1) Les trois armées du duc de Mecklembourg, de Von der Thann et du prince Frédéric-Charles s'étaient réunies pour nous écraser.

(2) Son glorieux compagnon d'armes, le vaillant de Cazenoves de Pradines, député de la Loire-Inférieure, a expliqué dans quelles circonstances le général devint son propre historien :

« Le but et les conséquences de cette charge meurtrière, dit-il, n'avaient pas été suffisamment compris, tout d'abord.

« On semblait n'y voir qu'une sorte d'affolement héroïque, cause d'une hécatombe inutile.

« Le général souffrait cruellement de cette interprétation si inexacte qui, auprès de tant de mères en deuil, de veuves et d'orphelins, le rendait responsable du sang répandu.

« Il m'avait confié ses angoisses ; mais, dans son humilité et dans sa charité chrétiennes, il s'obstinait à se taire, de peur d'être amené à accuser pour se défendre.

« J'avais été un de ses soldats ; nous avions souffert ensemble.

« J'estimai que l'amitié même dont il m'honorait me commandait de trahir ses confidences. J'allai donc le dénoncer à la commission d'enquête parlementaire sur les actes du gouvernement de la Défense nationale.

« Cette grande commission s'empressa de le convoquer d'office et provoqua de sa part la déposition qui mérite de rester comme une de nos belles pages d'éloquence militaire. »

Ce récit est, en partie, emprunté à son rapport au ministre de la guerre.

au devoir. Ils subissaient ce dernier outrage, mais sans avancer d'un pas (1). »

### LE DRAPEAU DE L'HONNEUR.

« C'est alors que je leur dis : « Eh bien, puisque vous ne savez pas mourir pour la France, je vais faire déployer devant vous le drapeau de l'honneur, et tâchez de le suivre lorsqu'il va passer dans vos rangs. »

« Là-dessus je partis et je me lançai au galop sur ma réserve d'artillerie où j'avais placé mes zouaves, mon bataillon sacré. Je criai à Charette : « Mon ami, amenez-moi un de vos bataillons ; » il en avait deux. Puis, m'adressant aux zouaves :

« — Il y a là-bas des lâches qui refusent de marcher. Ils vont perdre l'armée. A vous de les ramener au feu. En avant, suivez-moi ! Montrons-leur ce que valent des hommes de cœur et des chrétiens. »

« Un cri d'honneur, poursuit le général, s'échappa de ces nobles poitrines. Ces braves enfants se précipitèrent vers moi ; tous voulaient courir à la mort. J'en pris trois cents, le reste devant rester à la garde de l'artillerie. Le bataillon partit, accompagné par les francs-tireurs de Tours et de Blidah, les mobiles des Côtes-du-Nord, et précédé par une ligne de tirailleurs. C'était en tout huit cents hommes.

« Il était quatre heures et demie. Le jour tombait. Je dis au colonel de Charette : « Voici le moment de déployer la bannière du Sacré-Cœur. »

« Elle se déploya, on la voyait de partout. C'était électrisant. Nous marchâmes ainsi d'un pas assuré, bien convaincus que nous remplissions un grand devoir. J'avais toujours l'espoir que la 3ᵉ division arriverait enfin et appuierait mon mouvement.

---

(1) L'abandon de Châteaudun et de la Conil, fâcheusement ordonné par Gambetta, avait découragé nos troupes. Nos malheureux soldats étaient à bout ; à peine vêtus, presque sans chaussures, dormant dans la neige, continuellement réveillés en sursaut par des attaques imprévues, voyageant à marches forcées et peu habitués, la plupart, à la vie des camps, ils avaient fini par maudire une guerre interminable, pleine de défaites, qui leur semblait sans aucune chance de succès. Des malheurs successifs leur avaient inspiré la défiance des chefs.

Je ne doutais pas non plus que cette poignée de braves ne ramenât au feu les troupes qui battaient en retraite. Arrivé

Bataille de Loigny.

à la hauteur du 51ᵉ : « Soldats ! dis-je à ces hommes, voilà le drapeau de l'honneur, suivez-le, en avant ! » Mais, rien, rien.

Secouant mon képi de la main gauche, et brandissant mon épée de la main droite, je leur criai : « N'avez-vous plus de cœur ? Marchez ! » Ils ne marchèrent pas.

« Et nos zouaves avançaient toujours. J'avais à ma droite le colonel de Charette, à ma gauche le commandant de Troussures. Ce dernier se jetant à mon cou : « Général, me dit-il, que vous êtes bon de nous mener à pareille fête ! » Noble cœur ! ce devait être sa dernière parole (1).

« Dans ce moment, il y avait un tel entrain dans cette troupe, qu'elle décida même un mouvement en avant de la part de mes lignes restées jusqu'alors immobiles, ce qui me rendit l'espoir. Devant cette fusillade, les Allemands, qui occupaient depuis le matin la ferme de Villours, l'abandonnèrent et se sauvèrent. Mais, arrivés en face du petit bouquet de bois ou buisson des acacias, à deux ou trois cents mètres du village, nous fûmes accueillis à bout portant par un feu de mousqueterie très violent, et beaucoup des nôtres tombèrent pour ne plus se relever. Le 51ᵉ, que j'avais ramené un instant au combat, ne soutint pas cette épreuve ; il nous quitta pour ne plus reparaître.

« Je restai à la tête des zouaves pontificaux qui faisaient une résistance héroïque. Je ne voyais pas paraître la 3ᵉ division que j'avais envoyé chercher ; et, à part l'amiral Jauréguiberry, qui tenait toujours à Villepion, je n'avais aucune nouvelle du 16ᵉ corps. Que devais-je faire alors ? Je ne voulus point me déshonorer en abandonnant ces trois cents zouaves qui marchaient derrière moi, et qui ne m'auraient jamais pardonné ce crime. Je me sentis fort pour le sacrifice que j'allais accomplir, du consentement de ces braves. Ils s'appelaient les soldats du Pape, et il me parut bon de mourir sous le drapeau qui les abritait. Tous ensemble, nous poussâmes un dernier cri : « Vive la France ! vive Pie IX ! » Ce fut notre acte de foi.

---

(1) Se tournant vers le jeune de Verthamon, Charette lui dit : « Tu vas voir, mon petit, la jolie danse ! »

## LA BLESSURE

« Trois cents zouaves s'étaient donc élancés avec moi. Je ne les avais destinés qu'à une chose : produire un grand effet moral, capable d'entraîner au devoir une troupe démoralisée. De ces trois cents hommes, cent quatre-vingt-dix-huit tombèrent devant Loigny, et avec eux dix des quatorze officiers qui les commandaient. La plupart de ces héros tombèrent à mes côtés.

« Moi-même je fus blessé d'un coup de feu à la cuisse, tiré à bout portant. Je n'eus plus la force de tenir mon cheval. Je criai à mon officier d'ordonnance, M. le capitaine Bruyère : « Mon ami, prenez-moi dans vos bras ; c'est fini pour aujourd'hui. » Il me déposa par terre, aidé en cela par M. de Harscouët, lieutenant aux zouaves pontificaux. J'ordonnai ensuite à M. Bruyère de se retirer, et d'aller prévenir le plus ancien officier général de prendre le commandement du 17ᵉ corps et de diriger la retraite.

« J'eus en ce moment la consolation d'entendre rouler derrière moi toute mon artillerie ; et je suis heureux, en finissant ce récit, de pouvoir constater que le 17ᵉ corps n'a pas perdu une seule bouche à feu pendant le temps où j'ai eu l'honneur de le commander. »

## HORRIBLE NUIT

Le héros passa toute la nuit étendu dans la neige, sans perdre connaissance, ayant une jambe brisée en vingt-cinq morceaux, un pied gelé, répandant son sang. Il ne fut transporté que le lendemain vers midi au presbytère de Loigny.

Quand le docteur Beaumetz lui déclara qu'il n'y avait pas autre chose à faire que de lui amputer la cuisse, le héros répondit : « Docteur, je vous appartiens ; à la volonté de Dieu ! Seulement tâchez de m'en laisser assez pour que je puisse encore monter à cheval et servir la France. »

Que Dieu nous donne des héros comme celui-ci !

Quand le général tomba, l'ennemi couvrit la plaine, la sillonnant de projectiles. Rien n'arrêta l'élan des zouaves. La ferme de Villours emportée, ils se précipitèrent à la baïonnette en avant, chassant les Prussiens du Bois-Bourgeon. Leurs rangs sont éclaircis par la mitraille, mais ces chrétiens sont insensibles à la mort ; ils crient : « En avant ! En avant ! » Ils atteignent Loigny, prennent d'assaut les premières maisons et plantent le drapeau du Sacré-Cœur sur des ruines fumantes. Ils étaient sur le point de rejoindre le 37ᵉ qui se battait avec acharnement quand, à la vue de leur petit nombre, les Allemands font pleuvoir leurs maudits obus qui propagent l'incendie. Ceux que les balles ne peuvent arrêter sont contraints de reculer devant les flammes, emportant avec eux leur glorieux étendard, taché de sang et percé de balles. Le zouave Le Parmentier, quoique blessé au poignet, sauve le drapeau et va le remettre au major Landeau.

« Je pris aussitôt des mains de celui-ci cette glorieuse relique, écrivit le Père Doussot (1), ne voulant laisser à aucun le soin de la mettre en sûreté. Des mains du sergent de Verthamon, blessé mortellement, l'étendard avait passé dans celles de M. Bouillé père, puis de M. Bouillé fils, frappés bientôt à mort eux aussi. C'était enfin le jeune Le Parmentier qui avait eu l'honneur de disputer et d'enlever à l'ennemi le précieux drapeau rougi du sang de ses frères d'armes. L'enveloppant avec soin dans un mouchoir, je le plaçai sous ma robe, sur ma poitrine, et j'adorai en silence les divines dispositions de la Providence.

« L'effusion de tant de sang et d'un sang si pur et si généreux me semblait un gage de miséricorde prochaine pour la France... »

Ainsi, tous ceux qui portèrent le drapeau du Sacré-Cœur pendant le combat furent frappés : M. de Verthamon fut frappé le premier. Quand il tomba plusieurs de ses compagnons s'élancèrent pour relever la bannière sanglante. M. de Bouillé arrivé avant les autres la releva d'une main ferme. Bientôt il est renversé, tué par un éclat d'obus. Son fils Jacques se précipite vers son père couvert de sang, élève le drapeau en criant : *Vive la France !* Il tombe mortellement blessé. Aussitôt, son

(1) Lettre à Mgr Baunard, auteur d'un ouvrage sur le général de Sonis.

gendre, M. de Cazenoves de Pradines, s'empare de la bannière : une balle lui casse le bras. Les volontaires tombent autour du

Champ de Bataille de Loigny.

saint drapeau comme des épis sous la grêle. « Ce fut la bannière des martyrs, » dit Sonis héros de ces héros.

Charette a son cheval tué sous lui. Il sait se dégager vivement et l'œil en feu, le sabre à la main, il s'élance en criant d'une voix vibrante qui domine le bruit épouvantable de la mitraille : « En avant ! »

Quelques instants après Charette était grièvement blessé à la jambe.

Le 37⁰, livré à ses seules forces dans Loigny, se défendit héroïquement. Le cimetière devint son dernier champ de bataille. La nuit était venue, le régiment épuisa toutes ses cartouches. Son chef est tué. « Faites cesser le feu ! » crie le général von Isowitz à M. de Fauchier qui, la cuisse traversée par une balle, venait d'être fait prisonnier : « Monsieur, ce n'est pas mon affaire d'arrêter le feu de mes soldats, c'est la vôtre ! »

Réponse superbe !

A sept heures du soir, les derniers héros tiraient les dernières cartouches qu'ils avaient pu dérober aux blessés et aux mourants.

Le brave commandant de Troussures blessé, couché dans la neige à quelques pas de Sonis qui ne pouvait remuer, eut la tête broyée par un coup de crosse d'un impitoyable Allemand.

Il avait remercié son général de l'avoir conduit à la fête.

« Je crus que le même sort m'attendait, dit M. de Sonis, et je remis mon âme à Dieu. Je le crus surtout lorsque, dans cette troupe marchant en ligne, je vis arriver directement vers moi un autre soldat qui devait me passer sur le corps. Mais celui-là, au contraire, était le bon Samaritain. »

Ce généreux ennemi versa de sa gourde dans la bouche du blessé quelques gouttes d'eau-de-vie. Le général était à jeûn depuis vingt-quatre heures, et il y avait douze à quinze degrés de froid...

Quelle affreuse nuit ! La pensée des douleurs que sa mort allait causer à sa famille accablait d'angoisse son âme vaillante ; mais il fut tiré de son abattement par la contemplation de l'image de Notre-Dame de Lourdes, dont il sentait vivement la présence. Il oubliait ses maux, le vaillant général, pour ne songer qu'à son pays. « J'ai la jambe brisée. Je suis ici depuis hier soir, sans pouvoir faire un mouvement, dit-il à l'aumônier qui le découvrait au milieu des cadavres. Que la nuit a été froide ! J'ai bien offert mes souffrances pour le salut de notre pauvre pays ! »

Ainsi pensent, ainsi résistent les vrais chrétiens qui sont les vrais patriotes.

« Quand on porte Jésus-Christ dans son cœur, avait dit le général, le matin même de cette journée, à ceux qui s'étaient, comme lui, par la communion, préparés à mourir, on ne capitule jamais. »

Honneur aux vaillants de Loigny ! dont le chef repose sous les dalles de l'église de ce village à jamais célèbre, ils ont sauvé l'honneur.

« Debout sur la dépouille de ceux qui dorment du sommeil de la paix, dit Mgr Pie, en attendant l'heure de la résurrection, la France en deuil, l'Eglise en larmes, ont le droit et la consolation de pouvoir dire avec David : vous n'êtes pas morts à la façon des lâches... mais vous êtes tombés comme tombent des hommes de cœur devant l'ennemi (1). »

Le bilan de cette sanglante journée se chiffre par 4,000 morts. L'ennemi perdit également 4,000 hommes.

La dépouille mortelle du héros de Loigny repose dans la

---

(1) Tant d'héroïsme aurait dû inspirer au vainqueur des sentiments humains. Il n'en fut cependant rien et peut-être n'est-il pas hors de propos, de rappeler, pour les flétrir, les actes barbares dont ils ont, dans cette journée, souillé leur triomphe.

Liés les uns aux autres et conduits la corde au cou, le sergent Chapelot et ses compagnons de captivité devaient être fusillés. Effectivement, les Allemands arment leurs fusils, couchent en joue leurs victimes pendant deux minutes environ, puis, à un commandement sans doute prévu, relèvent leurs armes sans tirer. On se remet en marche, et après douze heures de fatigue et de privation de toute espèce, on s'arrête de nouveau, et sur l'ordre d'un officier, l'atroce mystification recommence. Les prisonniers sont de nouveau couchés en joue ; mais ce n'était encore qu'un vain simulacre d'exécution. Un peu plus tard, il est question de les pendre... Enfin, on les condamne au fouet. Etendus successivement sur un banc, les prisonniers reçurent des coups violents dont le nombre varia de huit à vingt-deux. Les soldats allemands essayaient, avant de frapper, la flexibilité des baguettes, et un officier jugeait aux cris des malheureux, s'il fallait continuer ou interrompre le supplice.

Le récit de cette abominable scène est celui d'un témoin, du commandant de Fouchin lui-même.

crypte de l'église, à côté de ses anciens soldats frappés près de lui.

Voici l'inscription gravée sur sa tombe, en conformité avec son désir formellement exprimé de n'avoir d'autres titres que celui de *Miles Christi* :

DIE XXII SEPT. 1887
IN SPEM VITÆ
HIC DEPOSITUS EST ET REQUIESCIT
**MILES CHRISTI**
GASTON DE SONIS, GÉNÉRAL DE DIVISION
NÉ LE 25 AOUT 1825, DÉCÉDÉ LE 15 AOUT 1887.
PRIEZ POUR LUI.

Quand on entre dans Loigny, on aperçoit sur une maison de la grande rue, cette inscription :

FRANÇAIS, ARRÊTE-TOI :
PENSE A TES FRÈRES TOMBÉS ICI EN REPOUSSANT L'ARMÉE PRUSSIENNE
LE 2 DÉCEMBRE 1870.

## VIII

## Belfort.

Que d'actes de courage n'aurions-nous pas à mentionner si nous entreprenions le récit du siège de Strasbourg, de Metz, de Belfort et de Paris? La faim, l'inexorable faim seule put avoir raison de la vaillance des soldats et des habitants. Belfort échappa au sort qui étreignit les autres villes assiégées par des forces innombrables : l'ennemi ne put s'emparer de la ville, qui dut à son héroïsme la gloire et le bonheur de demeurer française. Sa témérité qui lui valut la victoire mérite une mention spéciale : nous dirons donc quelques mots de son siége à jamais mémorable.

Ce fut le 2 novembre 1870 que le général prussien, Treskow parut devant Belfort. Ses forces comprenaient deux divisions d'infanterie, dont une de landwehriens, artillerie et cavalerie en grand nombre, et un parc de siège, à peu près 25,000 hommes.

La place comptait deux bataillons de ligne des 84$^e$ et 45$^e$, le dépôt du 48$^e$, cinq demi-batteries à pied, dont une du 7$^e$ et quatre du 12$^e$, et une demi-compagnie du 2$^e$ génie : voilà pour l'armée active.

Il y avait, en outre, comme infanterie, quatre bataillons de mobiles du Rhône, quatre de la Haute-Saône, des compagnies isolées du Haut-Rhin, des Vosges et de Saône-et-Loire, la garde nationale de Belfort, des douaniers, etc. Enfin, la mobile fournissait trois batteries du Haut-Rhin et deux de la Haute-Garonne.

En tout 16,000 hommes environ.

Eléments de valeur diverse, sans cohésion, sans grande instruction, avec des cadres improvisés, c'est vrai, mais braves gens qui se conduisirent héroïquement.

Le colonel Denfert-Rochereau, qui commandait, connaissait

admirablement bien les ressources de la place, ses points faibles, et le parti que l'on pouvait tirer de certaines positions.

Il ne voulut pas se terrer derrière les remparts et fit occuper les postes avantageux à la défense, pour retarder l'investissement et le bombardement de la place.

Dès le début, deux combats ont lieu à Giromagny et à Roppe, où les mobiles reçoivent le baptême du feu.

Ne pouvant empêcher l'investissement, Denfert eut alors une série de petites opérations, et ne cessa de harceler l'ennemi.

Cette guerre d'escarmouches fortifie le moral de nos moblots, les entraîne, leur donne de la confiance et finit par décourager les Prussiens, surtout leurs soldats de landwehr.

De sérieux combats ont lieu du côté d'Essert et Chalonvillers le 10 novembre, sur la route de Bâle à Bessoncourt le 15, le 23 au Salbert.

L'ennemi, dont la supériorité est trop grande, finit par resserrer ses lignes d'investissement, et, après avoir ouvert, en avant de Bavilliers, sa première parallèle contre la redoute de Bellevue, à un kilomètre de distance, commença le bombardement de la ville le 3 décembre, bombardement qui fut d'une violence intense, et qui dura, sans interruption, jusque dans la nuit du 13 au 14 février 1871, pendant soixante-treize jours!

Pendant sept jours, des milliers de projectiles de gros calibre, bombes ou obus, jusqu'à 10,000 par jour, furent lancés sur la ville, qui souffrit horriblement.

Emus de pitié, des délégués de la Confédération helvétique demandèrent l'autorisation de soustraire aux horreurs du siège les femmes, les enfants et les vieillards de la ville de Belfort.

Les Prussiens refusèrent. Ce fut une honte à ajouter à toutes celles dont ils pouvaient parer la nouvelle couronne impériale allemande.

Les femmes de Belfort apprirent avec joie qu'elles pourraient continuer à partager les dangers de leurs parents ou de leurs amis.

De jour en jour, les lignes se resserraient autour de la ville qui résistait bravement.

Vers le milieu de janvier, le canon se fait entendre au loin : c'est l'armée de Bourbaki qui arrive au secours de la place.

Hélas! quelques jours après, cette brave armée bat en retraite, et le bombardement recommence avec un acharnement sans exemple, amoncelant ruines sur ruines.

On sait que l'armée de l'Est et Belfort avaient été exceptés de la suspension d'armes signée à Versailles.

N'importe! la ville résiste quand même, jusqu'au jour où Denfert-Rochereau reçoit l'ordre du gouvernement français de cesser le feu et de livrer la place aux Prussiens.

Cet ordre arriva dans la soirée du 13 février, et le dernier coup de canon fut tiré par la citadelle à huit heures et demie.

Pendant les soixante-treize jours du bombardement, l'ennemi avait lancé plus de 500,000 projectiles sur les ouvrages et la ville, qui étaient dans un état lamentable.

Le 16, Denfert quittait la forteresse à la tête de la garnison, qui était libre. Elle avait obtenu les honneurs de la guerre et se retirait avec armes et bagages.

La ville a dû subir la souillure de l'étranger, mais elle est restée française, et l'on peut dire avec le poète :

> Le lion n'est pas abattu :
> Calme, à Belfort, il attend l'heure.

La petite citadelle de Bitche, Bitche dans les Vosges, ne put être prise par l'ennemi. Ses héroïques défenseurs ne quittèrent la place qu'après la conclusion de l'armistice terminant la guerre néfaste de 1870.

## SIXIÈME PARTIE

# CAMPAGNE DU TONKIN

### I

### Francis Garnier.

Le roi d'Annam, Tu-Duc, plein d'astuce et de ruse, s'était fait un jeu de contrecarrer l'influence que nous avions acquise en Indo-Chine. En dépit d'un traité conclu avec nous, il s'allia à des bandes chinoises turbulentes et pillardes qui ne tardèrent pas à terroriser le Tonkin. Bientôt, le roi lui-même ne fut plus maître chez lui.

Le gouverneur de la Cochinchine, l'amiral de la Grandière, influencé par un lieutenant de vaisseau, Francis Garnier, d'une nature ardente et généreuse, se détermina à donner la chasse aux pirates qui, sous le nom de *Pavillons Noirs* et de *Pavillons Jaunes*, arrêtaient l'essor de notre commerce, lorsque la guerre de 1870 vint empêcher toute opération.

En 1872, un négociant, M. Dupuis, tenta de se servir du fleuve Rouge comme moyen de transport ; mais il éprouva une résistance acharnée de la part des autorités annamites, défiantes à notre égard. Faisant valoir nos intérêts nationaux, M. Dupuis vint trouver à Paris l'amiral Pothuau, ministre de la marine, et plaida si bien sa cause, qu'il fit mettre à sa disposition un aviso de l'Etat sous le commandement du capitaine de frégate Senez. Le ministre avertit toutefois le hardi négociant qu'il ne devait pas oublier que la France « ne pouvait intervenir en aucune façon » dans son entreprise.

Les complications avec les Annamites allèrent en se multipliant, si bien que l'amiral Dupré, gouverneur de la Cochinchine, obtint, en novembre 1873, l'envoi d'une mission militaire au Tonkin. Il fallait mettre un terme au différend Dupuis et aux résistances insolentes des autorités de l'Annam.

Le commandement de l'expédition échut à l'énergique Francis Garnier. Deux canonnières, deux cent douze hommes furent mis sous ses ordres. C'était peu pour triompher de l'entêtement des mandarins. Francis Garnier s'aperçut bientôt qu'il n'en viendrait jamais à bout avec les ressources de la diplomatie. Il fallait agir. Il agit et prit d'assaut, le 20 novembre, avec une poignée d'hommes, la citadelle d'Hanoï (1).

Le 19 novembre au soir, il avait écrit à son frère : « *Alea jacta est,* ce qui veut dire que les ordres sont donnés. J'attaque demain, au point du jour, 7,000 hommes derrière des murs, avec 180 hommes. Si cette lettre te parvenait sans signature, c'est-à-dire sans nouvelle addition de ma part, c'est que je serais mort ou grièvement blessé. Dans ce cas, je te recommande Claire et ma fille... » Le lendemain, après une exhortation chaleureuse, il divisait en deux colonnes sa petite troupe. La première, sous les ordres de Bain de la Coquerie, était composée de trente hommes, suivis d'une pièce de canon. Les Annamites avaient construit un redan, au devant duquel ils avaient entassé une masse de pièces de charpente. Malgré ces abris et une grêle de projectiles, les trente hommes s'avancèrent, se servirent des pièces de bois pour escalader les murs, et enfoncèrent la porte à coups de canon de l'unique pièce qu'ils braquèrent devant elle.

La deuxième colonne, sous les ordres de Garnier, se composait de vingt-sept hommes commandés par M. de Trentinian, de vingt-neuf marins, avec trois pièces de 4, et d'une réserve de dix-neuf hommes. Dix hommes gardaient le camp. Cette colonne se dirigea vers le saillant sud-est, enfonça la porte à coups de canon, et se précipita vers la porte de la citadelle,

(1) Le corps expéditionnaire comprenait 12 officiers, 187 soldats, 24 Asiatiques ; plus 2 pièces de montagne de 14 centimètres et 9 pièces rayées de montagne.

qu'elle essaya en vain de briser à coups de haches. Une grêle de projectiles et de pierres l'assaillit. La situation devenait dangereuse. N'écoutant que son ardeur, Garnier se hisse jusqu'à la partie supérieure de la porte, passe son revolver et son poing à travers les barreaux, et met en fuite les défenseurs. Les deux colonnes se rejoignent à l'intérieur de la citadelle, et bientôt notre drapeau flotte au sommet de la grande tour.

Les projectiles explosifs de nos canonnières contribuèrent puissamment au succès de l'attaque et terrifièrent l'ennemi.

En une heure, nous avions chassé les sept mille Annamites, qui laissèrent quatre-vingts morts et trois cents blessés. Nous fîmes deux mille prisonniers. Ce fut, comme l'écrivit Garnier, une « opération modèle. »

Le 2 décembre, l'*Espingole* se dirige vers Haï-Duong. Les eaux sont basses, la canonnière échoue à quinze cents mètres de la ville. Le gouverneur refuse de se rendre, malgré les obus provenant de la canonnière en détresse. La marée, heureusement, permet à l'*Espingole* de s'embosser à deux cents mètres des batteries de la place, et le 4 décembre, quinze hommes, renforcés de douze marins, sous la conduite de l'enseigne Balny d'Avricourt, débarquent, font évacuer les batteries, s'emparent du redan annamite, et se précipitent vers la porte de la place encombrée de gabions. Impossible d'avancer. Heureusement, quelques coups de fusil font sauter plusieurs barreaux. Balny passe à travers l'ouverture, et, suivi de quelques hommes, met en fuite les soldats annamites. Balny et le docteur Harmand font le tour des remparts : ils n'aperçoivent que des fuyards. Tout à coup, Balny d'Avricourt se trouve seul en présence d'une trentaine d'ennemis armés. Il court vers eux ; tous jettent leurs armes et se rendent prisonniers.

La prise d'Haï-Duong nous livrait quatre-vingts pièces de canon, dont quelques-unes d'un nouveau modèle.

Les murailles de Ninh-Binh furent escaladées par six marins français, sous la conduite de Hautefeuille, enseigne de vaisseau âgé de vingt ans. La garnison désarma : elle comptait dix-sept cents hommes.

Nam-Dinh tomba au pouvoir d'une poignée de Français.

La période des temps héroïques semblait revenue. La France reprenait la gloire.

La gloire n'allait pas tarder à se faire payer cher aux vainqueurs. Elle ne couronne guère que la souffrance.

Le 21 décembre, des plénipotentiaires, envoyés à Hanoï par la cour de Hué, débattaient avec Francis Garnier les conditions d'un traité commercial. On discutait pendant que la garnison d'Hanoï se trouvait dans ses logements, au moment du repas du matin, lorsque, soudain, des indigènes chrétiens accoururent annoncer l'apparition inattendue de nombreux Pavillons Noirs et d'Annamites. Un interprète entre dans la salle des délibérations, s'écriant : « La citadelle est attaquée, les Pavillons Noirs sont là ! »

Francis Garnier court vers la citadelle, croise nos porteurs indigènes qui s'enfuient et les hommes de la garnison qui prennent les armes. L'ennemi qui nous surprend est nombreux. Six cents Pavillons Noirs et deux ou trois mille Annamites sont là, avec des pièces de campagne qui ouvrent un feu d'enfer contre notre petite troupe.

Dès que Garnier s'est rendu compte de la situation, il envoie chercher une pièce de 4, parcourt les remparts et recommande le calme. La pièce arrive, on tire sur les Pavillons Noirs qui se retirent lentement, derrière des haies de bambou, à quelque distance de la place qu'ils comptaient prendre d'assaut.

Il fallait se borner à ce succès, mais Garnier n'était pas homme à se défendre derrière des murailles. « L'ennemi qui nous attaque, dit-il à ses officiers, est le seul que je redoute au Tonkin : une sortie est indispensable. Nous ne pouvons laisser un semblable adversaire à mille mètres de nous. »

Aussitôt, il dirige Balny sur la route de Phu-Hoaï avec dix hommes et une troupe d'indigènes, et suivi de dix-huit Français, de quelques volontaires, d'une pièce de quatre, il s'élance vers Thu-Lé pour prendre les PavillonsNoirs à revers.

La pièce de quatre s'embourbe dans les rizières. Trois hommes la gardent. Garnier marche rapidement vers une digue avec trois hommes seulement poursuivant des fuyards ; mais à peine la digue est-elle franchie qu'une décharge tue un de nos soldats, blesse l'autre et fait disparaître le troisième qui s'enfuit. Garnier reste seul. Les tirailleurs en ligne à sa droite accourent. Ils entendent les décharges successives de son revolver ; puis ils n'entendent plus rien. On se met à la recherche du commandant. Le corps du fourrier Dagorne est trouvé décapité. A cent pas plus loin on découvre le corps de Garnier percé de coups de lance. Il était mort assailli par une troupe d'ennemis embusqués.

La France perdait un chef « dont l'inaltérable bonté, dit le fourrier Imbert, n'avait d'égale que les plus hautes qualités morales. C'était un lettré, un savant distingué. »

Celui qui fit l'inventaire des effets qu'il laissait ne trouva dans sa malle que quelques piastres, des effets et un sabre. Voilà tout ce que possédait celui qui avait conquis un royaume.

Balny, lui aussi, tomba en héros. Dès qu'il se montra à l'ennemi, une décharge générale, exécutée à 200 mètres, tua un de ses marins, blessa deux autres. Entouré, il se défendit vaillamment jusqu'à la mort. Il tomba percé de coups.

Le docteur Chédan rallia sept hommes valides et rentra dans la citadelle.

La conquête accomplie par une poignée de héros était compromise.

II

## Henri Rivière.

Les Pavillons Noirs ne tardèrent pas à piller et à dévaster nos concessions. Notre commerce était constamment entravé par la fourberie des mandarins annamites. Le gouverneur de la Cochinchine obtint du ministère la permission d'envoyer quelques centaines d'hommes à Hanoï pour rétablir nos affaires. Le capitaine de vaisseau Henri Rivière fut choisi en qualité de chef d'expédition. Il avait l'ordre d'agir pacifiquement.

La mission du courageux marin français devint difficile. Il se heurta bientôt contre le mauvais vouloir des mandarins. Alors, le 2 mai 1882, il s'empara de vive force de la citadelle d'Hanoï.

La facilité de l'occupation lui fit croire à la facilité de la conquête du Tonkin. Il crut qu'elle « coûterait bien peu en hommes et en argent. »

Cependant, les Pavillons Noirs n'avaient point désarmé ; ils vinrent en nombre intercepter le passage des cours d'eau. Rivière demanda du renfort qui se fit attendre.

Notre petite armée était presque bloquée autour d'Hanoï quand l'amiral Meyer envoya enfin quelques compagnies de débarquement. Une brillante sortie ranima la confiance. Le commandant Rivière rêvait l'attaque de Bac-Ninh et celle de Sontay, lorsque le 15 mai 1883 l'ennemi reparut en forces devant les portes d'Hanoï.

Soutenus par cinq marins français seulement, les chrétiens attaqués se défendirent avec la plus vive énergie. Les Pavillons Noirs furent contraints de s'éloigner.

Ils revinrent le lendemain, pénétrèrent enfin dans la ville, mirent le feu à quelques maisons et se retirèrent.

Connaissant bien leur manière d'agir, les missionnaires prévinrent le commandant, lui disant que de nouvelles attaques étaient imminentes.

La prudence engageait à attendre l'assaut derrière les murailles, mais Rivière était de la trempe de Garnier ; l'offensive lui sembla préférable : « un peu de résolution est la meilleure des prudences, » disait-il. Le 19 mai, il s'avance par la route de Phu-Hoaï dans l'intention de pousser une sortie à fond pour ne rentrer que le soir.

Le chef de bataillon Berthe de Villers commande la colonne. Rivière est mal portant. Il avait hésité un moment à se joindre à l'expédition ; mais appuyé sur le bras de son chef d'état-major, il monte en voiture et s'avance entouré de ses officiers à cheval avec la colonne qui se met en marche à quatre heures du matin précédée d'une compagnie d'infanterie.

Vers six heures la colonne aperçoit les villages où les Pavillons Noirs sont retranchés. Bientôt une vive fusillade est dirigée contre nos tirailleurs. Le commandant Rivière descend de voiture et fait placer deux pièces en batterie.

Notre avant-garde franchit un *arroyo* (1) sur le pont de Papier. Une lutte acharnée s'engage avec les défenseurs des villages qui s'abritent derrière deux pagodes. Trois drapeaux tombent entre nos mains. Nos obus tombent sur Tung-Thuong qui nous ferme la route. Les marins de la *Victorieuse* (2) s'élancent au milieu

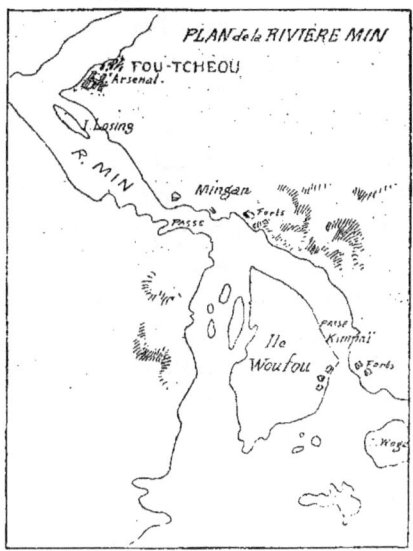

des balles, mais ils vont se heurter à des haies infranchissables d'où part une grêle de projectiles.

Berthe de Villers tombe mortellement blessé. On l'emporte vers la voiture du commandant : une seconde balle lui fracasse le bras ; il est mourant.

Une bande ennemie menace de nous couper du pont. Le lieutenant de Marolles court rappeler la compagnie de la *Victorieuse* qui opérait sa retraite. Les Chinois nous suivent à cent mètres et nous accablent. Rivière excite le courage de chacun. Nous

(1) Un *arroyo* est une rivière intermittente, provenant, non d'une source, mais du trop plein des grands fleuves refoulés, à leur embouchure, par la marée montante.
(2) Le clairon Béhuré sonna la charge ayant deux balles dans le corps.

sommes sur le point d'atteindre le pont qu'il s'agit de mettre entre l'ennemi et nous, quand une des pièces du *Villars* va tomber entre ses mains.

Le commandant Rivière la fait charger à mitraille. Elle part : le recul entraîne la pièce dans l'eau. On se hâte de la retirer, mais l'ennemi profite de la confusion et se jette sur nos vaillants soldats, poussant des cris féroces. Pendant qu'on attelle la malheureuse pièce, un des deux chevaux tombe blessé. On se précipite pour arracher le canon à l'ennemi qui nous crible de coups : Rivière lui-même pousse aux roues. Les Chinois sont sur nous : ils sont là vingt mille qui nous entourent. L'aspirant Moulun a la tête fracassée par une balle, le sous-commissaire Ducorps est grièvement blessé. C'est à ce moment que Rivière, à son tour, hélas ! est frappé... Un projectile lui fracasse l'épaule : il tombe, se relève, fait des efforts pour avancer ; mais, atteint de nouvelles blessures, il retombe pour ne plus se relever. Le capitaine Jacquin veut le couvrir de son corps, il est tué sur celui de son chef héroïque.

Nos braves marins dont les rangs s'éclaircissent ne se laissent point abattre par le nombre et par la mort de leurs principaux chefs. Un petit groupe ramène le canon au-delà du pont. Le courage arrête enfin l'audace des Chinois qui, se croyant victorieux, veulent nous couper la retraite. Des feux de salve bien dirigés les maintiennent à distance. La colonne rentre tranquillement dans Hanoï, mais après des pertes énormes : le cinquième de son effectif était tombé au champ d'honneur.

La *Victorieuse* avait vingt-six hommes hors de combat ; le *Villars*, onze ; l'infanterie de marine perdait trente et un soldats.

Quand on reçut en France la nouvelle de ces luttes sanglantes et glorieuses, il n'y eut qu'un cri, un cri de vengeance contre la perfidie chinoise. La Chambre vota à l'unanimité un crédit pour le Tonkin. « La France vengera ses glorieux enfants, » écrivit, dans une lettre fort digne, le Ministre de la marine (1) à la division navale qui la reçut avec joie.

(1) M. de Mahy, ministre de la marine et des colonies. M. Jules Ferry, président du Conseil, dirigeait les Affaires étrangères. En réalité, celui-ci menait la campagne.

## III

## L'Amiral Courbet.

### PRISE DE SONTAY.

Nous étions bloqués dans Hanoï. A l'unanimité de 404 voix, la Chambre des Députés vota des secours pour délivrer nos sol-

L'amiral Courbet.

dats et dégager notre pavillon. Les 30 et 31 mai 1883, vingt-trois officiers et trois cents hommes d'artillerie, vingt-huit officiers et sept cents hommes d'infanterie de marine partirent pour le Tonkin. Ces secours étaient bien insuffisants pour terminer promptement une campagne soutenue par une multitude d'ennemis venant de Chine pleins de hardiesse et de bravoure.

Le contre-amiral Courbet fut désigné pour commander la division navale formée sur les côtes de l'Annam.

Le docteur Harmand fut nommé commissaire général au Tonkin.

Ancien élève de l'école Polytechnique (1), ancien directeur de l'école des Torpilleurs de Boyardville, aspirant de 1re classe en 1849, enseigne en 1852, lieutenant de vaisseau en 1858, capitaine de frégate en 1866, chef d'état-major de la division cuirassée de la Manche en 1867, capitaine de vaisseau en 1873, chef d'état-major de l'escadre cuirassée de la Manche en 1878, nommé contre-amiral en 1880, Courbet devait donner au Tonkin et plus tard dans les mers de Chine, avec des forces minimes, des preuves de la plus grande bravoure et révéler les plus hautes qualités militaires.

Dans la journée du 20 août il bombardait les forts de Thuan-An et forçait l'ennemi à une suspension d'armes. Cette affaire énergiquement et habilement menée coûtait à l'ennemi 1,200 morts et 1,500 blessés et amenait de la part de Tu-Duc la reconnaissance du protectorat de la France et la cession à la Cochinchine de la province de Binh-Thuan. La convention déterminait l'annexion presque complète du Tonkin.

Le traité de Hué négocié par M. Harmand irrita la Chine qui soudoya contre nous de nombreux pirates dont l'audace alla croissant, malgré l'énergie du général Bouët qui venait de débarquer. Nos troupes trop peu nombreuses, minées par les maladies, se virent sans cesse harcelées. La division se mit dans le commandement partagé entre trois hommes dont les pouvoirs n'étaient pas très clairement définis. Courbet fut enfin nommé commandant des armées de terre et de mer. L'ennemi n'avait plus qu'à se tenir tranquille. Malheureusement la décision prise pour donner à Courbet le commandement suprême venait trop tard. « Trois mois trop tard, hélas ! écrit l'amiral. Les renforts annoncés ne me permettront jamais de réparer le mal fait dans cette période !... Les deux places fortes de Sontay et de Bac-Ninh ont eu le loisir de recevoir tous les secours désirables... et cela

---

(1) Il naquit à Abbeville le 28 juin 1827.

pendant la saison où, avec quelques canonnières, il était facile de les en empêcher ! Ce sont de durs morceaux à digérer... Enfin nous ferons de notre mieux et la Providence fera le reste... »

Une fois de plus l'héroïsme de nos soldats allait réparer le mal fait par l'indécision de notre politique.

Le 25 octobre l'amiral Courbet arrivait à Hanoï (1). Il allait pouvoir disposer de 8,500 hommes environ, non compris les auxiliaires du pays.

Batang, soupçonné d'avoir massacré nos sentinelles et qui avait refusé de se soumettre, est bombardé le 2 novembre par la *Hache* et nous paie aussitôt une amende de 10.000 piastres.

Phu-Moï est occupé le 9 novembre par un détachement, ainsi que Ninh-Binh qui garde ainsi notre lisière ouest du Delta.

Le capitaine Bertin, attaqué inopinément à Haï-Duong, le 12 novembre, par un ennemi innombrable, se défend héroïquement dans son fortin et, secouru par le *Lynx*, met en fuite Chinois et Annamites qui perdent quatre cents hommes et un canon (2).

Le 3 décembre, le commandant Coronnat inflige de fortes pertes aux Annamites et repousse l'attaque qu'ils dirigent contre Haï-Phong.

Pendant ce temps, l'amiral Courbet terminait ses préparatifs, embrigadait de nombreux coolies, habituait ses troupes au climat en leur faisant opérer des reconnaissances multiples, confectionnait des ponts et des échelles, mettait nos postes en bon état de défense et ne négligeait rien pour assurer le succès d'une expédition dont le but était tenu secret.

Le 11 décembre, le corps expéditionnaire quittait Hanoï pour se diriger sur Sontay, ville très forte, occupée solidement par

---

(1) Nous avons omis le récit de plusieurs glorieux combats livrés par les faibles troupes du général Bouët. Nous n'avons pas entrepris l'histoire complète de la conquête du Tonkin.

(2) Un trait glorieux est à citer : au moment où le *Lynx* allait mouiller, Juham, chef torpilleur de la canonnière, se jette dans une petite barque pour porter à terre une amarre. Les Chinois dirigent un feu nourri sur lui ; des centaines de balles pleuvent autour de sa frêle embarcation ; mais Juham n'en va pas moins attacher son amarre à une tige de bambou. Il revient intact.

des ennemis nombreux. La première colonne, sous les ordres du lieutenant-colonel Belin, comprenait un effectif de 3,450 hommes et 250 coolies ; la seconde, commandée par le colonel Bichot, un effectif de 2,600 combattants et de 1,100 coolies.

La flottille se composait de nombreux bâtiments et de jonques portant des troupes et du matériel de guerre. Elle appareilla à neuf heures. Un vif entrain régnait parmi nos soldats. Ils pressentaient des combats glorieux et leur confiance en l'amiral était absolue.

La population courait aux berges pour voir passer nos bâtiments, se riant d'une présomptueuse folie qui, d'après ses sentiments, nous conduisait à un désastre certain.

A six heures du soir, les troupes et le matériel nécessaire débarquaient sans incident sur la rive droite du Song-Koï.

On était dans un pays absolument inconnu. L'amiral consacra la journée du 12 à reconnaître le terrain. Le soir, à trois heures, la colonne Bichot s'établit entre le fleuve Rouge et la route de Sontay, et le 13, au matin, les troupes du lieutenant-colonel Belin vinrent la rallier. Courbet, en général prudent et bien avisé, donne aux troupes le temps de se reposer. Il constate que les positions ennemies sont solides et bien défendues par des digues, des retranchements, des casemates, des palissades, des marécages. Deux enceintes environnent Sontay. Les ouvrages de la place sont armés de cent pièces d'artillerie.

Nos officiers reconnaissent que les retranchements de Phu-Sa, en avant de Sontay, sont à peu près semblables à ceux qui furent élevés aux Etats-Unis dans la guerre de Sécession (1). Il faudra se résoudre à de grands efforts. On s'attend à subir de grosses pertes.

Le mandarin chinois Duong-Khanh-Tung, portant le titre d'Envoyé impérial, commande à dix mille réguliers ; il a, de plus, dix mille Pavillons Noirs sous les ordres du fameux Luun-Vinh-Phuoc (2) et cinq mille Annamites.

(1) On connut plus tard la présence, avec les défenseurs, de huit blancs qui, sans doute, avaient dirigé les travaux.
(2) Nos soldats, amis de la gaieté et des bons mots, l'appelaient *le Vieux Phoque*.

Après son inspection minutieuse, l'amiral Courbet se décide à enlever d'abord les ouvrages de Phu-Sa, qui lui serviront de base appuyée au fleuve, pour attaquer ensuite Sontay.

Le 14, le bataillon Dulieu se porte en avant et enlève, à onze heures, Linh-Chieu avec sa pagode ; mais il est arrêté par le feu de l'ouvrage de Phu-Sa. La flottille engage le combat contre cet ouvrage que l'ennemi défend avec vigueur. Nos obus font enfin taire ses batteries et coulent les jonques ennemies.

A différentes reprises, les Chinois essaient de déboucher de Sontay pour déborder notre gauche, pendant que l'amiral dirige ses principaux efforts contre la position de Phu-Sa. Courbet se contente de leur faire face sans chercher à prendre une offensive prématurée.

De trois heures et demie à quatre heures et demie, quinze de nos pièces couvrent d'obus, à 900 mètres environ, les ouvrages de Phu-Sa. Au moment jugé opportun, le colonel Belin demande l'autorisation de tenter l'assaut.

Nos batteries se taisent et aussitôt nos vaillants soldats, pleins d'enthousiasme, s'élancent. Ils franchissent les marais, arrivent aux retranchements et enlèvent à la baïonnette les postes avancés.

Le capitaine Doucet tombe glorieusement à la tête de ses bataillons annamites.

Les branches sud et nord sont conquises en un instant, mais l'ennemi nous tient tête avec ténacité derrière une barricade : nos soldats sont décimés par un feu terrible. La compagnie Godinet perd son capitaine qui succombe au moment où il criait : « En avant ! » Le lieutenant Clavé, qui le remplace, est frappé d'une balle mortelle. Les Chinois mettent le feu aux paillottes placées devant eux. La nuit est venue.

Alors nos soldats se retranchent sur leurs positions en attendant le jour. Ils livrent des combats multiples durant la nuit contre les Chinois qui ne cessent de les harceler, cherchant à s'emparer des cadavres pour gagner la prime mise par Luun-Vinch-Phuoc sur la tête des tirailleurs français (100 taëls, 750 francs) et des tirailleurs indigènes (500 taëls).

A minuit et à quatre heures du matin, les nôtres subissent un furieux assaut; mais les Chinois ont beau pousser de grands cris, nos soldats ne s'épouvantent pas pour si peu; ils les rejettent vigoureusement à coups de baïonnette.

L'ennemi, découragé, évacue ses retranchements extérieurs et va s'enfermer dans la place de Sontay.

Les fatigues de la journée et de la nuit précédente avaient épuisé nos vaillants soldats. Heureusement, la nuit du 15 au 16 leur permit quelque repos. Il s'agissait pour en finir de s'emparer de la ville, dominée par une citadelle très forte.

L'enceinte extérieure de Sontay se trouvait protégée par un fossé de cinq mètres de largeur, plein d'eau. Après le fossé et le parapet, une berme (1) de trois à quatre mètres de largeur, couverte par une haie de bambous épineux, très serrés, de dix mètres de hauteur, cachant la vue de la ville, formait un obstacle des plus sérieux.

La ville marchande, composée de maisons en briques et en torchis, s'étendait jusqu'à la citadelle à partir de la berme. Les rues aboutissaient à quatre portes d'un mètre de large, murées et défendues par de l'artillerie.

La partie centrale de la ville formait la citadelle défendue par une enceinte plus forte encore que la première. Son mur en briques a dix mètres d'épaisseur. Il est précédé d'un fossé de vingt mètres sur trois mètres de profondeur. Les talus sont en maçonnerie. Une berme de huit mètres sépare le fossé du rempart. Une tour en brique domine la citadelle et la ville.

On voit que les indigènes n'avaient point tort de rire en apprenant notre dessein de marcher à l'assaut de Sontay.

Le 16 décembre, l'amiral Courbet fait avancer nos bataillons qui sont accueillis par une fusillade nourrie. Lui-même s'installe à cent cinquante mètres de la porte de l'ouest, sur un tertre isolé. Un redoublement de feu, partant de l'enceinte, le salue.

Durant ce temps, notre flottille bombarde la citadelle et contient l'ennemi qui cherche à nous tourner. Les défenses de la place sont couvertes d'obus.

Pendant longtemps les Chinois agitent de grands pavillons

---

(1) Chemin étroit.

noirs, couverts d'inscriptions, qu'ils fixent enfin au sommet du parapet.

Nos tirailleurs gagnent peu à peu du terrain : ils ne sont plus qu'à cent mètres du fossé. La nuit va venir ; il est cinq heures.

A cet instant l'artillerie cesse le feu ; Courbet fait entendre le cri : « En avant ! » Aussitôt la charge sonne. « Vive la France ! » s'écrient nos braves, qui s'élancent avec ardeur. Nos colonnes ne sont point arrêtées par un feu épouvantable. Ne pouvant forcer la porte, elles filent le long des fortifications. Une poterne cède enfin ; la haie de bambous est coupée : nos troupes entrent dans la place. Les drapeaux noirs sont arrachés, les Chinois abattus ; ils fuient, la baïonnette dans les reins, jusqu'à la citadelle. L'amiral entre dans Sontay. Il est cinq heures quarante-cinq.

Nos troupes s'installent, organisent la défense et passent la nuit sur les positions conquises.

Le lendemain matin la citadelle était trouvée évacuée. L'amiral victorieux y fait son entrée à neuf heures. La joie est universelle.

L'ennemi n'a rien pu emporter dans sa fuite : armes, argent, munitions de guerre, tout tombe en notre pouvoir. Les blessés et les morts sont là.

La chute de la place coûta à l'ennemi cent deux canons, mille morts, de nombreux blessés et une quantité immense de vivres et de matériel.

« La France doit être fière de ses enfants, » écrivit l'amiral dans son rapport sur ces faits mémorables.

Courbet fut promu vice-amiral à la suite de la prise de Sontay (1).

## IV

### Comment on sauve son drapeau.

L'amiral Courbet avait reçu ordre d'envoyer l'amiral Lespès à Formose pour détruire les batteries chinoises établies à Kélung.

La compagnie du *Villars*, bientôt rejointe par celle du *Bayard*, débarqua sur la côte, le 5 août 1884, après l'abandon des forts ennemis, et arbora notre drapeau. Cinquante marins du *Villars* tentent d'occuper la ville ; mais l'ennemi les arrête par une vive fusillade et effectue un mouvement pour cerner notre camp défendu par une troupe trop peu nombreuse. La petite compagnie exécute des feux de salve bien dirigés.

(1) Un brillant fait d'armes termina l'année 1883 : vingt hommes et un sergent repoussèrent, le 28 décembre, une attaque de 2,000 pirates.

L'ennemi grossit et resserre son cercle formidable. Nos marins, secourus par ceux du *Bayard*, résistent avec énergie : ils sont

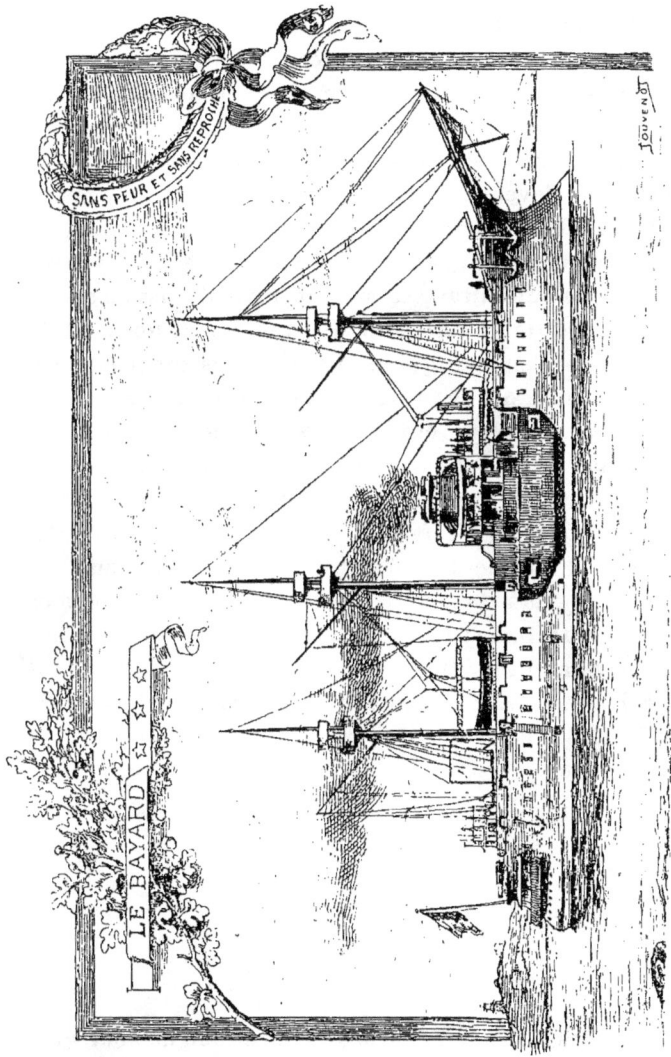

200 contre 3,000 ennemis ! Obligés de se retirer, ils gagnent en bon ordre les embarcations fixées au rivage. On sauve les

blessés, mais on doit abandonner le matériel du camp. Impossible de déraciner la hampe du pavillon arboré la veille. « Camarades, s'écrie le Breton, Jullaude, l'un des quartiers-maîtres du *Bayard*, nous ne laisserons pas notre drapeau ! »

Un autre quartier-maître accourt, grimpe sur le mât pour couper les attaches du pavillon, en dépit des balles qui pleuvent comme grêle. Les Chinois sont tenus à distance. Enfin le pavillon tombe sur le sol : on se hâte de le retirer, mais la fusillade, devenue plus intense, empêche nos marins de le détacher de la hampe qui est très longue. Ils glissent sur une pente bourbeuse et tombent. Jullaude ne lâche pas prise. Il brise le bambou qui entrave sa marche, mais il glisse à son tour et va tomber au fond d'un ravin. Heureusement un arbre l'arrête et le cache à l'ennemi qui est proche. Restant paisiblement dans cette position dangereuse, il conserve le drapeau.

Les Chinois se retirent vers la nuit : Jullaude quitte sa cachette, court au camp, pillé et dévasté, chercher quelque nourriture, car il n'a rien pris depuis le matin, trouve une gourde de café qu'il avale d'un trait, et revient à la plage.

Tous le croyaient perdu quand, tout à coup, on l'aperçoit se dirigeant vers le navire. Son visage, ses vêtements sont maculés de boue ; ses mains ensanglantées agitent le drapeau. Le cher drapeau a été sauvé au péril de sa vie.

« L'amiral va être content ! » s'écrie simplement le Breton.
On fêta avec joie le retour inespéré de l'héroïque marin.

## V

### Fou-Tchéou.

Le traité de Tien-Tsin venait d'être indignement violé par la Chine à Bac-Lé. Il fallait tirer vengeance d'une mauvaise foi outrageante. Investi enfin du commandement en chef de toutes nos forces navales, Courbet réunit son escadre à celle de l'amiral Lespès. Son avis était de déclarer franchement la guerre à la Chine, de brûler ses ports, de faire sauter ses vaisseaux, de ruiner sa marine et son commerce : « C'est à la tête qu'il faut viser, » disait-il sans cesse.

Malheureusement, la politique que faisait prévaloir à Paris M. Jules Ferry était une politique d'atermoiements, de concessions, de ménagements en faveur des neutres jaloux de nos conquêtes probables.

Durant ces hésitations, la Chine rassemblait ses forces, armait ses forts, concentrait de nombreux vaisseaux. Prévoyant le danger, l'amiral Courbet prit sur lui de faire pénétrer la partie de sa flotte la plus apte à se servir d'un faible courant d'eau, dans la rivière du Min dont les bords étaient hérissés, sur les hauteurs, de forteresses presque inaccessibles. Fermement résolu, il avance jusque dans la baie de Fou-Tchéou pour menacer l'arsenal formidable construit par des Français (1) dans toutes les règles de l'art moderne, à quarante kilomètres de la mer environ. Les forts ennemis sont casematés, blindés, couverts

(1) Le fondateur du formidable arsenal de Fou-Tchéou est un Français, M. Prosper Gicquel.

de canons Krupp. Les garnisons foisonnent de soldats bien équipés et bien armés. Les Chinois ont eu le temps de rassembler dans le chenal onze navires, neuf jonques de guerre, et quantité de canots à vapeur, de jonques marchandes, d'embarcations chargées de torpilles, de brûlots incendiaires.

Nos ennemis, connus et inconnus, se pâmaient d'aise en considérant notre petite flotte entrer paisiblement dans une impasse où elle serait promptement prisonnière.

L'amiral Courbet entra dans la baie le 18 juillet 1884, avec sept bâtiments en bois, un cuirassé et deux torpilleurs. Les *Célestes* se gardèrent bien de s'opposer à son passage dans le goulet, formidablement fortifié dans toute sa longueur, certains de l'anéantir, lui et sa flotte, après la rupture des négociations à laquelle ils s'attendaient dès le début.

Grand fut leur étonnement à la vue de l'imprudence commise par le terrible « *homme invincible* »; mais ils ne supposèrent en lui aucun calcul, tandis que son calcul était celui de l'héroïsme et du génie.

Comment rendre l'impatience du grand amiral qui passe de mortels jours les bras croisés sous la gueule des canons ennemis? Il attend l'ordre d'agir, et il voit les Chinois accumuler joyeusement sous ses yeux des moyens de défense, de jour en jour plus formidables.

Le 15 août, M. Jules Ferry, qui avait traité la Chine de *quantité négligeable*, obtint, séance tenante, un crédit pour la continuation des hostilités que la Chine, de son côté, ne différait que pour les rendre plus funestes à nos armes.

Le 22 août, l'amiral, justement impatient, recevait enfin un télégramme officiel qui le laissait maître d'agir.

Il était temps et grand temps!

Aussitôt, Courbet réunit à bord du *Volta*, qu'il avait choisi pour vaisseau, de préférence au *Bayard*, d'un trop fort tirant d'eau, tous les capitaines des navires présents dans la baie, et leur fixe l'heure et le plan du combat imminent. Il ordonne au vice-consul de Fou-Tchéou de prévenir le vice-roi, et les représentants des puissances étrangères que le bombardement va avoir lieu, et prescrit d'amener le pavillon français. Il fait même avertir le commandant des forces chinoises que le feu s'ouvrira à midi. « A midi cinq minutes, répondit le général des *Célestes,* dans une confiance absolue, il ne restera pas un de vos bâtiments devant l'arsenal ! »

L'amiral Courbet sur le *Volta,* au bombardement de Fou-Tchéou.

L'ennemi croyait tenir Courbet, quand au contraire celui-ci le tenait en sa puissance.

C'est que l'amiral avait son plan gardé secret, plan bien simple assurément, mais qui révèle le génie. Le génie est ami de la simplicité...

Tous les canons de l'arsenal et des forts étaient depuis longtemps braqués et pointés avec précision sur nos navires immobiles : l'ennemi avait la persuasion qu'à midi tous nos navires sauteraient sans avoir le temps de bouger d'une ligne.

Mais, il avait réfléchi et médité son coup, l'héroïque et sage amiral français qui conservait un silence prudent. A onze heures du matin, le 23 août, l'amiral fait régler sur sa montre les chronomètres de tous les commandants. Alors il leur prescrit de lever l'ancre sans bruit, juste à onze heures trois quarts, et d'attendre le signal. De cette manœuvre dépendait le succès.

Les officiers supérieurs regagnent leurs bâtiments respectifs. Les préparatifs suprêmes commencent. L'amiral se tient debout sur le pont du *Volta*, au pied du mât d'artimon, surveillant tout ce qui se passe. Il considère les centaines de canons rangés au-dessus de sa tête, braqués et soigneusement pointés depuis longtemps sur nos pauvres vaisseaux qu'ils peuvent mettre en miettes en un clin d'œil. Il voit les formidables défenses dressées de tous côtés, et, cependant, il reste calme, prêt à donner un signal qui va tout bouleverser. Le silence est parfait... Nos vaisseaux lèvent l'ancre doucement, se déplacent un tant soit peu. Chacun est à son poste. Il est midi moins cinq minutes.

A ce moment précis, une fusée partie du *Volta* donne le signal du combat (1).

---

(1) Certains auteurs, que nous avons soigneusement consultés, racontent diversement le fait. M. Pierre Lehautcourt, dans son ouvrage en 2 volumes : *Les Expéditions Françaises au Tonkin*, écrit ceci :

« L'amiral avait choisi pour le début de l'opération le commencement du jusant, à deux heures de l'après-midi ; cet instant était tout indiqué par les positions respectives des deux escadres, dans un espace restreint, traversé par des courants violents. A ce moment, quand la marée commencerait à descendre, les navires français présenteraient leurs étraves aux bâtiments ennemis, qui ne pourraient nous faire face qu'après une manœuvre délicate. Ce choix exposait, il est vrai, Courbet à voir les Chinois prendre les devants et l'attaquer durant la matinée, alors que les deux escadres seraient dans des conditions inverses ; mais une pareille résolution de leur part lui semblait peu vraisemblable... Pendant la durée du flot, de neuf heures et demie à une heure et demie, les Chinois firent ostensiblement des préparatifs de combat ; plusieurs de leurs canots-torpilles vinrent même faire des feintes d'attaque autour du *Volta*, et il fallut diriger sur eux un canon ou un hotchkiss pour les faire disparaître.

« Enfin, à une heure quarante-cinq, l'escadre est prête ; à bord du *Volta*, l'amiral, calme comme à l'ordinaire, attend le moment décisif... Tout à coup, un canot-torpille chinois se dirige sur le *Volta* d'un air plus menaçant que de coutume. L'amiral croit à une attaque et lance ses torpilleurs en avant. Au même instant, un coup d'hotchkiss part du *Lynx*, et Courbet fait commencer le feu pour prévenir l'ennemi. Un formidable roulement retentit ; les Chinois ripostent aussitôt au feu de nos canons. »

Les Chinois aux aguets ouvrent aussitôt un feu d'enfer.

Coup de théâtre ! Pas un de leurs boulets innombrables n'a porté ! Leurs coups manquent tous !... Qu'est-il advenu ? La combinaison de l'amiral a réussi : le pointage ennemi, si minutieusement pris depuis des jours, n'est plus juste ; les projectiles portent à faux... Le déplacement subit et léger exécuté, il y a un instant, par les navires, a rendu nul l'effet du tir chinois.

BOMBARDEMENT DE FOU-TCHÉOU

Les savantes combinaisons ennemies sont déjouées, le tour est exécuté de main de maître. Les *Célestes* vont payer cher leur coup avorté. A nous maintenant la partie !...

Nos obus pleuvent. Ils portent à coup sûr. Le plan réglé la veille s'exécute avec un ensemble admirable.

Le torpilleur n° 46 lance une torpille contre le *Yang-ou*, magnifique croiseur : elle éclate. Aussitôt, le navire ennemi va s'échouer sur la rive. Il est brisé.

Le *Foo-Sing*, attaqué par le torpilleur n° 45, ne peut résister à la poursuite d'un simple canot à vapeur transformé en portetorpille. Désemparé par une torpille tombée près de l'hélice, il va être entraîné à la dérive. Il est pris à l'abordage. L'aspirant Layrle escalade les bastingages, saute sur le pavillon chinois, l'arrache et place le drapeau de la France.

Intrépide, insouciant du danger, Courbet, sur le *Volta*, fait avancer son navire au plus fort de l'action. Les Chinois tirent et rechargent sans cesse et criblent de coups le vaisseau exposé à leur coups. Le pilote Thomas est tué par un boulet, deux hommes du gouvernail tombent frappés mortellement.

La *Triomphante* accourt se mêler à la lutte. Le *Duguay-Trouin*, le *Villars*, le *d'Estaing* dirigent sur les batteries du fort un feu qui les détruit, sans épargner les navires ennemis qui sont couverts d'un feu extrêmement vif.

Pendant ce temps, l'*Aspic*, le *Lynx*, la *Vipère* qui ont pu remonter à la hauteur de l'arsenal, canonnent affreusement six vaisseaux chinois placés à leur portée.

En peu d'instants cinq jonques ennemies sont coulées, les navires chinois sombrent de toutes parts ou prennent feu. La fumée est si épaisse qu'on ne peut distinguer les vaisseaux.

En proie à la terreur, les *Célestes*, si sûrs de la victoire, abandonnent leurs bâtiments. Plusieurs, cependant, se défendent avec courage.

Il est cinq heures du soir : la flotte chinoise n'existe plus qu'à titre d'épave.

Le fleuve charrie des tronçons de mâts, des débris informes et des cadavres. 22 navires ou jonques, 5 commandants, 39 officiers, 2,000 marins ou soldats roulent pêle-mêle dans les flots vers la mer. Les navires chinois n'ont pu décharger leurs canons qu'une seule fois.

Nous n'avions que 6 morts et 27 blessés. Le *Volta* subit les plus fortes pertes de la journée.

A six heures du soir les feux des batteries de l'arsenal étaient éteints.

L'amiral [1] avait surveillé lui-même le pointage, animé les canonniers.

---

[1] Il était vêtu d'un veston d'uniforme, chaussé de guêtres blanches et coiffé d'un petit chapeau de paille, portant le nom du *Bayard*, cuirassé qui n'avait pu remonter la rivière à cause de son tirant d'eau trop fort.

Le soir, il écrivait aux officiers et aux marins de sa flotte, dans un ordre du jour :

« Il y a aujourd'hui deux mois, nos marins étaient victorieux à Lang-Son d'une infâme trahison. Cet attentat est déjà vengé par la bravoure de vos camarades de Kelung et par la vôtre. Mais la France demande une réparation plus complète; avec de vaillants marins comme vous, elle peut tout obtenir... »

Les jours suivants, ces héros allaient obtenir des gloires nouvelles : ils bombardaient l'arsenal et faisaient sauter les forts qui emprisonnaient jusqu'à la mer leurs navires dans le goulet du Min.

Les défenses du Min avaient été établies pour empêcher l'entrée d'une escadre dans le fleuve, et non sa sortie du cours d'eau : l'habileté prodigieuse de l'amiral lui fit trouver les revers des forts faciles à détruire.

« Chef audacieux et intrépide au combat du 23, dit M. Maurice Loir, il se montre maintenant tacticien réfléchi et méthodique... Dirigeant lui-même les mouvements de ses deux grands navires, il leur indique et le poste qu'il faut occuper et le point qu'il faut battre, et ainsi il poursuit sa route, démolissant chaque défense, d'embrasure en embrasure. La *Triomphante* alterne avec le *Duguay-Trouin*; quand l'un a criblé de ses obus tel point d'une batterie, l'autre le dépasse et s'acharne à diriger ses coups plus en avant. Notre distance du rivage ne variant qu'entre deux cents ou six cents mètres, quelques boulets suffisent à mettre hors d'état des fortifications même blindées. »

Le 28, au matin, les passes fortifiées de Kimpaï sont détruites et franchies. La route est libre. Les forts chinois sont successivement démolis et l'amiral triomphant rejoint le *Bayard* qui devait plus tard conduire en France sa glorieuse dépouille (1).

Dans son ordre du jour du 30 août, il disait à son escadre : « Vous venez d'accomplir un fait d'armes dont la marine a droit d'être fière. » L'admiration des étrangers, Anglais et Allemands, à l'égard du courage de nos marins et de l'énergie savante de leur illustre chef, fournit un témoignage non suspect.

(1) L'amiral Courbet mourut le 11 juin 1885, après avoir reçu les sacrements des mains de M. l'aumônier du *Bayard*, dans les sentiments de la foi la plus vive.

« Les opérations de l'amiral Courbet sur le Min, écrivit le *Die Kriegrische Ereignisse,* qu'on pense ce que l'on voudra sur les qualités militaires des Chinois, sont une action militaire de premier ordre. »

L'amiral Courbet avait une foi profonde ; il ne cachait pas ses sentiments religieux. Reconnaissant envers Dieu de sa victoire, il fit brûler un cierge devant la Vierge d'Abbeville, sa constante protectrice durant ses rudes et glorieux combats.

## VI

### Le commandant Dominé. — Le sergent Bobillot.

La défense héroïque de Tuyen-Quan est un fait d'armes digne de prendre place à côté des plus célèbres défenses mentionnées par l'histoire. La résistance fut aussi opiniâtre que celle qui illustra les sièges fameux de Rhodes, de Gênes, de Saragosse, de Huningue, de Mayence ou de Belfort.

Située sur la Rivière-Claire, Tuyen-Quan, petite citadelle annamite, a la forme d'un parallélogramme de 300 mètres de côté. Au sud elle est dominée, ainsi qu'à l'ouest et au nord, par des mamelons qui s'avancent presque aux remparts. La rivière la protège à l'est. Une butte isolée s'élève au milieu de la place : elle a 60 mètres de hauteur : une pagode la domine. Cette petite citadelle forme sa principale défense.

La place possède pour tout armement six pièces de petit calibre.

La garnison se compose de deux compagnies de la légion étrangère, une compagnie du 1ᵉʳ tonkinois, une section de batterie d'artillerie de marine, et un petit détachement du génie, formant en tout 12 officiers et 594 hommes.

La chaloupe-canonnière *Mitrailleuse* est mouillée dans la rivière au pied de la citadelle ; son équipage compte un petit nombre de marins.

La garnison conserve des vivres pour 120 jours environ. La place est isolée. Il faut aller à 80 kilomètres pour trouver du secours.

Ce poste, on le voit, était à peine défendable ; mais la garnison possède à sa tête un héros, le commandant Dominé. Les défenseurs appartiennent à diverses nationalités, mais la majeure partie est venue de l'Alsace-Lorraine : c'est dire qu'ils tiendront jusqu'au bout.

Le colonel Duchesne avait quitté Tuyen-Quan le 23 novembre 1884 : le 24, le commandant Dominé constitue un conseil de défense. Un comité est chargé de veiller sur les approvisionnements du siège. Le même jour, on détruit en partie un barrage que viennent d'élever les Chinois dans la Rivière-Claire.

Le 27 novembre, la présence de 10,000 Chinois ou Pavillons Noirs est signalée sur le fleuve Rouge. Les relations entre Tuyen-Quan et Sontay sont coupées. La lutte ne va pas tarder.

Le 2 décembre, une compagnie de la petite garnison se détache pour aller quérir un convoi de vivres, escorté par le commandant Bougnié, mais qui ne peut franchir la rivière à cause de la baisse des eaux. Une escarmouche est livrée aux Chinois, et le convoi entre peu à peu dans la place.

Le 3 décembre, un groupe ennemi commence à faire une apparition. Les préparatifs que l'on signale indiquent son intention d'attaquer prochainement.

Le 11, le commandant fait élever un blockhaus sur un mamelon voisin, dans le but d'empêcher d'occuper ce point qui nous domine à une hauteur de 300 mètres. Les Chinois se rassemblent.

Le 16 décembre, une de leurs reconnaissances s'avance hardiment à 600 mètres du blockhaus.

Le commandant se décide, le 21 décembre, à envoyer le capitaine Cattelin refouler les avant-postes et déterminer les forces chinoises. L'ennemi évacue des fortins, et se déploie devant nous. L'opération coûte à l'ennemi environ 150 hommes. Cet échec ne décourage pas les Chinois dont le nombre s'accroît de jour en jour.

Dominé renforce sa faible garnison ; il organise les coolies et élève une enceinte en terre autour des paillottes des Annamites réfugiés auprès de la place.

Dans la nuit du 1ᵉʳ janvier 1885, les Chinois viennent attaquer cette enceinte : ils sont repoussés. Ils sont également repoussés avec perte dans la nuit du 9 au 10 janvier et se tiennent en paix durant quelques jours ; mais ils démasquent, un beau jour, un poste retranché à 2,000 mètres de la citadelle. Les projectiles de nos hotchkiss sont impuissants à le démolir. Mis au courant des méthodes européennes, l'ennemi ouvre des tranchées, opère des travaux pour avancer jusqu'à la place, et le 23 janvier, voilà qu'il démasque à la lisière des bois une batterie de fusils de remparts qui tire sur le blockhaus pendant qu'un feu de mousqueterie s'ouvre contre cet endroit. On voit leurs travailleurs qui portent des uniformes noirs, gris, rouges ou bleu de ciel.

Impossible à nous d'arrêter leurs travaux souterrains. Ils sont nombreux. Nous sommes très menacés.

Tout à coup, le 26 janvier, à l'aube, notre village annamite est incendié ; des coups de fusil retentissent. Les habitants s'enfuient et se mettent à l'abri de nos retranchements. Les Chinois montent sur un mamelon couronné par la pagode en ruines dite Pagode de la Compagnie chinoise. Heureusement, le feu de nos tirailleurs les arrête pendant que la *Mitrailleuse* bombarde ceux qui venaient s'établir dans les rochers bordant la rive droite de la rivière.

Ces attaques avaient lieu en même temps que deux autres dirigées l'une au nord contre la haie de la citadelle et l'autre contre notre blockhaus. Nos vaillants défenseurs font face partout, ouvrent un feu bien dirigé et mettent en fuite les trop ardents Chinois qui sont poursuivis par les obus de nos petites pièces de 4.

Cependant, l'ennemi a pu s'établir derrière la digue reliant la grande pagode à la rivière et au village annamite. Une tranchée est ouverte aussitôt par lui à 550 mètres de nos cantonnements. Ses travaux redoublent d'activité. Fascines, branchages sont apportés de toutes parts. Alors le commandant, de son côté, fait ouvrir une tranchée qui nous relie au cours d'eau.

Le 27 janvier, dans la nuit, les Chinois reviennent à la charge contre le blockhaus : ils tentent tout ce qui est possible

Bombardement et prise des forts de Thuan-An.

pour pénétrer dans la place. Poussant de grands cris, les voilà qui se précipitent en avant. Leurs tireurs d'élite rendent intenables certaines de nos positions et le brave Dominé prévoit le moment où il sera forcé de faire évacuer le blockhaus si vivement attaqué. Des travaux sont ordonnés dans la citadelle pour le cas où le blockhaus viendrait à être envahi.

Nous repoussons trois attaques impétueuses dans la nuit du

29 au 30. Nous tentons même une sortie pour arrêter le travail de cheminement des Chinois ; mais le sergent Bobillot, chef du Génie, constate que les travaux de mine sont très avancés et que dans quelques heures ils atteindront le blockhaus.

L'évacuation du poste est jugée nécessaire. Nous l'exécutons tranquillement. Tout à coup les Chinois ouvrent sur la citadelle un feu épouvantable.

Trente mille projectiles tombent sur Tuyen-Quan. Nos obus d'un calibre trop faible sont impuissants contre leurs ouvrages.

La garnison est attaquée chaque nuit. Les cheminements ennemis gagnent sans cesse du terrain ; mais le commandant Dominé organise partout la défense : il a l'œil à tout.

Dans la nuit du 9 février, les Chinois cherchent à gagner le pied du rempart de la citadelle et établissent un abri que le sergent Bobillot parvient à détruire.

Le feu incessant de la mousqueterie nous cause chaque jour des pertes cruelles. La petite garnison est très en danger : des galeries souterraines menacent notre mur d'enceinte : des explosions de mines sont à craindre. On n'a pas un instant de repos.

Bobillot ne perd pas une minute : il fait ouvrir des contre-galeries ; il assure la garde du rempart et trace à chacun son rôle pour le secours à donner dans le cas où les mines viendraient à exploser.

Le commandant fait préparer l'établissement d'un retranchement intérieur où doit se rendre la garnison pour qu'elle puisse se défendre à la dernière extrémité.

De leur côté les Chinois creusent, creusent sans cesse et avancent. On les entend...

Le 11 février, un de nos légionnaires, nommé Maury, donne un coup de pioche dans l'une de nos contre-galeries et crève la paroi qui le séparait du mineur chinois prêt à l'attaque. Maury est blessé d'un coup de revolver. On bouche à la hâte l'ouverture avec des sacs de terre et des palissades. Bobillot accourt et prend des moyens pour inonder la galerie.

Une explosion se produit le 12 février : l'ennemi se précipite à l'assaut, mais on le contraint de rentrer précipitamment dans ses tranchées.

Le sergent Bobillot.

L'alerte a été chaude.

Dans la nuit du 12 au 13, nouvelle explosion. Cette fois, c'est le saillant sud-ouest qui saute. Le mur d'enceinte est tombé sur une longueur de quinze mètres. Le parapet a sombré. Les Chinois poussent des clameurs et accourent joyeux, comme s'ils allaient nous avaler. Mais le capitaine Moulinay calme leur ardeur. Il fait sonner la charge : une section en réserve accourt et repousse vigoureusement les Chinois qui croyaient nous surprendre. Par deux fois on les reconduit, la baïonnette dans les reins, dans leurs tranchées.

Mais nos pertes sont grandes : chaque mort affaiblit notre vaillante mais trop petite garnison.

Citons quelques traits de courage entre mille. La force de l'explosion avait lancé le corps d'un de nos légionnaires à quelques pas des détachements chinois. Il ne sera pas dit que le cadavre d'un des nôtres sera abandonné. Le caporal Beulin réunit trois hommes de bonne volonté et la nuit tombante il va ramasser avec eux le corps du soldat sous les fusils ennemis. Cet acte de courage lui valut d'être nommé sergent.

Autre trait : Les Chinois étaient en train de construire un retranchement au sud de la citadelle en arrière du mamelon de la pagode de la Compagnie chinoise dont nous avons parlé. Le lieutenant Goulet prend avec lui trente Tonkinois et opère une sortie dans la nuit du 14 au 15. Le sergent-major de Bergès pénètre audacieusement dans le retranchement, tue deux hommes, enlève les drapeaux ennemis et disperse tous les défenseurs.

Le sergent Bobillot, lui surtout, est admirable de dévouement et de courage. Quarante hommes ont été mis sous ses ordres par le commandant Dominé, pour assurer la bonne exécution des travaux de défense de plus en plus urgents. Si une mine vient à éclater, ils sont là, chargés d'établir immédiatement un retranchement en arrière de la brèche ouverte.

L'ennemi continue ses travaux souterrains.

Nous sommes au 7 février. Dans la matinée de ce jour, les Chinois démasquent une batterie, bombardent, durant deux heures, la citadelle et le mamelon. Nos bâtiments sont démolis.

Impossible de les habiter désormais. Il faut se résoudre à loger dans des trous creusés dans la cour de la pagode. Plus d'un de nos vaillants défenseurs tombe, hélas! frappé à mort ou blessé.

Le 18 février, Bobillot, fidèle au devoir, le premier à son poste, l'exemple de tous, l'aide intelligent et dévoué du commandant, faisait une ronde: il est blessé et tombe. Il avait les deux vertèbres cassées. Un mois après, il succombait à Hanoï, le 17 mars, des suites de ses blessures. Doué d'une rare énergie et de grandes aptitudes militaires, le sergent Bobillot avait été l'une des chevilles ouvrières de l'héroïque défense de la place. Six mille gabions, confectionnés par ses soins, une étendue considérable de cheminements ou d'abris, témoignaient de son activité.

Son souvenir sera l'honneur de nos sous-officiers.

Paris a élevé une statue à l'héroïque sergent défenseur de Tuyen-Quan. Peu de statues dans la capitale sont mieux méritées. La défense ne fut point paralysée par cette blessure funeste. Le caporal Gacheux continua les travaux.

La fusillade et la canonnade ennemie redoublent. On redoute un assaut général imminent.

Le 21 février, au soir, le bombardement devient plus actif encore. Il dure toute la nuit. Au matin une mine éclate. Les Chinois poussent de grands cris et s'élancent. Une seconde explosion retentit : elle nous tue douze hommes et nous blesse vingt défenseurs. Une troisième explosion se produit. Alors l'ennemi tente un assaut général ; mais nos vaillants sont au poste. Ils se précipitent aux brèches, tirent sur les assaillants, les repoussent avec vigueur dans leurs tranchées, puis se hâtent de fermer les ouvertures béantes qui peuvent livrer passage à de nouveaux ennemis.

La garnison, de plus en plus affaiblie, de plus en plus harcelée, cherche à gagner du temps, à garantir sa sécurité pour quelques heures. Peut-être le secours viendra bientôt... Il faut du moins lutter pour l'honneur.

Les brèches étaient à peine fermées quand, le 23, les Chinois ouvrent un feu furieux sur le saillant nord-ouest. A cinq heures du matin, les voilà qui débouchent nombreux sur trente mètres de front. La citadelle est subitement envahie sur quatre points à la fois. Le péril est extrême.

Le sergent-major Husbaud accourt avec ses escouades ; il est blessé. Le sergent Thévenet, à la tête d'une poignée de braves, est également blessé. Nous faiblissons. Les Chinois gagnent du terrain...

Heureusement, dans cet instant critique, le capitaine Cattelin arrive et fait charger à la baïonnette. L'effet produit est prodigieux : les Chinois s'enfuient en désordre laissant de nombreux cadavres.

Tout n'est pas fini. L'ennemi étend ses travaux. Il se croit certain d'emporter la place de vive force à bref délai.

L'imminence du danger excite notre courage. Il faut vaincre ou périr ; périr plutôt que de se rendre à un ennemi qui ne fait aucun quartier ! Chacun des nôtres est un héros.

Le 25 février, à l'aube du jour, une nouvelle mine éclate avec fracas. Aussitôt les Chinois apparaissent à l'ouest de la place. Les défenseurs se précipitent, les culbutent dans le fossé, les fusillent à bout portant. L'ennemi est courageux, mais il doit reconnaître qu'il a affaire à plus courageux que lui.

Une bonne nouvelle arrive à Tuyen-Quan en ce jour glorieux : une lettre du général Brière de l'Isle annonce la prise de Lang-Son et sa prochaine venue dans la place.

L'enthousiasme de la petite garnison est à son comble. Le salut est proche...

Les Chinois ont eu probablement vent de la nouvelle. Ils entreprennent une attaque furieuse le 27 février, après l'explosion d'une mine qui a ouvert une brèche de dix mètres au milieu de la face sud. Ils accourent innombrables à l'assaut sur tous les points de la malheureuse citadelle ébréchée.

Des palissades en bambous nous séparent seules de l'ennemi qui veut à tout prix emporter la place. Pétards, sachets de poudre enflammés sont jetés à profusion sur nos héroïques soldats qui ne s'émeuvent de rien. Chacun des nôtres combat avec l'énergie du désespoir. Les assauts succèdent aux assauts. Durant une heure et demie la lutte est acharnée et sans trêve.

Toutes les attaques sont victorieusement repoussées, et à trois heures du matin, l'ennemi se retire vaincu dans ses positions retranchées.

Le pied des brèches est jonché de cadavres amoncelés.

La Providence divine favorise notre courage : le soir de ce jour un signal apparaît au loin. La délivrance est proche : des fusées tricolores ont manifesté la présence des troupes françaises qui accourent sauver les vaillants défenseurs.

Le bruit du canon retentit en aval de la rivière, le 2 mars. Les Chinois comprennent que toute attaque est vaine. Ils tirent encore sur la citadelle durant la nuit, mais l'heure de détaler est venue.

Les colonnes ennemies battent enfin en retraite.

Le canon de la place les salue joyeusement en les gratifiant de quelques obus, et, à deux heures de l'après-midi, le général Brière de l'Isle entre dans la glorieuse citadelle délivrée.

Dominé s'avance pour recevoir son chef. Le général l'embrasse ; tous les spectateurs sont attendris.

Vive la France ! Les fatigues du siège sont oubliées.

Un nouveau fait d'armes venait s'inscrire sur les annales de la vaillance française.

L'ordre du jour du général Brière de l'Isle adressé, après le siège, à l'héroïque garnison donne ainsi un éclatant témoignage de sa valeur :

« Officiers, sous-officiers, soldats et marins de la garnison de Tuyen-Quan.

« Sous le commandement d'un chef héroïque, le chef de bataillon Dominé, vous avez tenu tête pendant trente-six jours, au nombre de six cents, à une armée, dans une bicoque dominée de toutes parts.

« Vous avez repoussé victorieusement sept assauts.

« Un tiers de votre effectif et presque tous vos officiers ont été brûlés par les mines ou frappés par les balles et les obus chinois ; mais les cadavres de l'ennemi jonchent encore les trois brèches qu'il a vainement faites au corps de place.

« Aujourd'hui, vous faites l'admiration des braves troupes

qui vous ont dégagés au prix de tant de fatigues et de sang versé. Demain vous serez acclamés par la France entière.

« Vous tous aussi, vous pourrez dire avec orgueil. J'étais de la garnison de Tuyen-Quan ; j'étais sur la canonnière la *Mitrailleuse.* »

Quel dommage que notre vaillance politique ne soit pas à la hauteur de notre vaillance militaire !

VII

## Comment on coule une frégate et comment on sauve un canot.

Le courage rend possibles des actes invraisemblables.

Les Chinois avaient réuni, à la fin de janvier 1885, une division de cinq bâtiments, dont trois croiseurs en acier commandés par des Allemands, une frégate en bois et un aviso de treize cents tonneaux avec sept canons. Les journaux chinois annonçaient une attaque contre nos navires devant Formose. Six vaisseaux de notre escadre se mirent à fouiller les côtes chinoises, à la recherche des croiseurs du Céleste Empire.

Sur la foi de renseignements parus certains, l'amiral Courbet leur ordonna de se diriger vers le nord. Le 10 février, les navires atteignirent les îles dangereuses de Chusan. D'autres renseignements vinrent donner une autre direction à la division navale, qui fut ramenée vers le sud. Le 13, au matin, elle se trouvait au rendez-vous fixé par l'amiral. Le ciel était gris, il pleuvait. Tout à coup, à six heures et demie, l'*Eclaireur* qui, justifiant son nom, devançait l'escadre, envoie le télégramme suivant :

« Cinq navires dans le sud !... »

Courbet ordonne le branle-bas du combat. L'émotion est vive dans le cœur de nos marins qui guettent depuis longtemps une victoire. Chacun s'empresse d'aller à son poste.

Il est sept heures. On distingue nettement les cinq navires chinois à une dizaine de milles. Ils vont devenir bientôt notre proie; mais voilà qu'ils prennent la chasse et fuient rapides.....

Il faut s'en emparer à tout prix. Ordre est donné par l'amiral de courir sus et promptement. Le *Bayard* prend la tête. D'abord nous gagnons de vitesse. On croit qu'ils vont accepter le combat. La joie est au comble.

Hélas! la déception succède à l'espérance. Les feux des bâtiments ennemis redoublent d'intensité; trois navires disparaissent dans la brume; les deux autres changent brusquement de direction.

Que sont-ils tous devenus?

La brise est forte, la mer houleuse. Il faut renoncer à une entreprise reconnue inutile. L'amiral fait cesser la poursuite et donne l'ordre de gagner les environs du port de Sheï-poo. Il soupçonne que quelques-uns des navires chinois ont gagné les passes de ce port pour se mettre à l'abri.

La nuit s'écoule dans un émoi continuel. Nos embarcations explorent les alentours. Les issues sont gardées. Le 14 février, dès le matin, l'*Aspic* part en reconnaissance. Deux des navires, si soigneusement cherchés, sont découverts tranquilles au mouillage de Sheï-poo. Leur tranquillité sera de peu de durée.

L'amiral ordonne d'attaquer le soir même. Deux canots torpilleurs sont commandés, l'un par le brave lieutenant de vaisseau Gourdon, second du *Bayard*, et l'autre par le lieutenant Duboc. M. Ravel leur sert de guide.

A onze heures et demie du soir, les canots prennent la mer. Ils sont peints en noir pour n'être point aperçus par l'ennemi. Les intrépides marins reçoivent les adieux émus de l'amiral; ils s'éloignent pleins d'une virile résolution. La houle est forte; le ciel, sombre, sans étoile. Tant mieux! les canots risquent moins d'être découverts; mais la navigation, à travers des courants rapides et d'innombrables îlots inconnus, ne tarde pas à devenir périlleuse; ils méprisent la mort et n'ont, en fait de crainte, que celle de voir l'ennemi se dérober à leurs coups.

Il était trois heures trente minutes du matin quand on arriva dans l'endroit observé où devaient se tenir les vaisseaux chinois.

La frégate a changé de place durant la nuit. Le capitaine Gourdon, commandant le canot n° 2, la cherche et la découvre enfin. Il avertit l'autre canot que le *Yu-yen* est à deux cents mètres de lui. Sans perdre une seconde, le canot fond à toute vitesse sur la grande frégate qui ressemble à un monstre immense. Soudain, la frégate est illuminée d'un feu sinistre. Les Chinois viennent d'apercevoir le porte-torpilleur. Un choc a lieu : il est si violent que le capitaine Gourdon, debout, tombe la tête en avant. On le croit blessé ; on le relève, et l'intrépide marin crie : « En arrière ! en arrière, plus vite ! » Il fallait opérer au plus tôt ce mouvement ; en effet, la force de propulsion avait été telle que le pauvre canot se trouvait engagé par les crochets de sa hampe de torpille dans le trou même que l'explosion venait de produire.

La torpille avait effectué son œuvre : la frégate coulait ; elle s'enfonçait dans l'eau, mais le canot était pris sous la frégate.

La vapeur s'échappe du tiroir de la machine du canot : un robinet graisseur s'était cassé. Heureusement, on ferme l'ouverture avec une baïonnette.

Un Chinois passe la tête à un sabord : un formidable coup de poing le fait rentrer dans le navire qui sera son cercueil.

Le canot fait ses efforts pour sortir du flanc de la frégate entr'ouverte. Ils sont vains ! L'énorme bâtiment pèse de tout son formidable poids sur le frêle torpilleur, et l'entraîne peu à peu au fond de l'abîme avec lui.

Le péril est extrême. L'eau gagne : elle vient d'atteindre la chaudière bouillante du canot. Si le feu de la machine vient à s'éteindre, tout est perdu. Une pluie de balles descend du navire. Le torpilleur reste rivé à son ennemi. Il va disparaître avec lui. L'angoisse est au comble...

Dans le lointain apparaît bien le canot de M. Duboc qui se dispose à faire exploser ses torpilles par la hanche de tribord de la frégate ; mais que peut la minuscule embarcation pour sauver les marins français ? Les coups qu'elle va porter ne feront que rendre plus grand le péril. Tout va sauter à la fois. Le petit torpilleur accourt ; accourt, funeste ami, compagnon trop vaillant !

Pour dégager le torpilleur, il s'agit de dévisser la hampe de la torpille entrée dans le funeste *Yu-yen;* mais on est sous son feu, feu terrible qui n'a pas de trêve. Malgré le danger, on s'efforce toutefois de déboulonner la hampe obstinément accrochée au navire qui sombre. Un homme est tué raide pendant la manœuvre mortelle.

C'est alors que, sur l'ordre du commandant, Pierre Rollando, natif du Morbihan, saisissant une hache d'abordage, s'élance sous le feu de l'ennemi à l'avant du canot en péril. Le courageux marin parvient à couper le palan de retenue de la hampe qui reste dans le flanc de la frégate chinoise...

Le commandant, l'équipage, le canot sont sauvés, sauvés par l'héroïsme de Rollando !

Le canot n° 2, libre enfin, s'éloigne sous des balles inoffensives.

C'est le tour maintenant du canot n° 1.

Il arrive à toute vapeur, fond sur le navire fort endommagé déjà, et lance ses torpilles sous le flanc tribord de la malheureuse frégaet. Le *Yu-yen* est soulevé, retombe et s'incline sur tribord. Les artilleurs chinois sautent en l'air. Affolés, d'autres artilleurs à leur poste tirent leurs canons sans savoir dans quelle direction, contre un ennemi invisible. Les malheureux viennent d'abîmer sans le vouloir l'autre navire ami. Leurs bordées folles ont envoyé en plein bois du *Tcheng-tching* les boulets destinés à nos deux torpilleurs qui échappent par miracle. Nos marins entendent siffler les boulets sur leurs têtes et voient le *Yu-yen* et le *Tcheng-tching* s'abîmer dans les flots.

Deux canots montés par chacun dix hommes venaient de détruire une frégate de vingt-trois canons et, par contre-coup, un aviso de sept canons.

Voilà ce que font le courage et l'audace.

La joie de l'amiral Courbet fut immense en revoyant victorieux les enfants de son bord. Un moment il les avait cru perdus, abîmés dans les flots. Il embrassa chaudement les deux capitaines, et prenant les mains des dix-neuf torpilleurs, il leur dit fort ému : « C'est bien, c'est bien ! vous êtes de braves gens ; il n'y a pas de plus braves gens que vous au monde. »

Il promit de les récompenser.

La mort empêcha le grand amiral de réaliser complètement un dessein si conforme à sa justice.

Le grand chancelier de la Légion d'honneur, à la demande des députés du Morbihan, accorda plus tard la médaille militaire au brave Rollando, leur compatriote, qui avait sauvé le canot torpilleur au péril de sa vie.

Monument élevé sur le tombeau de l'amiral Courbet dans le cimetière de la ville d'Abbeville,

SEPTIÈME PARTIE

# CAMPAGNE DU DAHOMEY

I

## Mort du commandant Faurax [1].

Marius-Paul Faurax, blessé grièvement à Saarbrück et plus tard à Nuits, était un brave : « Je suis un porte-veine, disait-il en parlant de ses blessures. Toutes les fois que j'ai été blessé, les Français ont été victorieux. »

Ses états de service, son zèle, son intelligence promettaient pour lui le plus brillant avenir.

Le colonel Riu devina sa vaillance. Il avait demandé au général Crémer deux officiers jeunes, hardis, intelligents. Le général lui adressa le capitaine Legrand et le lieutenant Faurax.

— Messieurs, leur dit le colonel en dardant son regard sur ces deux officiers immobiles devant lui, j'avais besoin d'auxiliaires intrépides et méprisant la mort sous quelque forme qu'elle se présente. Votre général vous a désignés comme les plus dignes parmi tous ses braves. La besogne que je réclame de vous est périlleuse. Je vous envoie à l'aventure, en enfants perdus, pour éclairer la route de l'armée et lui crier de bien loin, ainsi que le chevalier d'Assas (1) sous les baïonnettes croisées : « Voilà l'ennemi ! »

---

(1) Né à Lyon le 16 mars 1849. Voir l'intéressante notice de M. l'abbé Cussac, dans *la Revue du Siècle*, novembre 1893, n° 78.

(1) Capitaine au régiment d'Auvergne, célèbre par son dévouement en 1760.

Les deux officiers gardaient le silence, mais, dans leurs yeux, le colonel lut une résolution si ferme, un courage si tranquille, que, frappé d'admiration, il s'avança vers eux, leur tendit une main émue, et leur dit :

— Merci, Messieurs, c'est pour la France !

Legrand se fit tuer. On le fusilla comme espion. Faurax, après avoir lutté à Nuits, à Villersexel, en Afrique, au Tonkin, devait expirer frappé d'une balle au Dahomey.

Le trait suivant montre son énergie : En 1870, quand l'action s'engageait à Nuits, Faurax, après avoir transmis un ordre, revenait à cheval pour prendre de nouvelles instructions. Il rencontra une compagnie de mobiles. Tout à coup, il entend crier à haute voix : « Tiens, un capitulard qui se sauve ! Ce que je vais filer aussi ! » Le vaillant officier bondit, fait retourner son cheval, et fond, le revolver au poing, sur l'insulteur dont l'infâme calomnie pouvait ébranler la confiance de ses camarades :

— Tu n'es qu'un mauvais soldat, un mauvais Français, lui cria-t-il avec indignation : je pourrais te casser la tête tout de suite. Mais j'ai l'œil sur toi, et si tu recules d'une semelle, je te tue comme un chien. Choisis !

L'insulteur ne se fit pas répéter deux fois la vigoureuse semonce méritée. Il combattit avec courage et eut un bras emporté par un boulet.

Faurax, ainsi que nous l'avons dit, fut grièvement blessé. Tombé de cheval, il resta étendu toute la nuit sur le champ de bataille, la jambe percée. Emporté par une ambulance prussienne, il trouva moyen de s'évader malgré sa blessure et de rejoindre son général qui le croyait mort.

Plus tard, lorsque Faurax quitta le Tonkin, après trois années de séjour fécondes en expéditions glorieuses, ses soldats furent atterrés. Un simple légionnaire lui apporta l'adieu collectif de ses camarades :

« Mon commandant, lui dit-il, votre départ nous laisse dans la plus grande peine. Aussi, je me permets, au nom de tous mes frères d'armes, de vous manifester nos plus sincères regrets.

« Vous avez fait de nous des soldats. Votre courage et vos

vertus militaires ont su nous électriser et nous montrer le chemin de l'honneur et du devoir. Nous marcherons toujours sur ce chemin que vous nous avez tracé, et garderons pour vous, notre commandant, un éternel souvenir. »

Lorsque survinrent les évènements du Dahomey, le colonel Dodds, investi des pleins pouvoirs civils et militaires dans cette contrée, pour toute la durée de la campagne, prit possession de ses fonctions le 23 mai 1892. Une légion étrangère s'étant formée pour faire partie du corps d'armée, plus de soixante chefs de bataillon s'offrirent au ministre de la guerre, afin d'en obtenir le commandement. Faurax fut heureusement choisi. Il était reconnu le plus apte à commander les douze cents braves de la légion, composée surtout d'Alsaciens-Lorrains.

En partant pour le Dahomey, le commandant Faurax n'avait qu'une ambition : faire décorer le drapeau de son régiment.

Les trois compagnies de la légion s'embarquèrent à Oran, à bord du *Mytho*, le 7 août, à cinq heures du soir. Elles furent accompagnées jusqu'à bord par une foule immense, et le général Metzinger, d'une voix émue, fit ses adieux à la légion.

Faurax, au nom de ses officiers, répondit :

« Nous ferons tous nos efforts, mon général, pour mériter la confiance que le Gouvernement a eue en nous, en faisant, à un bataillon de l'armée française, l'honneur d'aller défendre le drapeau national sur la terre étrangère. Nous nous efforcerons surtout d'être à la hauteur de nos devanciers dans la légion. Officiers, sous-officiers et soldats, nous ferons tous notre devoir ! »

La troupe débarqua le 24 août à Kotonou, pleine d'enthousiasme.

On alla en pirogues jusqu'à Porto-Novo, pour parfaire l'organisation du bataillon, et on se mit en marche pour rejoindre une colonne qui venait de commencer les opérations.

« On m'a confié, écrit le commandant Faurax, le commandement d'une colonne qui est actuellement concentrée sur le fleuve, à Tawa, devant la rive dahoméenne. Tout me porte à croire que nous remonterons encore, en utilisant la voie d'eau, jusqu'à Dogba, d'où nous passerons sur le territoire de Béhanzin.

Jusqu'à ce jour, les rencontres ont été peu nombreuses, bien que la population du Dékamé, qui dépend du roi Toffa, notre allié, nous soit hostile.

« Il y a quelques jours, auprès d'un village dont on venait de s'emparer sans coup férir, deux commandants et un chef d'escadron d'artillerie ont été blessés, en avant de la ligne des faisceaux, par des noirs cachés dans la brousse (1), qui leur ont déchargé leur fusil à bout portant. Dans cette partie du Dahomey, c'est tout ce que nous avons à craindre : quelques coups de fusil dans la brousse, qui est aussi intense que celle du Tonkin, et ce n'est pas peu dire ; mais lorsque nous aurons traversé le fleuve, les difficultés croîtront au fur et à mesure que nous approcherons d'Abomey.

« Les guerriers de Béhanzin sont au nombre de cinq mille au moins, armés de fusils à répétition, ainsi que nous avons pu le constater d'après les blessures reçues par nos soldats dans un combat qui vient d'avoir lieu dans les environs de Kotonou : ils ont, en outre, une batterie de canons-revolvers et une batterie de campagne dont ils ont appris à se servir en profitant des leçons des transfuges allemands.

« Jusqu'ici, rien à dire sur la température, mais nous sommes dans la bonne saison. Dans quelques jours, doivent venir les pluies qui transforment le pays en véritable marais. Alors commenceront les difficultés sérieuses. »

Il fallut perdre un temps précieux pour recruter des porteurs de bagages. M. Ballot put enfin en réunir 7,000, après bien des recherches qui firent rejeter l'entrée en campagne au 1$^{er}$ septembre. On entrait dans l'époque la plus mauvaise de l'année.

Arrivé à Dogba, le commandant Faurax fit une longue reconnaissance vers le nord et quitta Dogba le 19 au matin. Les chefs, comme les soldats, marchaient à pied. Les chevaux, reconnus inutiles, restèrent à Porto-Novo. Ils servirent à l'alimentation de notre petite armée.

« M. Ballot, dit M. l'abbé Cussac, averti par ses émissaires

---

(1) Etendue de terrain couverte de broussailles épaisses.

Le colonel Dodds. — La Messe dans un bois.

d'une marche de nuit de l'armée dahoméenne, fit prévenir le colonel Dodds que le campement serait attaqué pendant la nuit. Le camp était adossé à un bouquet de palmiers et d'arbres très touffus. Jusqu'à quatre heures du matin, on se tint prêt à repousser l'attaque. Au moment où le jour paraissait et où la colonne s'apprêtait à lever le camp pour se mettre en marche à cinq heures, à la dernière note de la diane retentit une fusillade extrêmement nourrie, partant de moins de cent mètres. Les soldats dahoméens s'étaient glissés en rampant, dans les broussailles et attaquaient à l'improviste.

« Les légionnaires et l'infanterie de marine se trouvaient sur la face attaquée, ils ripostèrent immédiatement.

« Le commandant Faurax était en train de se laver, lorsqu'il entendit la fusillade. De suite il cria : « Aux armes ! »; mais les Dahoméens pénétraient dans le camp, sans avoir pu être arrêtés par les sentinelles. Son ordonnance lui tendit son revolver qu'il ne prit pas. Il s'élança alors, sans képi, en souliers, sans jambières, déploya ses hommes, posta chacun à sa place de bataille, toujours courant, toujours en évidence, et exposé, à cause de ses galons, aux tireurs spéciaux de l'ennemi chargés de viser les chefs.

« Sous la pluie des balles qui sillonnaient le camp en tous sens, le commandant, par son calme, ses ordres si nets et sa présence d'esprit, avait empêché la panique de se produire et rétabli l'ordre parmi les soldats. A cinq heures dix minutes, il était près du capitaine Drude et vérifiait ses positions. Il dit au capitaine : « Prenez cent hommes avec vous et suivez-moi. « La compagnie Jouvelet vient de souffrir énormément. » En effet, les morts et les blessés jonchaient le sol.

« Il fit arrêter ce renfort près de l'ambulance, et il se porta en avant pour savoir où il devait se lancer et balayer les sauvages dahoméens, qui, dissimulés dans les fourrés ou dans les branches des arbres, tiraient sur les officiers et avaient criblé la tente du colonel Dodds. Au moment où les clairons sonnèrent la charge, le commandant Faurax enleva ses hommes en criant : « En avant, mes enfants ! » Il fit charger trois fois, mais à la deuxième charge, il s'affaissa lourdement, frappé au côté par une balle qui traversa la poche de sa veste, les papiers et les livrets de service qu'elle contenait, et pénétra dans le flanc gauche.

« Le capitaine Drude courut à lui. Faurax lui dit : « Je suis « perdu, mon petit, cela me connaît. » Deux capitaines l'avaient ramassé, et, sous le feu de l'ennemi, les légionnaires portèrent les armes à leur chef qu'on emportait à l'ambulance. Le premier mot qu'il prononça en apercevant l'aumônier, l'abbé Vathelet (1), fut : « Ah! mon cher abbé, je suis bien touché. Je crois que « les intestins sont perforés. » Après un sérieux examen, le médecin en chef décida de l'évacuer le soir même sur Porto-Novo, à bord de la canonnière l'*Opale*.

« A dix heures du matin, la déroute des dahoméens était complète. Les fuyards ne purent se rallier que deux jours après. On sut le lendemain qu'on avait eu affaire à l'élite des troupes dahoméennes. Et sans l'audace, le sang-froid et l'habileté des dispositions prises par le commandant Faurax, la France aurait eu à pleurer le désastre de Dogba. Aussi, pour bien montrer que l'honneur de la journée revenait au chef de la légion, le colonel Dodds n'a pas hésité à baptiser du nom de Faurax le fort construit sur l'emplacement du combat.

« Vers deux heures, la figure du blessé avait pâli. L'abbé Vathelet, convaincu que la péritonite allait se déclarer, prévint par lettre les Pères de la Mission de Porto-Novo de donner au commandant, dès son arrivée, les suprêmes consolations, ce qui fut exécuté.

« Le départ fut déchirant. Les légionnaires escortèrent leur commandant jusqu'à la canonnière et pleuraient en lui portant les armes. Le colonel Dodds vint le saluer et l'embrasser : « Avez-vous été content de vos hommes? lui demanda-t-il. — « Oh! oui; ils ont été admirables. Je ne puis vous dire combien « je regrette de vous quitter si vite. Mais cela ne dépend pas « de moi. — Allons, mon ami, reprit le colonel, courage! « Vous nous reviendrez avec le cinquième galon; courage, et

---

(1) Mort, après sa rentrée en France, des fièvres pernicieuses contractées au Dahomey.

« à bientôt ! » Faurax sourit doucement, d'un indéfinissable sourire. Puis, après quelques instants : « Si je puis, je revien-« drai ; colonel, je vous recommande ma légion. » Jusqu'à la dernière minute, il ne cessa de donner ses ordres au capitaine Drude, oublieux de ses propres souffrances, ne songeant qu'à son bataillon, fournissant des notes pour faire récompenser les soldats les plus méritants. Et l'*Opale* partit, emmenant avec lui son ordonnance, le soldat Graff, et le major Piedpremier (1) qu'il aimait beaucoup et dont il avait réclamé les bons services.

« Pendant la descente de l'Ouémé, l'*Opale* fut aperçue par un officier, posté avec quelques cavaliers sur l'une des rives du fleuve. C'était le capitaine Crémieu-Foa, traînant au Dahomey l'incurable tristesse d'un récent duel. Peu de jours après, il disparaissait aussi dans un engagement.

« L'*Opale* arriva à huit heures du soir à Porto-Novo ; le gouverneur, M. Ballot, accourut rendre visite au vaillant blessé. Faurax s'entretint avec lui. « Ma blessure est grave, lui dit-il. « Ce sera dur, car je suis bien touché. » Mais il ne souffrait pas et se reprenait à espérer.

« Vers onze heures, les étouffements commencèrent ; la péritonite se déclarait. Les souffrances étaient grandes. Cependant Faurax demeura calme et tranquille jusqu'au dernier moment, sans proférer une plainte. Il mourut à quatre heures du matin.

« Le lendemain, en apprenant la fatale nouvelle, son bataillon fut dans la consternation la plus profonde, car officiers et soldats aimaient leur commandant comme un père et tous étaient fiers de lui. Sa droiture, sa bonté inaltérable, ses qualités éminentes, lui avaient gagné tous les cœurs. Un légionnaire s'écria : « Oh ! « ces canailles de Dahoméens nous l'ont tué ; mais nous le « vengerons ! » Le colonel Dodds, en priant le capitaine Drude d'annoncer cette nouvelle à ses hommes, lui dit : « Répétez « bien à vos légionnaires que, s'ils considèrent la mort du com-« mandant Faurax comme une perte irréparable, moi je la juge « comme une perte considérable pour la colonne, qui avait

---

(1) Mort au Dahomey.

« déjà su apprécier les qualités du commandant Faurax, au point « de vue du soldat et du camarade. » Et de fait, cette mort, survenue au commencement de l'expédition, en a retardé l'heureuse issue. De l'avis d'hommes compétents, Faurax, officier d'une instruction supérieure, aurait pu, en cas de malheur, prendre la direction générale. Chez lui, la science et le courage marchaient de pair.

« Ses funérailles eurent lieu à Porto-Novo avec une grande pompe. Le cercueil, enveloppé dans le drapeau tricolore, était porté par les milices du gouvernement, en grande tenue. Le cheval d'armes du commandant suivait.

« Derrière, marchait le lieutenant Stouter, de la légion, l'officier au cœur aimant et fidèle, qui avait reçu le dernier soupir de son chef. Puis le commandant d'armes et le docteur Piedpremier. Enfin, en grand uniforme, le gouverneur, M. Ballot, et à ses côtés, le roi Toffa, notre allié, qui, pour la première fois, se montrait dans un cortège de blancs. Tous les officiers, toute la garnison, tout ce que Porto-Novo renfermait de nègres et de commerçants européens, étaient là, rendant au vaillant chef les suprêmes honneurs.

« Au nom du bataillon étranger, le lieutenant Stouter vint donner l'éternel adieu au commandant Faurax. Sa douleur parla comme parlent les douleurs des fils sur la tombe d'un père ; elle se fit tendre, noble et émue. Puis, au nom de la France qu'il représentait, de cette France dont la fécondité puissante étonnait le monde et engendrait de tels enfants, le gouverneur prononça un discours qui impressionna vivement l'assistance. »

En France, quand on apprit la mort du commandant, tout le monde s'émut.

« Le commandant Faurax a eu une mort glorieuse, écrivit le 25 septembre M. Cambon, gouverneur général de l'Algérie, et s'il était possible de trouver une consolation dans un tel malheur, c'en serait une de penser qu'il a donné sa vie pour son pays, et qu'il a couvert son nom d'une illustration qui ne périra pas. »

## II

## Les Requins bravés.

C'était au mois de mai 1885, à bord de la *Naïade*, en rade de Tamatave, peuplée de requins, rendus plus nombreux à ce moment, par suite de la présence de la *Corrèze*, bateau-hôpital de la première expédition.

A la suite de la rupture de la balancine du grand perroquet, pourrie par les pluies torrentielles de la mauvaise saison, un matelot fut précipité sur un des sabords de la batterie, puis de là à la mer. Dans sa chute, il se fit au front une profonde blessure d'où le sang jaillit abondamment.

Un homme, n'écoutant que son courage, se précipita dans les flots, nagea vigoureusement vers l'endroit où le matelot avait disparu, plongea et fut assez heureux pour ramener à la surface le corps du malheureux à demi asphyxié.

Muni de son précieux fardeau, il se dirigea vers l'échelle de la coupée où de nombreuses mains se tendaient vers le sauveteur.

Les requins, attirés par l'odeur du sang qu'avait répandu le blessé, tournoyaient autour de ces deux hommes attendant le moment propice pour les dévorer.

Le courageux sauveteur resta à l'eau le dernier, il avait voulu qu'on embarquât le premier celui qui, déjà, ne donnait plus signe de vie. Quand vint son tour, quand ses mains saisirent celles qui se tendaient vers lui, quand, dans un vigoureux effort, ses camarades le hissèrent sur la plate-forme de la coupée, un souffle immense semblant sortir d'une puissante poitrine se fit entendre en même temps que les eaux se refermaient sur une masse noirâtre et visqueuse.

Une seconde de plus c'en était fait, l'héroïque marin avait les jambes broyées.

Le nom de ce brave, demanderez-vous? Je l'ignore, et le commandant de la *Naïade* ne l'a jamais su...

## HUITIÈME PARTIE

# TRAITS D'HÉROISME & DE DÉVOUEMENT
## A LA PATRIE

Nous groupons ici à part divers traits de courage et de dévouement que nous ne croyons pas pouvoir classer sous les titres précédents, pour différents motifs. Quelques-uns des faits rapportés dans les pages suivantes se sont accomplis en dehors de l'époque des campagnes mémorables dont nous avons précisé la date et esquissé le récit.

Nous n'avons point voulu mélanger avec les précédents le trait suivant rapporté le premier : il ne nous a point fourni les caractères de certitude aussi sûrs que ceux des faits mentionnés dans le cours de cet ouvrage inspiré par l'histoire. Nous le mettons néanmoins sous les yeux de nos lecteurs, pensant qu'il avivera l'intérêt.

I

### L'enfant de chœur de Marchais.

Antoine Blaisois, garde-champêtre de la petite commune de Marchais, près Montmirail, vieux soldat retraité, venait de recevoir une balle dans les reins. Le 11 février 1814, le sacristain Raingaux et l'enfant de chœur Lucien Blaisois, neveu du blessé, jeune garçon de treize ans, à la chevelure brune, au teint luxuriant, à l'œil vif et noir, se rendaient à la sacristie pour accompagner

M. le curé du village qui allait administrer les derniers sacrements au courageux blessé.

Le sacristain venait d'endosser son surplis, Blaisois avait revêtu son aube et coiffé sa calotte empourprée, lorsque le curé arriva et prit les saintes huiles.

On se mit en marche, le sacristain en tête, portant sa lourde croix de cuivre argenté, l'enfant de chœur ensuite, armé d'une sonnette qu'il agitait de temps en temps pour inviter les passants au recueillement, puis le curé, beau vieillard d'une physionomie franche et ouverte, d'une taille élevée et d'une allure énergique et digne.

Les passants auxquels s'adressait la sonnette de Lucien étaient rares, car les habitants de Marchais avaient été éveillés ce jour-là au bruit du canon, qui semblait se rapprocher à chaque instant. Tous les hommes en état de porter les armes s'étaient réunis en avant du village, et les femmes, les enfants, les vieillards se tenaient renfermés, dans l'attente anxieuse de ce qui allait se passer. Une partie de l'armée française avait pris position près de Marchais, et l'on savait que les alliés s'avançaient du côté opposé.

— Blaisois, dit le curé à l'enfant de chœur qui, de temps en temps, marchait sur les talons du sacristain, tu vas trop vite, mon enfant.

— Dam ! monsieur le curé, c'est que je n'ai pas encore déjeuné… avec ça que ma mère cuit aujourd'hui et qu'elle m'a promis une miche au beurre.

— Drôle ! as-tu oublié que la gourmandise est un des sept péchés capitaux ?

En ce moment, le bruit du canon qui se rapprochait de plus en plus devint terrible ; les coups se succédaient avec une effroyable rapidité, les vitres des maisons frémissaient et la terre semblait trembler.

— L'ennemi gagne du terrain, dit le curé en accompagnant ses paroles d'un profond soupir ; que Dieu protège la France !

— Si ces gueux-là allaient manger ma miche ! pensa Blaisois. Et il recommença à marcher sur les talons du père Raingaux, qui tremblait de tous ses membres.

On arriva ainsi à la maison de l'oncle Antoine, située à l'une des extrémités du village. Le pauvre blessé était bien bas, mais il avait conservé toute sa tête ; il répondit avec lucidité aux questions de l'homme de Dieu, qui lui administra l'extrême-onction en hâtant un peu la cérémonie, car on entendait maintenant la fusillade, et les boulets commençaient à tomber dru comme grêle dans le village.

— Partons, mes enfants, dit le curé, nous allons avoir de la besogne : les blessés ne nous manqueront pas.

Raingaux s'empressa de tourner les talons, et déjà il baissait la hampe de sa lourde croix pour franchir l'huis intérieur de la maison, lorsqu'au bruit du canon et de la fusillade se mêlèrent le retentissement du galop des chevaux, le cliquetis des sabres et, dans le lointain, la clameur d'affreux hurrahs.

— Les Cosaques! fit le sacristain d'une voix qui révélait sa terreur.

— Et ma miche au beurre! dit l'enfant de chœur en serrant les poings.

— Sortons! s'écria le curé d'une voix ferme ; au moment du danger, on doit se réunir à l'église ; tâchons d'arriver jusque-là.

Mais déjà la maison était entourée de Cosaques, troupe aventureuse, indisciplinée, âpre au butin, dont quelques-uns s'étaient hâtés de descendre de leur monture. Raingaux, refoulé à l'intérieur par ces maraudeurs, tomba à la renverse et s'évanouit sur le seuil. Le curé, toujours grave et calme, s'avança pour le secourir. Au même instant, Blaisois, stimulé à la fois par la faim, par la colère, par le sentiment de la conservation, lança de toutes ses forces l'énorme sonnette qu'il portait contre un des Cosaques qui, recevant l'étrange projectile en plein visage, tomba étourdi sous le coup. Le courageux enfant, saisissant alors la lourde croix échappée aux mains du débile sacristain et s'en servant comme d'une masse d'armes, se précipita tête baissée sur le groupe de pillards, frappant, renversant ceux qui étaient parvenus à pénétrer sous le vestibule et qui, surpris, effrayés par cette attaque imprévue, se retirèrent en désordre. Il ferma ensuite la porte qu'il assura en tirant les verrous.

— Bravo ! bravo ! Lucien, dit l'oncle Antoine qui, au bruit du combat, avait recouvré assez de force pour se dresser sur son séant; bien, mon garçon ! tiens, prends ma carabine et ma giberne, il s'y trouve encore quatre paquets de cartouches ; j'entends la charge, voilà du secours. Vive la France !

Et le vieux soldat expirait en disant ces mots.

L'infanterie française entrait en effet dans le village, les Russes reculaient, et le curé, le sacristain, l'enfant de chœur purent retourner à l'église, où se trouvaient déjà un grand nombre de blessés que l'homme de Dieu s'empressa de secourir. Quant à Blaisois, la carabine de son oncle sur l'épaule, la giberne en sautoir, il essaya de regagner le toit maternel où devait l'attendre la fameuse miche au beurre. Mais déjà l'ennemi avait repris l'offensive, et une grêle de balles et de boulets tombait sur l'église. Le brave enfant s'élance alors au milieu d'un groupe de tirailleurs de la garde qui défendent les abords du cimetière, et qui accueillent en riant cette recrue de nouvelle espèce; mais Lucien ne s'en émeut pas, et il commence à brûler ses cartouches avec un sang-froid et un aplomb dignes des vieux soldats parmi lesquels il n'a pas craint de venir prendre place.

Cependant l'ennemi reçoit à chaque instant de nouveaux renforts, et bientôt les tirailleurs se retirent en défendant le terrain pied à pied. Lucien est au milieu d'eux, il a vu, sans broncher, tomber la moitié de ces braves gens, et il continue à user ses cartouches sans trop se presser, choisissant son homme pour chaque coup et le manquant rarement. Enfin, le village est évacué par les Français ; mais déjà s'avance la division du général Ricard, chargé par l'empereur d'enlever ce point important, avec recommandation de s'y maintenir. Les tirailleurs de la garde se rallient à cette division, et le général s'avance au milieu d'eux pour leur demander quelques renseignements topographiques.

— Monsieur le général, s'écrie Lucien en se faisant jour à travers le cercle formé des officiers, je suis du pays, et, si vous voulez, je vais vous conduire par un chemin moins dangereux que celui que vous suivez. Nous passerons par le clos au grand Collot, nous prendrons ensuite la ruelle aux Dindons, et nous

L'enfant de chœur de Marchais.

déboucherons derrière le jardin du presbytère... Ah ! vous verrez la mine que feront les Cosaques quand vous tomberez comme ça au milieu d'eux !

Le général, surpris d'abord de la proposition, frappé surtout de l'étrangeté du costume de celui qui la lui faisait, hésitait à accepter Lucien pour guide ; mais les tirailleurs s'étant empressés de rendre témoignage de la courageuse conduite de l'enfant de chœur, celui-ci, avec l'autorisation du général, alla se placer au premier rang de la colonne d'attaque. Il en dirigea ensuite la marche avec tant de bonheur, qu'elle tomba comme une bombe au centre même du village de Marchais au moment où les Russes, qui ne l'avaient emporté qu'au prix des plus terribles sacrifices, s'y croyaient à l'abri de toute attaque.

Le combat recommença alors avec fureur ; la mêlée fut horrible. Le général Ricard, sentant toute l'importance de la position, payait de sa personne et sabrait tout ce qui lui faisait obstacle.

Bientôt les Russes commencèrent à se mettre en retraite, puis, poussés la baïonnette dans les reins, ils rompirent l'ordre qu'ils avaient conservé jusqu'alors. Dès ce moment, le combat se changea en une véritable déroute.

Le général Ricard, en ce moment décisif, donnant lui-même l'exemple de la poursuite et se croyant suivi de ses grenadiers, lança son cheval sur l'arrière-garde des fuyards, dont une partie venait de disparaître dans une des rues latérales de l'église.

— Pas par-là ! pas par-là, général ! lui cria une voix quelque peu claire.

C'était Blaisois qui, après avoir pénétré plus avant, revenait sur ses pas en courant de toute la force de ses jambes. Mais le général, sans faire attention à cet avis, continuait à piquer vivement sa monture. L'enfant alors saisissant avec vigueur la bride près du mors, arrêta tout court le cheval qui, en se cabrant, renversa le général Ricard à terre. Cette chute le sauva : il n'avait pas encore eu le temps de se relever, lorsque quatre pièces de canon, traînées à la prolonge par les Russes à l'entrée de la rue pour protéger leur retraite, vomirent quatre volées de mitraille. Le cheval fut tué et entraîna l'enfant de chœur dans sa chute, mais Blaisois se releva lestement et vint tendre la main au général qu'il avait ainsi arraché à une mort inévitable.

A quelques heures de là, Napoléon avait remporté une victoire de plus : la bataille de Montmirail était gagnée !

Le soir, l'empereur, entouré de ses généraux, se faisait rendre compte des particularités de cette journée. Le général Ricard raconta en souriant les prouesses du brave enfant de chœur. Napoléon ayant témoigné le désir de le voir, on s'adressa au curé, qui indiqua la demeure de la mère de Blaisois, où on le trouva encore vêtu de son aube toute maculée de poudre et de sang, de sa calotte rouge entamée par un coup de sabre, et dormant à poings fermés sur la paille fraîche.

On le réveille, on lui annonce qu'on va le conduire devant l'Empereur.

— Et ma miche ? fait le pauvre enfant, répondant avant tout, en se frottant les yeux, aux sollicitations de son estomac.

C'est, qu'en effet, il devait éprouver toutes les douleurs de la faim. A son retour chez sa mère, il avait trouvé la maison pillée, dévastée, saccagée de fond en comble. Le pain, encore à l'état de pâte, avait été retiré du four par les pillards ; il n'en restait rien, et Blaisois, accablé de fatigue, s'était endormi à jeun.

— Venez toujours, lui dit un officier d'ordonnance, l'empereur ne doit pas attendre, et l'on aura soin de pourvoir à votre souper.

Lucien commença à trembler de tous ses membres ; il était sous l'empire de la crainte quand on le présenta à Napoléon.

— C'est donc vous, mon petit drôle, lui dit en souriant l'empereur, qui vous permettez de porter la main sur un officier général et qui faites le coup de fusil contre les Russes au lieu de servir la messe.

— Dam ! sire, répondit Blaisois en baissant les yeux et en se grattant l'oreille, c'est qu'ils venaient me manger ma miche au beurre,

Un murmure d'hilarité se fit entendre parmi le groupe d'officiers qui entouraient l'empereur : lui, au contraire, redevint sérieux ; il prit la main de l'enfant de chœur, et la serrant avec effusion :

— Bien ! mon garçon ! bien, dit-il, si chacun défendait comme toi sa miche au beurre, la France serait bien vite sauvée !... Tu es trop jeune pour faire la guerre, reprit-il après un instant de silence, mais je me souviendrai de toi... Général Ricard, prenez note de cela.

On fit souper l'enfant de chœur, puis on le renvoya la poche garnie de quelques napoléons destinés à réparer les pertes éprouvées par sa mère.

Ces braves gens durent croire leur avenir assuré ; mais de ce moment les évènements marchèrent avec une telle rapidité que la promesse sur laquelle ils comptaient fut oubliée, et que bientôt après le vainqueur de Marengo et de Montmirail partait pour l'exil.

Quatorze mois s'étaient écoulés ; remonté sur le trône après en être tombé une première fois, Napoléon passait en revue une partie de sa garde dans la cour des Tuileries. Déjà il avait parcouru les rangs et il allait se placer devant le pavillon de l'Horloge pour commander le défilé des troupes, lorsqu'un jeune garçon, se glissant entre les officiers généraux de sa suite, éleva en l'air son chapeau, qu'il agita en s'écriant :

— Sire, ah ! sire, vous avez oublié l'enfant de chœur de Marchais !

L'empereur s'arrêta court et ordonna qu'on laissât approcher le jeune homme.

— Tu as raison, mon ami, lui dit-il, mais c'est un peu la faute du général que tu as sauvé et qui, lui, a oublié bien autre chose ! As-tu toujours l'envie de combattre les ennemis de la France ?

— Si bien l'envie, que j'ai demandé à entrer comme trompette dans ce magnifique régiment (et il désignait de la main les guides, chasseurs à cheval de la garde), mais on me trouve trop jeune et l'on me refuse.

— Tu mérites mieux que cela, cependant, répondit Napoléon avec un soupir ; mais en ce moment la France a besoin du bras de tous ses enfants. Suis-moi.

Il revint au pas sur le front du régiment que Blaisois avait indiqué, et s'adressant au colonel qui le commandait :

— Colonel, lui dit-il, dès ce moment ce jeune homme fait partie de mes chasseurs en qualité de trompette. C'est un cadeau que je vous fais, entendez-vous, un véritable cadeau, et vous pourrez bientôt en juger vous-même.

Le 18 juin 1815, alors que le canon prussien achevait les derniers débris de la garde, Napoléon, décidé à ne pas survivre à son désastre, s'élança dans la mêlée avec désespoir. Tout à coup un jeune trompette, dont le visage imberbe est sillonné de deux ou trois larges blessures, précipite son cheval en avant du sien et lui fait un bouclier de sa poitrine. Napoléon le reconnaît : c'est Blaisois, l'enfant de chœur de Marchais.

— Où sont mes chasseurs ? lui demande-t-il.

— Sire, répond le jeune homme en faisant un effort pour porter la main à son colback et rendre le salut militaire, ils sont morts !... et je vais les rejoindre.

Il ferma les yeux et sa main lâcha les rênes de sa monture. Un biscaïen venait de lui traverser la poitrine.

— Noble enfant ! dit le grand homme d'une voix qui trahissait toute la douleur dont son âme était navrée ; noble enfant !... de qui donc le ciel aura-t-il pitié ?

II

## L'enseigne de vaisseau Bisson.

De nombreux pirates infestaient les mers du Levant dans le cours de l'année 1829. Le gouvernement français se décida à protéger les bâtiments de commerce qui naviguaient dans ces parages. Il envoya des forces navales importantes et divers engagements ne tardèrent pas à avoir lieu avec les pirates.

Plusieurs bâtiments ennemis furent pris ou obligés d'échapper par la fuite.

Vers la fin du mois d'octobre, la gabarre royale, la *Lamproie*(1), arrêta, un beau jour, sur les côtes de Syrie, un brick grec, le *Payanoti*. Aussitôt, la frégate la *Magicienne* transféra à son bord l'équipage du corsaire, composé de soixante-dix hommes. Elle ne laissa dans le brick que six pirates et y fit passer un officier et quinze marins français.

L'officier était Bisson, enseigne de vaisseau. Le pilote, chargé de conduire le *Payanoti*, se nommait Trémentin.

Tout semblait aller à souhait, lorsque la mer s'étant élevée durant la nuit, le mauvais temps s'épara les deux bâtiments. Le *Payanoti* fut obligé de se réfugier vers l'île de Stamplie.

Deux Grecs captifs, restés à bord, trouvent le moyen de s'évader et de gagner le bord.

L'enseigne Bisson prévoit une attaque prochaine. Il se prépare aussitôt à une vigoureuse défense et met tout son monde sur pied.

Faisant appeler Trémentin : « Pilote, lui dit-il, promets-moi, si la fortune nous est contraire, de faire ce que je ferai moi-même si je ne succombe pas dans le combat : fais sauter le bâtiment. »

— Je le jure sur l'honneur, répondit le brave pilote.

Bisson ne s'était pas trompé dans ses prévisions. A dix heures du soir, le *Payanoti* était attaqué par deux puissants navires.

Que pouvaient quinze hommes contre cent trente ennemis ? Ils luttent avec intrépidité et longtemps. La victoire est balancée. A la fin, le nombre l'emporte. Neuf Français, neuf héros sont tombés... Le pont est envahi.

Bisson est blessé ; couvert de sang, il s'échappe de la mêlée :

— Amis, crie-t-il aux Français qui luttent encore, sauvez-vous ! Jetez-vous tous à la mer !

Puis, se tournant vers Trémentin :

— Pilote, dit-il, voici le moment d'en finir. Adieu !

Aussitôt il se précipite, court dans la cabine où il a tout préparé d'avance. Les ennemis n'ont pas eu le temps de le suivre. Il prend la mèche et met le feu aux poudres...

(1) Une gabarre est un bâtiment de charge ou de transport à trois mâts.

Le navire saute, brisé en morceaux. Bisson périt au milieu des débris. Il meurt pour ne pas laisser aux mains des ennemis un vaisseau conquis par des Français.

Trémentin survécut. Il reçut la croix d'honneur, et ses compagnons sauvés obtinrent des récompenses.

Le ministre de la marine, le 5 avril 1830, monta à la tribune pour rendre hommage à l'héroïsme de Bisson.

Un monument s'éleva en l'honneur du glorieux enseigne.

III

## Le Parisien Bigaré.

Bigaré, dit le *Parisien*, était né au Gros-Caillou. Simple chasseur lors de la première expédition de Constantine, il fut incorporé plus tard dans les spahis.

On sait que ce corps est composé en partie de Français et en partie d'Arabes, tous d'un courage éprouvé. Rien n'étonne ni n'effraie les spahis : eh bien ! ces soldats d'élite furent ahuris de l'intrépidité de Bigaré.

Le *Parisien* était un homme de trente ans, tout couturé de cicatrices, haut de taille, noir, sec ; ajoutez à cela qu'il était maigre, mais fort comme un lion. Au danger le plus pressant, à la mêlée la plus terrible, on voyait le *Parisien* accourir. Toujours en avant, jamais en arrière ; oh ! le brave enfant ! Le combat, pour lui, était une fête. Le sifflement des balles, le hennissement des chevaux, le retentissement des clairons, la charge, les nuages de fumée enveloppant les lignes de nos fantassins, les clameurs étranges que poussent dans le combat les habitants du désert le remplissaient d'ivresse.

La mort du *Parisien* ne pouvait être que semblable à sa vie, héroïque.

Bigaré avait été chargé d'éclairer la marche d'un détachement. A la tête de treize spahis seulement, il atteignit un étroit défilé terminé par une longue ligne de rochers à pics. Le renom du lieu était sinistre. Que de fois nos convois avaient été attaqués en cet endroit? Combien de têtes humaines avaient servi là de butin aux farouches Arabes?

La prudence prescrivait à Bigaré d'attendre le rapprochement du détachement; mais attendre! Bigaré ne comprenait pas ce mot. Pour lui, hésiter était synonyme de fuir.

Il pousse en avant.

A peine a-t-il fait cent pas dans le ravin, qu'une masse de burnous blancs se montre tout à coup derrière les rochers grisâtres qui dominent sa tête.

Les spahis s'arrêtent. Bigaré remarque leur indécision. Il se tourne vers ses hommes. Son visage est enflammé.

— Le premier qui recule, je le tue! s'écrie-t-il. Il faut passer ou mourir. J'aime mieux dix balles dans le ventre qu'une dans le dos. En avant!

Ses compagnons sont électrisés ; ils le suivent en aveugles.

Aussitôt, des doubles crêtes des hauteurs, voilà que part un feu roulant, terrible. Douze spahis sont renversés. Il n'en reste qu'un qui se glisse à terre, rampe sur ses mains et échappe à la vue en s'enfonçant dans des massifs de chardons à longue tige.

Deux balles ont atteint le courageux Bigaré, qui tombe blessé à la cuisse et à la poitrine.

Les Arabes, joyeux, poussent des cris sauvages. Leur chef, le cheik, accourt, dirigeant sur le mourant son fusil incrusté d'ivoire ; mais le *Parisien* n'a pas perdu son énergie avec son sang. Il laisse approcher son cruel ennemi jusqu'à la portée de sa main défaillante; d'un mouvement brusque et imprévu, il le saisit de toute sa force à la gorge et l'étreint. La figure du cheik devient pâle, elle noircit. Son sang sort à gros flots de ses narines. Il expire au moment où les bras de Bigaré, détendus par la mort, retombent inanimés. Le détachement français trouva le cadavre du *Parisien* abandonné dans le ravin, le recueillit pieusement et l'enterra tout près, dans un vieux mausolée bâti jadis par les Espagnols.

Bigarré saisit le Cheik à la gorge.

## IV

## Le colonel de Sève.

On sait que l'ancienne armée égyptienne, sous les précédents khédives, a été formée par des officiers français.

Un bataillon égyptien faisait un jour l'exercice à feu en vue du Nil, et Sève, jouissant de son œuvre, admirait la fermeté et la précision vraiment étonnante des mouvements. Emporté par l'amour de son art, tout à sa création, il pique son cheval, s'éloigne de manière à pouvoir embrasser l'ensemble des manœuvres, et, placé en face des rangs, il commande les divers commandements.

Au mot : Feu ! son cheval tressaille.

Sève s'étonne : les balles ont sifflé autour de lui. Les mamelouks, cette fois, ont réellement voulu l'assassiner.

Il se dresse sur les étriers, enlève son cheval et se précipite sur son bataillon

Il entre dans les rangs, qu'il bouscule et renverse, frappe à droite, à gauche, cingle les épaules et les visages. Les coups pleuvent comme grêle, les mamelouks reculent. Le chef accompagne ses coups d'injures sanglantes et de reproches amers :

— Triples canailles ! allons, pourceaux maudits, fils de chiens ! c'est à cette distance que vous manquez un homme ! Recommencez !

Et, faisant voler le sable sous les pieds de son cheval, il retourne audacieusement se camper en face de son bataillon.

— Chargez !

A cet ordre qui est un défi, le bataillon frémit de stupeur, mais il obéit.

— Une, deux ! Doucement, donc, ânes bâtés ! Ne vous pressez donc pas. Bien, très-bien ! Attention ! — Portez armes ! présentez armes !

Les cœurs battaient à se rompre ; les yeux dévoraient le chef.
— En joue, feu !

A ce trait d'héroïque folie, à ce commandement donné d'une voix si vibrante, une clameur s'éleva dans les airs, les rangs se rompirent, les fusils tombèrent, et le bataillon accourant tout entier, entoura son commandant et le saisit dans ses bras en poussant des cris de repentir, de dévouement et de fidélité. Les uns baisaient ses étriers, d'autres ses vêtements ; chacun touchait avec amour le chef adoré qui sentait deux larmes couler sur sa pâle figure. La transformation était complète. Toutes les voix juraient obéissance passive et dévouement inviolable.

Voilà ce que produit l'héroïsme.

## V

### Victimes du devoir.

Si la générosité, le dévouement est le propre du caractère français, quelles preuves d'abnégation et de sacrifice n'a pas dû donner la bravoure française sur un champ d'action autrement plus vaste que le champ de bataille ! Il faudrait des volumes pour énumérer les victimes du devoir seulement durant ce siècle. Bornons-nous à l'exposé de quelques traits.

Il fut victime de son dévouement absolu au devoir, le brave et intelligent lieutenant-colonel Azan, du 27$^e$ de ligne. Le froid était des plus rigoureux en Bourgogne au commencement de l'année 1895. La garnison de la ville de Dijon ne tarda pas à être fort éprouvée. Les soldats tombent malades dans les casernes ; l'influenza se déclare et en fait mourir plusieurs. Azan va visiter ses hommes à l'hôpital, se prodigue, les encourage, les soigne de son mieux. Bientôt il est frappé d'un mal qui, hélas ! n'épargne point le dévouement. Le lieutenant meurt d'une pneumonie infectieuse contractée à l'hôpital où, chaque jour, il faisait des visites prolongées.

\*\*\*

L'exemple suivant est de nature à jeter le lecteur dans la stupéfaction.

Le colonel Gardarens, officier de la Légion d'honneur, comptait les plus brillants états de service : deux citations, six blessures, l'estime de ses supérieurs et de ses soldats, rien ne manquait à sa gloire.

Ce héros, ancien zouave, tenait à prouver à ses hommes qu'il était digne de les commander. Afin de leur inspirer confiance et de pouvoir facilement les entraîner, il avait fait afficher dans toutes les chambrées ses états de service. Un trait prouvera sa valeur.

Le choléra, l'affreux choléra faisait de nombreuses victimes parmi ses chers soldats, appartenant au 6e de ligne. Ils étaient décimés. Une sombre inquiétude régnait sur tous les visages des braves du régiment. Chacun attendait son tour.

Une chambrée se trouvait tout particulièrement infectée ; aussi l'avait-on surnommée justement la *chambre maudite*.

La *chambre maudite* était l'ennemi qu'il fallait attaquer et vaincre. Gardarens médita et résolut de frapper un grand coup. Son coup fut, comme on le verra, un coup de maître.

Le colonel se décida à combattre l'épidémie à la manière arabe. Chaque jour il allait dans les chambrées, conversait avec les malades, relevait le moral de ses hommes, cherchant à leur prouver que le choléra n'était nullement contagieux.

S'apercevant que ses discours n'avaient pas le don de faire entrer une conviction parfaite dans les esprits, le colonel jugea qu'il était temps de donner une *leçon de choses* exigeant un courage sublime.

Un homme venait d'être foudroyé par le fléau dans la *chambre maudite*. Dès que Gardarens reçoit la nouvelle du décès succédant à tant d'autres, il entre dans la chambrée, s'approche du soldat tout livide, palpe le cadavre, le tourne et le retourne. Les soldats témoins regardent consternés, se disant : « Le colonel est flambé ! »

S'adressant à l'adjudant-major de semaine qui le suivait, Gardarens s'exprima ainsi :

— Ecrivez, capitaine : « Le colonel viendra passer la nuit dans le lit du soldat X..., mort du choléra ; il recommande expressément qu'on ne change pas les draps. »

L'étonnement ou plutôt la stupeur est à son comble. Les paroles du colonel sont colportées immédiatement dans les chambrées ; chacun y va de son petit commentaire : « Si le colonel fait ça, pour sûr il est f.. »

Le fait tient du roman ou du drame, mais il est réel ; le soir venu, Gardarens, après l'appel, arrive dans la *chambre maudite*, se déshabille, se couche tranquillement dans le lit du malheureux cholérique et ne tarde pas à ronfler, absolument comme s'il se trouvait dans son lit...

Le lendemain matin, le colonel se réveille à son heure ordinaire ; s'habille sans souci, salue et quitte la chambrée.

Tous les soldats étaient stupéfaits, muets d'admiration.

Effet prodigieux du courage : à partir de ce jour, le fléau cessa ses ravages dans la caserne. La *chambre maudite* ne compta plus un seul mort. Elle sembla débarrassée d'un mauvais esprit.

Bien des guerriers au cœur vaillant n'oseraient essayer de tenter ce que Gardarens a fait.

Demandons aux capitaines allemands !

*\* \**

Il fut bon chrétien et bon soldat Jean-Marie, *né natif*, comme on dit, du Finistère, qui tomba glorieusement victime de son devoir.

Un matin d'automne, il quitte son village natal, un petit paquet sur l'épaule, des rubans au chapeau, le front baissé, la larme à l'œil. Il venait de dire adieu à son père, à sa bonne mère. Le pauvre garçon avait amené le numéro 23.

Quand il fut un peu loin, il se retourna pour voir encore une fois sa pauvre chaumière, le clocher à jour de son village. Après avoir agité son chapeau pour dire un dernier adieu aux siens qui le suivaient des yeux, il courut bien vite pour n'être point tenté de retourner vers sa cabane.

Le voilà au régiment. Le Breton est brave ; le clairon fit vibrer l'âme de Jean-Marie. Il a l'amour de son régiment.

Un beau jour, le jeune soldat apprend que son frère vient de gagner la croix à la bataille de Coulmiers ; il se promet de la gagner lui aussi.

Ordre est donné subitement à son bataillon de partir et de s'embarquer pour la Goulette. On ira en Afrique, en Chine, partout où l'obéissance appelle, Jean-Marie sera digne de son pays, il fera son devoir. A la grâce de Dieu !

Notre petit Breton est dirigé vers Tunis. A peine débarqué, il est incorporé dans un détachement destiné à renforcer la colonne Sabattier, du côté de Zagouan.

L'étape est longue ; il fait une chaleur atroce. Il y aura à lutter contre des bandes insurgées : Jean-Marie part content.

Son commandant, qui a confiance en la bravoure du Breton, le charge de porter un ordre important aux troupes campées dans le voisinage. Jean-Marie est seul : l'ennemi rôde autour de lui ; mais il ne craint pas. Sa mission remplie avec succès, le brave soldat revient joyeux rendre compte à son chef ; mais au retour, voilà qu'il tombe au milieu d'une bande d'ennemis qui fondent sur lui.

Jean-Marie se défend avec énergie ; il met hors de combat trois de ses plus acharnés agresseurs. Mais la partie est par trop inégale ; bientôt, écrasé par le nombre, il tombe blessé. Son sang s'écoule avec abondance de ses plaies multiples. Quand ses camarades arrivent, ils le trouvent affaissé, baignant dans son sang, presque inanimé.

Son capitaine, vieux soldat des guerres de Crimée et d'Italie, se penche vers lui :

— Jean-Marie, lui dit-il, tu es un brave. Courage, je vais te proposer pour la croix.

— Je suis bien content. J'ai fait mon devoir, mais je n'ai qu'un instant à vivre... Je voudrais un aumônier...

Il n'y avait pas d'aumôniers pour ces braves !

— Oh ! mon Dieu ! murmure le moribond, que je suis malheureux ; pas de prêtre !... Que dirait ma pauvre mère si elle savait que je vais quitter la vie sans un prêtre à côté de moi...

Et le Breton si fidèle au devoir pleurait à chaudes larmes.

— Allons, allons, dit le capitaine, du courage ! Dieu est miséricordieux... offre-lui tes douleurs, il aura pitié de toi.

Le brave Jean-Marie portait sur son cœur une médaille de sainte Anne d'Auray. Le capitaine la saisit, l'approcha des lèvres du moribond qui fit entendre un soupir et expira...

On creusa la terre, on descendit le corps du pauvre Breton dans l'ouverture béante, et le commandant s'agenouillant dit à ses hommes émus :

— Une prière, enfants, pour celui qui n'est plus.

Tous tombèrent à genoux et prièrent pour la victime du devoir.

C'était touchant, c'était beau !

Mais que dire d'un pays qui ne donne pas de prêtres à d'aussi nobles victimes, courant sans regret à la mort pour lui ?

***

Le général Ney, à Gravelotte, commandait le 6ᵉ chasseurs. Ses hommes étaient arrêtés dans un bas-fond.

Profitant de cet instant de répit, le général se détache du régiment et va à la recherche. Il n'était pas éloigné à cent mètres de ses troupes, qu'il aperçoit un gros de uhlans rapides comme la tempête. Imitant le courage de d'Assas, le général saute à cheval, crie de toutes ses forces : « En avant ! » et, *tout seul*, suivi à distance par son régiment, se jette au milieu de l'ennemi.

Quand la charge eut donné, on releva le général Ney criblé de blessures, presque mourant.

***

Un aumônier des mobiles des Basses-Pyrénées tomba entre les mains des Prussiens avec quelques soldats qu'il encourageait de ses paroles et de ses exemples. Sa soutane était déchirée : il ressemblait plus à un militaire déguenillé qu'à un prêtre. Un officier s'approche de lui :

— Vous êtes franc-tireur ? lui dit-il.
— Non pas, je suis aumônier.
— De quel corps ?
— Mobile des Basses-Pyrénées.
— Quelle route suit votre bataillon ?
— Vous êtes bien curieux, monsieur !
— Ah ! c'est ainsi. Vous allez être fusillé !
— Très bien ! faites ; me voici.

L'aumônier, qui ne veut pas trahir les siens, se porte contre un peuplier, droit, immobile.

— Vous n'avez donc pas peur de la mort ? demande l'officier ennemi.
— Je suis prêt !

L'officier, admirant sa fidélité au devoir, à l'honneur, se retira en s'inclinant avec respect.

\*
\* \*

Dans un livre, intitulé : *Les morts héroïques pendant la guerre de 1870-71 et pendant la Commune*, M. C. d'Aulnoy a cité nombre de traits de courage et de dévouement accomplis par des prêtres et des religieux en face de l'ennemi.

On conseillait à un aumônier à bout de forces de prendre un congé.

— En quittant mon poste dans les conjonctures où nous sommes, répondit le courageux prêtre, je croirais me déshonorer et manquer à mon devoir.

— Et vous seriez le premier prêtre catholique, reprit vivement le colonel devant ses officiers, qui infligerait à l'Eglise un pareil déshonneur... Vous viendriez tous à mourir, que vos os blanchis nous resteraient encore pour nous enseigner à tous à faire notre devoir jusqu'à la mort...

L'abbé Vincent le Goavec, aumônier des mobilisés de Bretagne, tomba raide mort près de Droué (Loir-et-Cher), frappé d'une balle à la tempe, au moment où il administrait un blessé.

M. l'abbé Auguste Fouqueray, vicaire de Monftort (Sarthe), tomba mortellement frappé de trois balles.

L'Abbé tomba frappé d'une balle à la tempe.

M. l'abbé Henri Oros, aumônier volontaire du 6ᵉ bataillon de la Seine, fut tué par un obus sur le plateau d'Avron.

Le curé de Moigny (Seine-et-Oise), fait prisonnier par l'ennemi, fut sur le point d'être fusillé pour avoir conduit des francs-tireurs à des postes avantageux. On le plaça entre les chevaux de deux dragons qui, lancés au galop, le traînaient tout meurtri. Il recevait des coups de plats de sabre quand il n'allait pas assez vite. Il eut la chance de pouvoir rompre ses liens et de s'échapper.

*  
* *

On a souvent cité le dévouement admirable du curé de Bazeilles, M. l'abbé Baudelot ; nous nous reprocherions de ne pas mettre sous les yeux de nos lecteurs son noble exemple. Nous l'avons détaché à dessein du récit de la bataille que nous avons fait plus haut, afin de le rendre plus saillant.

Les familles qui s'étaient réfugiées au presbytère de Bazeilles se croyaient là plus en sûreté que chez elles. C'était bien à tort : les obus s'acharnaient sur cette demeure ordinaire de la paix.

Craignant pour la vie de ses chers paroissiens, le bon curé prit le parti d'emmener tous les réfugiés dans le parc de Montvillers. Le château avait été converti en ambulance.

Il emmenait avec eux son père et sa mère, presque octogénaires tous deux, espérant que le drapeau de la convention de Genève arboré serait respecté et les protégerait.

Il connaissait mal les Prussiens. A quatre heures, un éclat d'obus jetait bas le drapeau de la Croix-Rouge.

Le curé se hâte de le faire relever. On le hisse sur la plus haute cheminée du château. Une ambulance française étant arrivée, le curé attache un brassard à la manche de sa soutane. Il se fait aumônier.

Dans l'enceinte de l'ambulance se trouvaient des armes de toutes sortes ; il les fait transporter hors de cette enceinte, pour que personne ne fût compromis.

Sa sagesse égalait son courage.

« Il y avait, raconte le bon curé dans une lettre écrite plus tard à un de ses amis, des opérations terribles. Nos soldats les subissaient en vrais martyrs. Pas de cris, pas de plaintes même. Chaque fois qu'un blessé mourait, je le faisais transporter dans une salle spéciale pour ne pas impressionner ses voisins. Cela a duré toute la nuit.

« Le 1ᵉʳ septembre, à quatre heures du matin, je fais le tour de mes blessés dispersés et je veux me rendre chez moi pour prendre mon bréviaire que je n'avais pas pu dire encore. Arrivé vers cinq heures un quart, un premier coup de canon, puis, partout, le feu des canons ; le parc noir de Bavarois, impossible de sortir.

« Je retourne à mes blessés ; ils sont contents, parce qu'ils croient entendre le canon français. On l'entendait, c'est vrai, mais on entendait mieux l'autre. »

On avait eu soin de fermer et volets et persiennes, néanmoins les balles et les obus pénétraient dans l'intérieur.

Le vacarme redouble de dix à onze heures du matin. Une véritable grêle de fer et de plomb s'abat sur le château. Le feu est mis à plusieurs maisons.

Le curé sort d'une salle d'ambulance : aussitôt, deux personnes se précipitent vers lui et, au nom de ses paroissiens, le supplient de donner l'absolution générale à tous ceux qui se trouvaient là réunis, attendant la mort.

« Je suis heureux, leur répond l'excellent prêtre, que cette pensée vienne de vous. Je vous voyais si effrayés, que je ne vous en parlais pas, dans la crainte de vous enlever le courage dont vous avez tant besoin. J'ai là-bas deux ou trois soldats qui vont mourir ; ce sont les plus pressés. Préparez-vous et priez. Si j'en reviens, dans un instant je serai tout à vous. »

« Le bon Dieu, écrivait-il à son ami, m'a permis de revenir. J'ai fait réciter les actes, surtout l'acte d'abandon à la Providence et l'acte de contrition ; puis, j'ai prononcé, à haute voix, la formule d'absolution sur toutes ces consciences inclinées devant moi, et j'ai béni tout le monde. Jamais je n'oublierai cette heure-là, c'était au plus fort de la bataille. A peine avais-je prononcé les dernières paroles que je vois tous les fronts se relever, calmes et sereins. On voulait faire un vœu : — Vous n'êtes pas assez libres d'esprit et de cœur pour prendre un engagement qui vous lie tous solidairement, leur dis-je. Que chacun voie ce qu'il croit pouvoir promettre, et qu'il le fasse en sa conscience ;

quant à moi, j'offre de grand cœur, au bon Dieu, tout ce que je possède, le priant de vous sauver la vie à tous. J'ai été exaucé.

« Je retournai ensuite à mes blessés. Il n'arrivait plus à l'ambulance que des Allemands. Vers une heure, on amène un grand jeune homme blessé à la tête : « Ah ! monsieur l'aumônier, me « dit-il, quels beaux soldats que les vôtres ! Ils se battent « comme des lions ! » Je l'aurais embrassé. Je me suis contenté d'aider à le panser, entre deux fenêtres, à cause des balles. »

Le nombre des blessés augmentait sans cesse.

« Je ne savais pas un mot d'allemand, continue l'abbé Baudelot ; ils m'appelaient, je les disposais par signes et leur donnais l'absolution, les confiant — et moi avec eux — à la divine miséricorde. J'espère que le bon Dieu ne me retiendra pas pour ces absolutions-là. Nous nous entendions par les yeux, par les gestes... puis ils mouraient. »

D'instants en instants, arrivaient dans l'ambulance de nouveaux paroissiens chassés de leurs demeures en flammes. Le désespoir de ces malheureux faisait pitié. Il ne leur restait rien, rien au monde, ni de quoi se vêtir, ni de quoi travailler.

Les Bavarois continuaient leur rôle d'incendiaires avec un raffinement de barbarie inouï. Un brave homme, M. Lenoir, père d'un missionnaire en Chine, fut contraint par eux, sous peine de mort, de répandre dans les différentes pièces de sa maison tout ce que son épicerie contenait de matières inflammables et d'y mettre lui-même le feu.

Quand la nuit fut venue, la scène fut horrible. Les soldats ennemis, ivres de boisson, de succès, de sang et de fumée, étaient pires que des sauvages.

Les malheureux, réfugiés dans le parc, se trouvaient très exposés. Le curé resta parmi ses paroissiens, les consolant, leur recommandant la patience, les empêchant de s'éloigner.

Le 2 septembre, vendredi, fut une journée terrible. Les incendiaires se jouaient de leurs victimes, chantaient la *Marseillaise* avec ironie.

A un moment où le curé et ses paroissiens se concertaient en

Le Curé de Bazeilles.

secret pour aviser aux moyens de fuir, on apporta, étendu sur un matelas, un malheureux aubergiste, nommé Remi, poitrinaire au dernier degré, qui, depuis huit mois, n'avait pas quitté son lit. On l'avait à moitié assassiné sur sa couche de douleurs. Il était couvert de blessures, au bras, au côté, à la figure.

Un officier allemand refusa de le laisser admettre à l'ambulance. M. Baudelot intervint courageusement.

— Il a résisté à nos troupes, clamait l'Allemand.

— Regardez-le! informez-vous. C'est impossible! disait le bon prêtre, voilà huit mois que ce malheureux n'est pas sorti de chez lui : c'est dans son lit qu'il a été assassiné! Vous ne pouvez pas laisser ce malheureux sans secours ; il est mourant!

— Eh bien! qu'on le reporte chez lui!

— Chez lui! quelle idée! Vous savez bien que cet homme n'a plus de chez lui : vos hommes ont incendié toutes les demeures. Si vous l'ignorez, retournez-vous et regardez donc... Autant faire allumer ici un bûcher et l'y jeter de suite.

Le curé de Bazeilles fit tant d'instances, plaida si bien qu'il eut le bonheur de gagner la cause de son infortuné paroissien et parvint à le caser dans une salle de l'ambulance, déjà bien encombrée cependant.

Ceci fait, il revint aux autres et les trouva de plus en plus décidés à fuir. S'adressant alors au même capitaine avec lequel il venait d'avoir une discussion, le curé lui demanda si tous ces gens inoffensifs ne pourraient pas s'en aller, sans risquer d'être maltraités.

Le capitaine répondit que cela ne dépendait pas de lui, qu'il fallait s'adresser au conseiller de justice. Alors, protégé par son brassard, l'abbé Baudelot partit à la recherche de cet important personnage, et, renvoyé de celui-ci à celui-là, du conseiller au général de brigade, du général de brigade au général de division, se livra, pendant près de trois heures, à une course inutile à travers les campements ennemis. Alors, gagnant Montvillers, navré de n'avoir rien de bon à annoncer à ses paroissiens qui devaient attendre son retour avec tant d'anxiété, il ne les retrouva plus. Il les chercha partout, dans le parc, dans le village, et finit par apprendre qu'on les avait chassés, et qu'ils avaient dû s'enfuir dans la direction de La Moncelle.

Au cours de son exploration à travers le village jonché de cadavres des siens, le brave curé eut la douleur immense de voir son église et son presbytère en flammes.

Rentré une dernière fois dans le parc du château, après avoir visité ses chers blessés, il se dit à lui-même :

« Je n'ai plus d'église, plus de presbytère, plus de paroissiens, plus de paroisse, j'ai rempli, je le crois, mon devoir de curé ; — il me semble que j'ai le droit de remplir mon devoir de fils, et je me mis à la recherche de mes parents que je n'ai retrouvés que le troisième jour. »

Partout, sur sa route — *via dolorosa!* — à Daigny, à Douzy, les presbytères avaient été pillés, portes et fenêtres brisées, armoires éventrées. En arrivant à la Chapelle, le dernier village français sur le chemin de Bouillon, où il retrouva sa mère, le bon curé apprit qu'on le pleurait, depuis plusieurs jours, comme mort. En effet, il avait été condamné par les Prussiens.

M. Baudelot se décida à passer en Belgique et, le 13 septembre, il quitta Bouillon pour se rendre à Roubaix, puis de là en Angleterre, où il alla quêter pour sa paroisse, avec une lettre de Mgr Landriot, archevêque de Reims.

Lorsqu'il voulut rentrer dans le diocèse, le gouvernement prussien, résidant à Reims, s'y opposa formellement, à cause de sa condamnation à mort. Toutes les démarches de Mgr Landriot, pour faire revenir sur cette injustice, furent vaines.

Un espion allemand — il y en avait partout ! — l'avait dénoncé comme ayant assisté, quelques jours avant la bataille, à une distribution de fusils aux gardes nationaux de Bazeilles.

Sa condamnation à mort était injuste, car M. l'abbé Baudelot s'était trouvé là par hasard, venu à la recherche d'un enfant de chœur devant servir sa messe.

Le courageux prêtre mourut dans sa ville natale, à Rethel, curé des *Minimes*, en 1877. Il s'était montré le père de son peuple, aussi bon Français que bon pasteur, exposant sa vie pour ses brebis.

✱✱

« Je suis Français, je dois tout entreprendre contre vous; si vous me rendez à la liberté, je recommencerai. »

Telle fut la fière réponse d'un simple ouvrier de Bougival, François Debergue, au conseil de guerre prussien qui le jugeait, pour avoir coupé les fils télégraphiques dont l'ennemi enveloppait Paris pendant le siège. On lui offrit la liberté sous promesse de ne pas recommencer; il refusa. Les Allemands le fusillèrent séance tenante, le 27 septembre 1870.

Un mois plus tard, le 24 octobre, ils fusillaient également deux carriers, Martin et Cardon, soupçonnés d'avoir servi la France au combat de la Jonchère.

En souvenir de ces trois braves, les habitants de Bougival, les sociétés patriotiques de la banlieue et de Paris se réunissent, chaque année, devant un monument qui a été élevé en leur mémoire sur la route de la Celle-Saint-Cloud et déposent des couronnes.

✱✱

Un jeune prêtre, M. l'abbé Michaud, reçut une balle à bout portant au milieu du corps et expira après deux jours d'horribles souffrances, en offrant à Dieu sa vie pour le salut de sa patrie bien-aimée vaincue.

Le Révérend Père abbé de la Trappe des Dombes, le Père Hermann, des Carmes Déchaussés, moururent victimes de leur zèle et de leur dévouement.

Qui ne connaît l'héroïsme des Frères brancardiers sous les murs de Paris? L'établissement de Saint-Nicolas, rue de Vaugirard, comptait à lui seul *trente-huit Frères* parmi les brancardiers. Plusieurs furent frappés. Le Frère Néthelme, professeur de la première division à Saint-Nicolas, reçut une blessure mortelle au Bourget, le 21 décembre 1870, et expira dans la maison des Frères de Saint-Denis, le 24 décembre, en exhortant, dans un accès de fièvre, ses élèves, comme s'ils pouvaient l'entendre, à se bien préparer à la visite de l'Enfant Jésus.

Les ambulances furent témoins du dévouement héroïque des Sœurs de Charité. « Recueillir, panser les blessés, veiller à leur

Les Sœurs de Charité sur le champ de bataille.

chevet, respirer les émanations mortelles des maladies les plus redoutables ne suffisent pas à leur zèle. On les vit, rivalisant avec les Frères de sainte audace et de mépris du danger, relever,

consoler les mourants jusque sous les balles ennemies (1). »
Plusieurs furent victimes et périrent sur le champ de bataille.
Dieu connaît leurs noms.

* * *

Le *Bulletin* du diocèse de Reims, reproduisant le témoignage de M. l'abbé Sacré qui assista l'héroïque abbé Miroy à ses derniers moments, fait le récit émouvant qu'on va lire :

Le 12 février 1871, les habitants de Reims purent lire, affichée, sur les murs de la ville et reproduite dans le *Journal officiel* allemand, l'annonce suivante :

« Dans la nuit du 6 au 7 février courant, on a tiré des montagnes environnantes, à plusieurs reprises, des coups de fusil contre des troupes de réquisition entrées à Belval. Charles Miroy, curé de Cuchery, âgé de 42 ans, à la paroisse duquel appartient Belval, et qui avait caché et distribué aux habitants des armes, a été arrêté comme instigateur de ces actes hostiles, et, en vertu d'un arrêt du Conseil de guerre, fusillé aujourd'hui matin à Reims, *pour crime de trahison envers les troupes allemandes*.

« Signé : *Le Gouverneur général*,

« DE RASTENBERG-CRUSZCYNSKI,

« Lieutenant-général. »

Reims, le 12 février 1871.

C'est le 7 février, au soir, que M. Miroy arriva à Reims, épuisé de fatigue et de faim. Il fut emprisonné à l'Hôtel-de-Ville et y demeura jusqu'au samedi 11, au secret le plus absolu.

Mgr Landriot, informé de l'arrestation du curé de Cuchery, envoya trois fois le secrétaire de l'Archevêché, M. l'abbé Bussenot, pour voir le prisonnier; trois fois la permission lui en fut refusée.

Le 11, M. l'abbé Miroy comparut deux fois devant ses juges, à une heure et demie et à cinq heures du soir.

(1) *Les morts héroïques*, chap. III, p. 40.

Pendant ce temps, l'inquiétude était grande à l'Archevêché et dans toute la ville. Les Prussiens se rendaient compte, sans doute, de l'émotion excitée par l'évènement, c'est ce qui explique le secret qu'ils gardaient et les précautions qu'ils prenaient, précautions que nous ne voulons pas qualifier.

En effet, ils persuadèrent au maire de la ville, M. S. Dauphinot, que l'abbé Miroy en serait quitte pour quelques années de forteresse en Allemagne, et M. Dauphinot vint le samedi 11, à neuf heures du soir, informer Mgr l'Archevêque de la résolution prise, afin de le tranquilliser.

On raconte que le prince de Hohenlohe, qui logeait chez Mme Pommery, lui dit également, à une heure assez avancée dans la soirée, que l'abbé Miroy ne serait pas fusillé, mais condamné seulement à quelques années de forteresse. Il nous a été impossible de vérifier le fait.

Malgré les assurances portées le soir à Mgr l'Archevêque par le maire de la ville, M. l'abbé Sacré, alors aumônier de la prison, reçut pendant la nuit l'ordre de se rendre à l'Hôtel-de-Ville dès quatre heures et demie du matin. Il devina de suite quelle triste mission allait lui incomber. En effet, à son arrivée, il fut mis en présence de l'abbé Miroy, et ce fut alors que celui-ci, jusqu'à cette heure ignorant du sort qui lui était réservé, entendit la sentence qui le condamnait à être fusillé.

« Il se contenta, écrit M. l'abbé Sacré, de demander au juge quand aurait lieu l'exécution. Il lui fut répondu : *Aujourd'hui, tout à l'heure*. Il s'inclina alors avec une noble dignité et se retourna aussitôt vers moi. Je l'entraînai dans une autre salle qui nous fut désignée ; on nous y laissa seuls ; mais des sentinelles placées en dehors gardaient soigneusement toutes les issues.

« Il n'y eut chez M. Miroy rien de ce qu'on remarque dans ces affreuses situations, chez les condamnés ordinaires : ni défaillance, ni larmes, ni plaintes, ni récriminations. Pas un mot contre ses juges, pas un mot contre ses dénonciateurs, si coupables pourtant. La pensée de se préparer chrétiennement à la mort le domina exclusivement dès le premier instant. Il vit dans la sentence qui le frappait une disposition de la Providence lui offrant un moyen d'assurer le salut de son âme. « *J'aime bien mieux mourir ainsi*, disait-il, *que de mourir subitement.* » Son acceptation fut instantanée, complète et sans retour. Tout ce que j'avais préparé pour l'établir dans cette disposition d'esprit, devenait donc heureusement inutile. C'est le plus grand spectacle que j'aie vu de ma vie...

« On vint alors nous prendre pour nous faire monter dans la voiture qui devait nous conduire au champ de mort. Je voulais offrir mon bras à mon confrère; mais il n'accepta pas ce service, disant que cela n'était pas nécessaire. Je lui rappelai en ce moment les belles paroles de saint Augustin : *Vita mutatur non tollitur* (pour le juste), *la vie ne lui est point ôtée, elle n'est que changée.* Son intelligence si vive en saisit bien vite la beauté et l'espérance. *Vita mutatur*, répéta-t-il, *non tollitur.* La voiture se mit alors en marche au milieu d'un cortège de soldats vraiment imposant. Comme le bruit de la voiture sur le pavé nous empêchait de nous entendre facilement : *J'aurais mieux aimé*, dit-il, *marcher à pied.* Je lui fis observer qu'il valait peut-être mieux qu'il en fût ainsi, à cause de l'habit ecclésiastique qu'il portait. *Mais il n'y a pas de honte,* reprit-il avec une certaine vivacité. Certes, ce n'était pas là ma pensée.

« Nous arrivons enfin, après un trajet qui dura un siècle, au lieu de l'exécution. L'officier chargé du commandement demanda alors à M. Miroy son nom, et lui dit avec une émotion visible, et comme un homme qui demande pardon de l'action qu'il va faire, qu'il était obligé d'accomplir son devoir. *Faites*, répondit M. Miroy avec une certaine fierté. Aussitôt après, nous nous dirigeâmes vers le lieu marqué pour l'exécution. Pendant que nous marchions, l'officier dont j'ai déjà parlé lui tendit la main en signe de sympathie et en prononçant certaines paroles que je n'ai pas entendues. M. Miroy saisit avec émotion la main de cet homme qui semblait bon et vraiment affligé du rôle qu'il allait remplir. Arrivé à l'endroit où il devait mourir, M. Miroy demanda, selon l'usage, une dernière absolution, me remit un crucifix qu'il n'avait pas cessé de tenir dans ses mains pendant le trajet, et m'embrassa d'une façon qui disait mille choses au cœur.

« Un soldat qui tenait à la main un mouchoir blanc lui

demanda alors s'il voulait qu'on lui bandât les yeux. Après un instant d'hésitation, il répondit : *Oui, il ne faut pas d'ostentation.* Une minute plus tard, il tombait foudroyé par les balles prussiennes. »

Tout ému du lamentable drame auquel il venait d'assister, M. l'abbé Sacré se rendit chez Mgr l'Archevêque, qui vivait rassuré sur la foi des promesses que lui avait apportées M. Dauphinot.

Quand il apprit la fatale nouvelle, sa tristesse fut navrante, et son indignation éclata, disent les témoins de la scène, avec une énergie indescriptible.

Immédiatement, et comme si nous n'étions pas alors des vaincus, il fit prier le gouverneur de Reims de se rendre à l'archevêché, et envoya M. l'abbé Decheverry le chercher dans sa voiture. Le gouverneur était absent, ce fut un des officiers supérieurs de son état-major qui se présenta devant Mgr Landriot.

Celui-ci, au risque de se faire arrêter, reprocha aux Allemands leur cruauté inutile, en plein armistice; il leur reprocha la duplicité dont on avait usé envers lui : père de tous ses prêtres, il aurait pu sauver celui-ci en faisant connaître la vérité, il eût ainsi épargné aux Allemands la honte d'une condamnation prononcée sur de lâches et mensongères dénonciations. Monseigneur alla jusqu'à dire que l'acte commis était indigne, non seulement de chrétiens, mais encore d'hommes civilisés. Atterré, l'officier prussien subit ces reproches presque sans mot dire.

Après son départ, Monseigneur écrivit à l'empereur d'Allemagne une lettre conçue en termes tels que ses amis, et le maire de Reims lui-même, craignant qu'elle n'amenât son arrestation, le supplièrent de ne pas l'envoyer à son adresse. La lettre partit néanmoins, et reçut une réponse très sèche, dans laquelle l'empereur se bornait à faire dire à l'archevêque qu'on avait obéi aux nécessités de la guerre.

Entre temps, l'exécution terminée, les soldats enterrèrent le corps de l'abbé Miroy dans le terrain commun, au cimetière du Nord. Une foule nombreuse se précipita dans le cimetière, et, nous dit le récit du *Bulletin,* « un employé de la mairie, obéissant à la noble impulsion de son cœur, planta sur la fosse une croix de bois avec cette inscription :

ICI REPOSE LE CORPS DE M. L'ABBÉ MIROY,
CURÉ DE CUCHERY,
DÉCÉDÉ AUJOURD'HUI, DIMANCHE 12 FÉVRIER 1871,
DANS SA 42° ANNÉE,
VICTIME DE SON NOBLE DÉVOUEMENT A LA PATRIE.
DE PROFUNDIS.

A partir de ce jour, il y eut un véritable pèlerinage à la tombe de l'abbé Miroy, et d'innombrables couronnes y furent déposées.

Malgré la présence de l'ennemi, qui pouvait s'en offenser, Mgr Landriot ordonna qu'un service solennel eût lieu à la cathédrale, pour le repos de l'âme de ce prêtre héroïque. Le service fut célébré le mercredi 15, en présence d'une foule immense ; les confrères de l'abbé Miroy s'étaient fait un devoir de s'y rendre en grand nombre. Mgr Landriot, nous n'avons pas besoin de le dire, présidait l'office.

On sait le reste : la ville de Reims donna un terrain pour y transporter le corps du curé victime de son patriotisme, et un comité fut formé pour recueillir les souscriptions, afin de lui ériger un monument. L'inauguration eut lieu le samedi 17 mai 1873 ; à la cérémonie assistaient les autorités civiles et militaires, le clergé, la magistrature et une foule immense, dans laquelle on se montrait avec attendrissement le père, la sœur et quelques autres parents de l'abbé Miroy.

Depuis, la ville de Reims garde avec un soin pieux ce monument de deuil et d'espérance, qui redit à tous la fin glorieuse d'un prêtre mort pour la patrie, et autour duquel se réuniront dans une même pensée de patriotisme ardent, les hommages de tous ceux qui aiment la France.

## NEUVIÈME PARTIE

# LA RÉCOMPENSE DE LA BRAVOURE
## LA LÉGION D'HONNEUR

I

### Institution de l'Ordre de la Légion d'honneur.

Napoléon I$^{er}$ qui se connaissait en hommes comprenait parfaitement que, quoique inspirée par les plus nobles sentiments, la vaillance avait besoin d'être soutenue, encouragée, récompensée par des signes visibles. L'homme brave aime que l'on sache qu'il est brave et que ses concitoyens peuvent compter sur son courage et son dévouement à toute épreuve.

En instituant l'ordre nobiliaire de la Légion d'honneur, le grand génie des temps modernes eut la pensée de réunir dans un seul faisceau national toutes les gloires de la patrie française. Il voulut, en outre, cimenter entre elles les diverses illustrations de la France.

Le penchant égalitaire qui avait pénétré dans l'âme des hommes de son temps n'allait pas jusqu'à leur inspirer une haine implacable contre les distinctions naturelles, mais il leur communiquait un vif désir d'émulation et de concours. Napoléon s'empara de ce désir et donna une vaste carrière à cette émulation en lui désignant un but. Il plaça le niveau de l'égalité si haut qu'il lui fut possible.

L'armée fut son premier et principal objectif : il lui ouvrit la marche dans les archives de la Légion d'honneur. Il avait une prédilection pour elle qui le portait aux nues ; puis, l'armée n'avait-elle pas mérité sa faveur? Ses longues épreuves, la merveilleuse suite de ses sacrifices qui lui avait fait gagner la cause de l'intégrité du territoire, ses brillantes victoires donnaient des droits spéciaux à une récompense durable. L'ovation éphémère de quelques arcs de triomphe ne pouvait suffire à sa reconnaissance et à celle de tout un peuple qui recueillait dans la gloire le fruit du dévouement.

Le fragment d'un petit ruban de couleur éclatante allait devenir l'équivalent d'une arme d'honneur, et la croix, symbole du dévouement, devait briller sur la poitrine des braves.

Plusieurs républicains austères ne virent d'abord dans la pensée du Premier Consul que l'essai furtif d'une résurrection de la chevalerie féodale, mais les scrupules tombèrent quand ils virent toutes les notabilités récompensées dans les sciences, les lettres et les arts : orateurs, poètes, historiens, jurisconsultes, peintres, sculpteurs émérites furent appelés à recevoir le signe distinctif, et les plus fiers républicains eux-mêmes ne dédaignèrent point, qui ne le sait, de le porter et même de le solliciter aux dépens de la théorique égalité. Il suffisait d'avoir rendu des services à la patrie, soit par un progrès, soit par un talent dont l'éclat rejaillissait sur la grande famille, soit par une découverte qui profitait à tous, pour marcher de pair avec le brave dont les calculs stratégiques avaient fixé la victoire, sauvé le territoire et vaincu les ennemis de notre indépendance. Les soldats ne se trouvèrent plus en quelque sorte isolés des citoyens ; l'armée et le peuple eurent un lien fraternel. L'institution de la Légion d'honneur devait être un champ d'égalité pour toute espèce de gloire, et l'enceinte en était accessible à tous. L'estime publique contresigna immédiatement les brevets distribués par Napoléon. Aux uns la décoration de la Légion d'honneur, destinée à récompenser tous les mérites et tous les courages, apparut comme un souvenir monumental, aux autres comme la preuve de la vaillance et la plus belle récompense que la patrie puisse offrir en échange du sang répandu pour sa défense.

Napoléon, on le sait, ménageait peu le sang de ses soldats ;

mais, en revanche, il tenait compte, après la victoire, de la bravoure déployée durant le combat. La décoration accordée à propos venait comme un baume divin, sinon guérir les blessures, du moins les adoucir et les rendre chères.

Quelques traits feront voir la joie apportée par le don glorieux :

A la journée d'Eylau, un jeune dragon qui faisait sa première campagne, était allé chercher, à travers un escadron de cuirassiers russes, son commandant blessé mortellement, après l'avoir porté sur ses épaules et défendu avec son sabre, *comme s'il eût défendu son père,* disait un jour l'Empereur, en racontant ce trait d'intrépidité, dont il avait été pour ainsi dire témoin.

— Je le vois encore, ajouta-t-il, au moment où je faisais la visite du champ de bataille ; car ce dragon avait été grièvement blessé à son tour. Il était assis sur l'affût d'un canon démonté et tenait encore à la main, retenu par la dragonne, son sabre teint du sang des Russes. Je m'approchai de lui, et lui attachai moi-même sur la poitrine la croix de la Légion d'honneur, qu'il avait si bien méritée. Dans la suite, j'appris que ce jeune dragon avait succombé ; mais au moins, avant de mourir, avait-il emporté dans la tombe cette croix qui faisait naître chez ceux qui devaient lui survivre tant d'émulation et de bravoure.

Plus tard, en 1809, et dans une autre circonstance (une revue que passait Napoléon), arrivé devant le front du 84ᵉ régiment de ligne qui, comme on sait, avait écrit pour devise sur son drapeau : *Un contre dix !* un capitaine sort des rangs et s'approche de l'Empereur en faisant le salut militaire.

— Que me voulez-vous ? lui demande Napoléon un peu brusquement.

— La croix, Sire, répondit l'officier, d'une voix ferme mais respectueuse.

— Vous êtes encore jeune, capitaine ; vous avez le temps d'attendre.

— Mais, Sire, Votre Majesté sait bien que dans son 84ᵉ on n'attend pas pour se faire tuer.

— Eh bien ! nous verrons cela plus tard.

— Votre Majesté peut le voir tout de suite. Tenez, Sire...

Et, par un mouvement sublime, découvrant sa poitrine, l'officier montra à l'Empereur les cicatrices de deux terribles blessures, en ajoutant :

— Et avec cela, douze ans de service.

— C'est vu, capitaine, lui dit Napoléon, adjugé !

Et, sur un signe qu'il fit au major-général, le prince Berthier inscrivit sur son carnet le nom de l'officier qui, vingt-quatre heures après, recevait son brevet de légionnaire.

Le Premier Consul contemplait avec envie, aux jours des grandes réceptions des Tuileries, les rubans, les croix et les plaques qui ornaient la poitrine des ambassadeurs et des étrangers de distinction, adulateurs habituels de madame Bonaparte et de sa cour naissante. En petit comité le Premier Consul s'expliqua à différentes reprises, avec clarté et franchise, et révéla sa pensée de créer en France un ordre nobiliaire en rapport avec les premières dignités de l'Europe. Sa pensée se concrétait dans l'institution de l'Ordre de la Légion d'honneur.

Les récompenses nationales accordées jusque-là par la République étaient de nature à ne porter en aucune façon ombrage au fameux principe d'égalité dont la France se montrait alors fort jalouse ; mais l'évènement du 18 brumaire, en mettant fin au Directoire et en élevant Bonaparte à la dignité consulaire, donna un cours nouveau aux idées. L'article 37 de la constitution de l'an VIII, promulguée le 13 décembre 1799, était conçu en ces termes :

« Il sera décerné des récompenses nationales aux guerriers qui auront rendu des services éclatants en combattant pour la République. »

Quelques jours après, le 4 nivôse an VIII (25 décembre 1799), les consuls arrêtaient que : « Il serait donné aux individus des grades ci-dessous désignés, qui se distinguaient par une action d'éclat, savoir :

« 1° Aux grenadiers et soldats, des fusils d'honneur garnis en argent.

« 2° Aux tambours, des baguettes d'honneur garnies en argent.

« 3° Aux militaires de troupes à cheval, des mousquetons ou carabines d'honneur, garnis en argent.

« 4° Et aux trompettes, des trompettes en argent.

« Ces fusils, ces baguettes, ces mousquetons ou carabines et ces trompettes porteront, disait l'arrêté, une inscription contenant les noms des militaires auxquels ils seront accordés, et celui de l'action, avec la date, pour laquelle ils l'obtiendront.

« 5° Les canonniers-pointeurs les plus adroits recevront des grenades d'or qu'ils porteront sur le parement de leur habit.

« Tous ces militaires devaient jouir d'une haute-paie de dix centimes par jour.

« 6° Il sera accordé des sabres et des pistolets d'honneur montés en argent, aux officiers et soldats qui se distingueront par des actes de valeur extraordinaires. »

Ces derniers devaient jouir d'une double paye.

Il était également accordé aux sapeurs, des haches, et aux marins, des haches d'abordage montées en argent.

On applaudit généralement aux encouragements donnés à la bravoure française ; mais les généraux ne donnèrent pas aussi facilement leur adhésion : plusieurs firent une opposition acharnée. Moreau les tourna en ridicule : il décernait à son cuisinier une *casserole d'honneur*, à son barbier un *rasoir d'honneur*. Son chien ne fut pas moins bien partagé : il reçut un *collier d'honneur*.

Toutefois, de leur côté, les savants, les littérateurs, les artistes, réclamèrent contre l'espèce d'interdiction pesant sur eux. Ils se plaignirent. Le Premier Consul accueillit leurs réclamations, d'autant mieux qu'elles favorisaient ses projets d'avenir. Dès lors il arrêta, dans sa pensée, le plan de l'institution destinée à récompenser tous les genres de mérite à la fois.

Cette institution montre son ascendant, car il eut à lutter pour la faire admettre. Il fut heureusement aidé par l'influence de Joséphine qui avait des goûts éminemment aristocratiques.

La création d'un ordre de chevalerie parut d'abord une sorte de monstruosité à ceux mêmes qui devaient bientôt être les chefs et les grands-maîtres de l'ordre, mais qui étaient imbus des idées d'égalité républicaine. La connaissance du projet provoqua un bourdonnement sourd dans toutes les opinions. Quand on sut enfin le jour où la proposition devait être faite officiellement au Conseil d'Etat, chacun fut à son poste.

### PREMIÈRE SÉANCE.

Le 14 floréal an X (4 mai 1802), à onze heures du matin, tous les conseillers d'Etat se trouvaient dans la salle des délibérations. Ils se livraient en petits groupes à des conversations fort animées.

A midi, un huissier annonce : *Les citoyens consuls !*

Chaque conseiller regagne à la hâte son fauteuil et chaque auditeur, sa banquette ; mais voilà qu'on se dispute les premières places, celles qui sont les plus rapprochées du Premier Consul. Le tumulte ne cesse qu'à l'arrivée de Bonaparte qui entre d'un pas grave suivi de Cambacérès et de Lebrun, ses collègues.

Son œil scrutateur se promène sur l'assemblée. Le trouble qui venait de se produire n'a pas échappé au regard d'aigle de Napoléon. Dès qu'il est assis à sa place ordinaire, il prend sur son bureau un couteau d'ivoire d'un travail admirable, présent d'un négociant de Dieppe, et s'adressant aux plus jeunes *auditeurs,* à ceux qui n'avaient guère plus de vingt ans, il dit d'un ton bon enfant :

— Messieurs ! messieurs ! vous vous conduisez comme de véritables étudiants que vous êtes encore.

Le calme une fois rétabli, le second consul Cambacérès donna lecture de l'objet de la discussion porté au grand ordre du jour.

— C'est bien, ajouta Napoléon, il s'agit de l'établissement de la *Légion d'honneur*. J'ai chargé le citoyen Rœderer de vous donner connaissance de ce projet ; j'en développerai, moi-même, les motifs après lecture.

Ce conseiller lut l'exposé des motifs, qui fut écouté, malgré sa longueur, avec un religieux silence, après quoi Bonaparte se leva :

« Le système actuel des récompenses militaires, dit-il, n'est point régularisé. L'article 87 de la Constitution assure aux mili-

Un vieux brave.

taires des récompenses nationales, mais il n'y a rien encore d'organisé. Un arrêté a établi, il est vrai, une distribution d'armes d'honneur, ce qui emporte double paye et occasionne une dépense considérable. Il y a des armes d'honneur avec augmentation de paye, d'autres sans rétribution ; mais c'est une confusion, c'est un tripotage, on ne sait au juste ce que c'est. D'ailleurs il faut donner une direction à l'esprit de l'armée et surtout soutenir, chez elle, cet esprit. Ce qui le soutient actuellement, c'est cette idée que partagent les militaires, *qu'ils occupent la place des ci-devant nobles.* Le projet donne plus de consistance au système de récompense, il forme un ensemble : c'est un commencement d'organisation de nation. »

A peine Napoléon eut-il achevé de parler, que des chuchotements s'établirent dans toutes les parties de la salle.

— Silence donc, messieurs !... s'écria-t-il en frappant encore avec impatience de son couteau d'ivoire sur le bureau. Le citoyen Matthieu Dumas m'a demandé la parole.

Ce conseiller lut un Mémoire pour soutenir l'institution proposée. Il combattit le projet en ce qu'il admettait les *simples citoyens* dans la Légion d'honneur ; il voulait qu'elle fût toute *militaire,* pour soutenir cet esprit dans la nation et dans l'armée.

— L'honneur et la gloire militaire, dit-il en terminant, ont toujours été en déclinant depuis la destruction du régime féodal, qui assurait la prééminence aux militaires. Je demande, au moins, qu'un citoyen ne puisse être admis dans la Légion d'honneur sans justifier qu'il a satisfait aux lois de la conscription.

— Parbleu ! dit à demi-voix le Premier Consul en se levant, cela va sans dire. Puis changeant d'intonation : « Je demande la parole, ajouta-t-il, et je prie le Conseil de me prêter toute son attention. »

Après avoir jeté les yeux sur un petit carré de papier que, depuis le commencement de la séance, il n'avait cessé de maculer dans ses doigts :

« Les idées que vient d'émettre le citoyen Matthieu Dumas, continua-t-il, pouvaient être bonnes au temps du régime féodal et de la chevalerie, ou lorsque les Gaulois furent vaincus par les

Francs. A cette époque, la nation était esclave : les vainqueurs seuls étaient libres. Alors la première qualité d'un général ou d'un chef était la force physique. Ainsi Clovis, Childeric et beaucoup d'autres que je pourrais nommer, étaient les hommes les plus forts de leurs armées ; ils valaient à eux seuls un bataillon ; c'est ce qui leur conciliait l'obéissance et le respect. C'était conforme au système militaire du temps. Les chevaliers se battaient corps à corps, la force physique et l'adresse décidaient de la victoire ; mais quand le système militaire changea, quand on substitua les corps organisés, en masses, au système des chevaliers, il en fut tout autrement ; ce ne fut pas la force corporelle qui décida du sort des combats, mais le coup d'œil, la science. On peut en voir la preuve dans ce qui se passa aux batailles d'Azincourt, de Crécy, de Poitiers. Le roi Jean et ses chevaliers succombèrent devant les hommes d'armes gascons, comme les troupes de Darius devant les phalanges macédoniennes. Voilà pourquoi nulle puissance ne put arrêter la marche victorieuse des légions romaines.

« Le changement de système militaire, et non l'abolition du régime féodal, dut donc modifier les qualités nécessaires au général. D'ailleurs le régime féodal fut aboli par les rois eux-mêmes, pour se soustraire au joug d'une noblesse boudeuse et turbulente. Ils affranchirent les communes et eurent des bataillons formés par la nation. La découverte de la poudre à canon eut, je l'avoue, une influence prodigieuse sur ce changement, par toutes les conséquences qu'elle entraîna ; mais depuis cette révolution, qu'est-ce qui a fait la force d'un général ? ses qualités civiles, le calme, les connaissances administratives, l'éloquence, non pas celle de la tribune, mais celle qui convient à la tête des armées, la seule que comprenne le soldat, et enfin la connaissance des hommes ; tout cela est civil. Maintenant ce n'est pas parce qu'un homme aura cinq pieds dix pouces qu'il fera de grandes choses. S'il ne suffisait, pour être général, que d'avoir de la bravoure, une grande force musculaire et une taille de géant, il n'est pas un tambour-major de nos demi-brigades, en exceptant même celui de notre garde consulaire, qui ne prétendît au commandement. Le général qui fait les plus grandes choses est celui qui réunit les plus grandes qualités civiles. C'est parce qu'il passe pour avoir le plus d'esprit, que le soldat lui obéit et le respecte. Il faut l'entendre raisonner au bivouac ; il estime plus le général qui sait calculer que celui qui a le plus d'intrépidité. Ce n'est pas que le soldat n'estime le courage, car il mépriserait le général qui n'en aurait pas. Mourad-Bey était l'homme le plus fort et le plus adroit parmi les Mameluks, sans cela, il n'aurait pas été bey. Quand il me vit, il ne concevait pas comment je pouvais commander à mes troupes ; il ne le comprit que lorsqu'il connut notre tactique. Les Mameluks se battaient comme les chevaliers, corps à corps et sans ordre ; c'est ce qui nous les a fait vaincre. Dans tous les pays civilisés, la force cède aux qualités civiles, les baïonnettes se baissent devant le prêtre qui parle au nom du ciel, et devant l'homme qui impose par sa science. J'ai prédit à des officiers qui avaient quelques scrupules, que jamais un gouvernement purement militaire ne prendrait en France, à moins que la nation ne fût abrutie par cinquante ans d'ignorance. Ce n'est pas comme général que je gouverne, mais parce que la nation croit que j'ai les qualités civiles propres au gouvernement ; si elle n'avait pas cette opinion, le gouvernement ne se soutiendrait pas un quart d'heure. Je savais bien ce que je faisais lorsque, général d'armée, je prenais la qualité de *membre de l'Institut*. J'étais sûr d'être compris, même par le dernier tambour.

« Il ne faut pas conclure des siècles de barbarie, aux temps actuels. Nous sommes trente millions d'hommes réunis par les lumières, la propriété et le commerce. Trois ou quatre cent mille militaires ne sont rien auprès de cette masse. Dès qu'un général n'est plus en fonctions, il rentre, de droit, dans l'ordre civil. Les soldats, eux-mêmes, ne sont que les enfants des citoyens. L'armée, c'est la nation. Le propre du militaire est de tout vouloir despotiquement ; celui de l'homme civil est de tout soumettre à la discussion, à la vérité, à la raison. Je n'hésite donc pas à penser, en fait de prééminence, qu'elle appartient incontestablement au civil. Si l'on classait les honneurs en militaires et en civils, on établirait deux ordres, tandis qu'il n'y a qu'une nation. Si l'on ne décernait des honneurs qu'aux militaires, cette préférence serait encore pire, car alors la nation ne serait plus rien. »

A peine Napoléon avait-il achevé de parler, que des applaudissements partirent de quelques parties de la salle. Par une légère inclinaison de tête, il sembla remercier les assistants de cette espèce d'ovation ; et, s'étant assis, il s'entretint tranquillement avec Cambacérès, placé à sa gauche comme de coutume.

Matthieu Dumas ne fut pas tenté de répondre au discours du Premier Consul, prononcé d'une voix accentuée et pénétrante. Il devenait d'un grand poids dans la bouche du chef de l'Etat, du premier général de l'armée. Les principes qu'il avait émis, soutenus par cette éloquence qui n'appartenait qu'à lui, lui gagnèrent la majorité d'un Conseil qui n'était presque composé que d'hommes civils, et qu'il avait su flatter avec plus d'adresse que de franchise.

Aucun conseiller n'osant prendre la parole, dans la crainte d'affaiblir l'impression produite par ce discours, Napoléon sut habilement profiter de ce premier avantage en levant la séance.

Dans cette première séance, on n'avait pas touché à la question la plus délicate : celle de l'utilité ou des inconvénients de l'institution. Elle fut attaquée vigoureusement par quelques conseillers, et par Berlier, entre autres, qui s'était jusqu'alors abstenu.

### SECONDE SÉANCE.

Dans la seconde séance, celle du 18, les adversaires du projet ne rejetèrent pas tout système de récompenses et de distinctions, les assemblées législatives en avaient décerné ; mais ils regardaient le projet comme la *création d'un ordre,* et, par cela seul, ils le trouvaient contraire à l'esprit d'égalité, caractère essentiel de la République. Berlier dit à cette occasion :

« L'ordre proposé conduit à l'aristocratie ; les croix et les rubans sont les hochets de la monarchie. Je prendrai pour exemple les Romains : il existait chez eux des patriciens et des plébéiens ; mais ce n'était pas là un système de récompenses, c'était une organisation politique, une combinaison de classes qui pouvait avoir ses avantages et ses inconvénients. On était classé par la naissance et non par les services. Les honneurs, les récompenses nationales n'étaient que des distinctions passagères. Du reste, nous n'avons plus de classes, ne tendons pas à les rétablir. Les magistratures et les emplois doivent être, dans la République, les premières récompenses des services, des talents et des vertus. »

En écoutant Berlier, le Premier Consul laissa voir sur son visage le mécontentement qu'il éprouvait d'entendre professer de semblables maximes ; aussi, dès que ce conseiller eut cessé de parler, Napoléon reprit vivement :

« On vient nous parler ici des Romains ? il est assez singulier que, pour repousser les distinctions, on cite l'exemple du peuple chez lequel elles étaient les plus marquées. Est-ce là connaître l'histoire ? Les Romains, au contraire, avaient des patriciens, des chevaliers, des citoyens et des esclaves. Ils avaient pour chaque classe des costumes divers, des mœurs différentes. Ils décernaient, en récompense, toutes sortes de distinctions, des noms qui rappelaient des services, des couronnes murales, le triomphe en un mot. Ils employaient jusqu'à la superstition. Otez la religion de Rome, il n'y restera plus rien. Quand ce beau corps de patriciens n'exista plus, Rome fut déchirée ; le peuple n'était que de la vile canaille ; on vit les fureurs de Marius, les proscriptions de Sylla et ensuite les empereurs ! Ainsi l'on cite toujours Brutus comme l'ennemi des tyrans ; eh bien ! ce Brutus n'était qu'un aristocrate ; il ne tua César que parce que César voulait diminuer l'autorité du sénat pour accroître celle du peuple. Voilà comme l'ignorance ou l'esprit de parti cite l'histoire !

« Je défie qu'on me montre une République ancienne ou moderne dans laquelle il n'y ait pas eu de distinctions. On appelle cela des *hochets*; eh bien, c'est avec des hochets que l'on mène les hommes. Les nations vieilles et corrompues ne se gouvernent pas comme les peuples antiques et vertueux. On sacrifie à l'intérêt, à la jouissance, à la vanité. Voilà un des secrets de la reprise des formes monarchiques, du retour des titres, des croix, des cordons, colifichets innocents, propres à appeler le respect de la multitude, tout en commandant le respect de soi-même. Je ne dirais pas cela à une tribune ; mais dans un conseil composé d'hommes sages et d'hommes d'Etat, comme ici, on doit tout dire. Je ne crois pas que le peuple français aime la *liberté* et l'*égalité ;* les Français ne sont point changés par dix ans de révolutions ; ils sont ce qu'étaient les Gaulois, fiers et légers. Ils n'ont qu'un sentiment : l'*honneur !* Il faut donc donner de l'aliment à ce sentiment-là ; il leur faut des distinctions. Voyez comme le peuple se prosterne devant les décorations des étrangers ; eux-mêmes en ont été surpris, aussi ne manquent-ils pas de les porter.

« Voltaire a appelé les soldats des *Alexandre à cinq sous par jour.* Il avait raison ; ce n'est pas autre chose. Croyez-vous que vous feriez battre des hommes par l'analyse ? Jamais ! Elle n'est bonne que pour le savant dans son cabinet. Il faut au soldat de la gloire, des distinctions, des récompenses. Les armées de la République ont fait de grandes choses parce qu'elles étaient composées de fils de laboureurs et de bons fermiers, et non de gentilshommes ; parce que les officiers avaient pris la place de ceux de l'ancien régime et qu'ils n'étaient mus que par un sentiment d'honneur. On peut appeler, si l'on veut, le projet un *ordre ;* le mot ne fait rien à la chose ; mais enfin, pendant dix ans, on a parlé d'institutions; qu'a-t-on fait? rien ! Le temps n'était pas arrivé. On avait imaginé de réunir les citoyens dans les églises pour geler de froid à entendre la lecture des lois. Ce n'est pas déjà trop amusant pour ceux qui doivent les exécuter ; comment pouvait-on espérer d'attacher le peuple par une semblable institution ? Je sais qu'on a tout détruit, il s'agit de recréer. Il y a un gouvernement, des pouvoirs ; mais tout le reste qu'est-ce ? des grains de sable. Nous sommes épars, sans système, sans réunion, sans contact.

« Tant que j'y serai, je réponds bien de la République ; mais il faut prévoir l'avenir. Croyez-vous que la République soit définitivement assise ? Vous vous tromperiez fort. Nous en sommes les maîtres ; mais nous ne l'avons pas, et nous ne l'aurons pas, si nous ne jetons, sur le sol de la France, quelques masses de granit. Croyez-vous qu'il faille compter sur le peuple ? Il crie indifféremment : Vive le roi ! vive la Ligue ! il faut donc lui donner une direction et avoir pour cela des instruments. J'ai vu, dans la guerre de la Vendée, quarante hommes maîtriser un département ; c'est ce système dont il faut nous emparer.

« Enfin, l'on convient qu'il nous faut des institutions ; si l'on ne trouve pas celle-là bonne, qu'on en propose d'autres ; je ne prétends pas, moi, qu'elle doive seule sauver la République, mais elle y jouera son rôle, j'en réponds. »

Ce second discours ne produisit pas moins d'effet que le premier. Il avait été interrompu par de fréquentes marques d'assentiment auxquelles le Premier Consul n'avait pas eu l'air de faire attention, quoique dans son for intérieur il en fût très flatté.

— Mon collègue, le citoyen Cambacérès, s'était-il hâté d'ajouter en finissant, m'a demandé la parole pour appuyer mon projet.

Le second consul, dans un discours concis et d'une adresse extrême, ne s'attacha qu'à prouver que la Constitution ne réprouvait pas les distinctions.

Portalis défendit le projet après Cambacérès et développa les principes de Jean-Jacques Rousseau sur l'influence et la nécessité des signes distinctifs chez une nation ; puis la séance fut levée.

### TROISIÈME SÉANCE.

Bonaparte voulut présider cette séance comme il avait présidé les deux autres. La discussion fut dirigée par lui avec beaucoup d'art vers la rédaction et les objets de détail, comme si le fond en eût été déjà adopté. Il proposa ensuite d'envoyer le projet immédiatement au Corps législatif, sous prétexte que la session allait bientôt finir.

Cela n'alla point tout seul. Thibaudeau demanda la parole ; il s'opposa vivement à cet envoi précipité, fit de nombreuses objections et demanda l'ajournement.

Rœderer, Dumas, Portalis combattirent l'ajournement qui fut mis aux voix et rejeté par 14 conseillers contre 10.

Porté le lendemain 25 au Corps législatif, le projet fut vivement attaqué. Lucien Bonaparte, rapporteur de la commission, répliqua à ses adversaires avec une violence fâcheuse. Il prêta à ceux qu'il combattit des intentions perfides, criminelles, les accusa de déconsidérer le gouvernement, parla de l'indignation qu'il éprouvait de leur opposition, déversa même un blâme sévère sur la nation.

Son imprudente ardeur enleva beaucoup de voix au projet qui ne fut adopté que par 56 suffrages contre 38.

La conduite de son frère Lucien contraria vivement Bonaparte qui ne lui cacha pas son mécontentement le soir même à la réunion qui eut lieu aux Tuileries.

Il restait à faire passer le projet au Tribunat. Les trois orateurs du gouvernement accumulèrent tous les moyens et toutes les considérations en sa faveur.

Malgré tout ce que l'éloquence put imaginer pour entraîner les suffrages, l'institution de la Légion d'honneur ne fut adoptée que par 166 voix contre 110. Il y avait 394 votants. La majorité obtenue n'était donc que de 78 voix.

Cette victoire vivement disputée, péniblement acquise, ne flatta pas beaucoup l'amour-propre du Premier Consul. Pour mieux endormir la République expirante, il avait eu soin d'employer dans le texte de son projet et dans ses discours toute la phraséologie alors en usage.

Thibaudeau lui ayant dit :

— Vous voyez bien que les conseillers d'Etat qui votaient l'ajournement avaient raison. C'est une chose fâcheuse qu'une aussi forte opposition.

— C'est vrai, répondit le Premier Consul, les préventions sont encore trop fortes. J'aurais dû attendre ; ce n'était pas très urgent. Et puis, il faut le dire, les orateurs du projet l'ont mal défendu. Lucien, entre autres, a failli tout compromettre. Mais la chose est faite, et vous verrez que le goût de ces distinctions n'est pas près de passer ; il tient à l'organisation de l'homme. La France doit attendre de grands résultats de cette création, pourvu que mes successeurs aient le bon esprit *de ne pas la gâcher*.

Il prononça ces mots avec un sourire indéfinissable.

Chose étonnante ! aucune des institutions de Napoléon, soit sous le Consulat, soit sous l'Empire, n'éprouva une opposition plus vive, plus tenace que l'établissement de la Légion d'honneur qui devait enfanter tant de merveilles. Cela n'est pas en faveur de la perspicacité de certains hommes d'Etat.

II

### Distribution des croix de la Légion d'honneur aux Invalides.

Bien que l'institution de l'ordre de la Légion d'honneur fût décrétée depuis deux ans, l'organisation avait demandé beaucoup de temps. Napoléon choisit l'église des Invalides qu'il affectionnait beaucoup, pour distribuer les grandes décorations aux personnages civils et militaires de l'Empire, le 14 juillet 1804, ainsi que nous l'avons dit. La solennité pompeuse fut tout à la fois religieuse et militaire. Son génie lui avait fait comprendre l'esprit de la France. Il savait bien qu'il y a dans le peuple un besoin inné d'émotions morales et que rien n'est grand que ce que la religion consacre. Les cérémonies dans les temples plaisaient aux multitudes. Le *Te Deum* n'avait pas nui à l'éclat de sa couronne. Imitateur de Charlemagne, l'Empereur fondait son pouvoir militaire sur la conscience religieuse, voix éternelle qui servira toujours à contenir les passions humaines.

A l'Hôtel des Invalides il n'y avait plus de temple de Mars, l'église avait été rendue au culte. Napoléon, dans le simple costume d'officier des chasseurs de sa garde, distribua de sa main l'ordre institué.

Qu'on se représente cette magnifique église parée d'une manière splendide ; au milieu, un trône d'or, sur lequel Napoléon monta fièrement, tandis que l'impératrice Joséphine, dans une voiture à huit chevaux blancs, comme jadis les reines de

France, arrivait pour prendre place dans les travées disposées pour elle et sa cour brillante, au milieu des éclats retentissants de l'artillerie, Napoléon prononça quelques paroles graves à la manière de César, et distribua les aigles à ses vieux prétoriens. La garde impériale, en tête, reçut avec enthousiasme ce gage de fidélité.

Au milieu de la cérémonie, l'Empereur appela à lui le cardinal Caprara, légat du Pape, et, détachant de son cou le cordon de la Légion d'honneur, il le donna à ce vieux et respectable cardinal qui fut profondément touché de cette éclatante distinction.

« Napoléon, dit M. Thiers, dans son *Histoire du Consulat et de l'Empire,* commençait ainsi par le représentant du Pape l'affiliation à un ordre qui devait être bientôt ambitionné de l'Europe entière. »

Il y eut une bénédiction de nouveaux drapeaux, des serments prêtés à haute voix ; puis le cardinal Caprara entonna le *Te Deum* qui devait perpétuer la mémoire d'un si grand évènement.

Napoléon envoya la croix de grand-officier à l'amiral Latouche-Tréville : « Je vous ai nommé, lui écrivait-il, grand-officier de l'Empire, inspecteur des côtes de la Méditerrannée ; mais je désire beaucoup que l'opération que vous allez entreprendre me mette à même de vous élever à un tel degré de considération et d'honneur, que vous n'ayez plus rien à souhaiter. » (2 juillet 1804.)

### III

## Au camp de Boulogne.

« Un mois plus tard, le 16 août, dit M. Emile Marco de Saint-Hilaire, une cérémonie non moins grandiose, mais peut-être plus imposante, eut lieu également à Boulogne. Dès huit heures du matin, 80,000 hommes appartenant aux camps de

Bruges, d'Arras, de Montreuil, d'Amiens, d'Ostende, de Calais, de Dunkerque, de Furnes, de Wimereux, d'Ambleteuse, etc., furent rassemblés et réunis sous les ordres du maréchal Soult, à droite du port.

« Là, au fond d'un spacieux amphithéâtre, formé par la nature, on avait tracé l'emplacement de l'armée, de manière à ce que le fond présentât l'arc concave d'une demi-circonférence, et que chacune des colonnes figurât un rayon dirigé sur le trône impérial, situé au centre du diamètre. Ce trône, qui avait cent pieds d'étendue, était un tertre de forme carrée, semblable à ceux que les armées romaines élevaient à leurs empereurs et sur lequel on avait placé, isolé, un siège en fer, de forme gothique, que l'on prétendait avoir appartenu à *ce bon roi Dagobert*, et que l'on vit encore longtemps, dans la salle des antiques, à la Bibliothèque Nationale, rue Richelieu. Derrière ce fauteuil s'élevait un magnifique trophée composé notamment avec les armures des anciens électeurs du Hanovre, au-dessus desquelles flottaient les drapeaux pris, à toutes les époques de notre histoire, aux ennemis de la France. L'ensemble de cette décoration était surmonté d'une immense couronne de lauriers d'or, sur laquelle s'agitaient encore les queues des pachas d'Egypte, et les guidons des Mameluks, conquis aux Pyramides, à Aboukir et au Mont-Thabor. Des trépieds supportaient, à gauche, les casques de du Guesclin et de Bayard, dans lesquels on avait déposé les décorations. A droite, on voyait le bouclier et l'épée de François I$^{er}$, qu'on avait ajoutés à ces glorieux trophées.

« La demi-lune formée par le fond de l'armée était restée vide, afin que l'Empereur pût être vu et entendu de tous les soldats. Les légionnaires, rangés en demi-cercle en avant du trône, étaient distribués en pelotons, placés à la tête des colonnes auxquelles ils appartenaient, et n'en étaient séparés que par les drapeaux de ces mêmes colonnes, réunis en faisceaux.

« A trois cents pas environ, à droite du trône, sur un terrain qui s'élevait en amphithéâtre, soixante ou quatre-vingts tentes avaient été construites avec les pavillons de l'armée navale. Elles étaient destinées aux personnes invitées à la cérémonie.

Entre le trône et ces tentes, était une partie de la garde impériale à cheval, rangée par escadrons. Cet imposant tableau semblait encadré, du côté de la mer, par la ligne d'embossage dont tous les mâts étaient pavoisés.

« A dix heures, une salve d'artillerie tirée de la *Tour d'Ordre*, annonça l'arrivée de l'Empereur et le commencement de la cérémonie. Napoléon partit de sa baraque, au galop de son cheval, suivi de plus de quatre-vingts généraux et de deux cents officiers supérieurs d'état-major. Toute sa maison civile et militaire l'avait déjà précédé. Il était vêtu de l'uniforme de colonel des grenadiers à pied de sa garde : habit bleu à revers blancs, culotte et veste blanches, bottes molles à l'écuyère. Il arriva au pied du trône au bruit des acclamations, des tambours, des trompettes et des décharges d'artillerie.

« Les maréchaux et les grands dignitaires allèrent au devant de l'Empereur qui monta les degrés du trône à pas précipités, en saluant, de la main, à droite et à gauche. Lorsqu'il se fut assis, ses frères, les ministres, les sénateurs et les membres du conseil d'Etat se groupèrent autour de lui. Le grand chancelier de la Légion d'honneur, M. de Lacépède, se tenait un peu en avant du trône, sur les premières marches de l'escalier du milieu, où s'étaient placés, en arrivant, les aides de camp, les écuyers et les pages prêts à recevoir et à transmettre les ordres de l'Empereur.

« A une seconde salve d'artillerie, tirée de la Tour-d'Ordre, succéda un profond silence.

« Le grand chancelier prononça un discours d'un quart d'heure, après lequel un roulement de tambours donna un signal aux légionnaires. Tous s'avancèrent avec leurs drapeaux au milieu de l'arène pour prêter serment. Napoléon en prononça lui-même la formule. A peine eurent-ils répondu : *Oui !* que l'Empereur, élevant la voix, ajouta :

« — Et vous jurez de défendre, au péril de votre vie, l'honneur du nom français, votre patrie, votre Empereur ?

« — Oui ! oui ! nous le jurons, répondirent-ils encore.

« Puis tous agitèrent en l'air leurs bonnets, leurs casques et leurs chapeaux, en criant : *Vive l'Empereur !* La distribution des décorations se fit aussitôt.

« Un aide de camp de l'Empereur appelait le militaire décoré; celui-ci, en arrivant, s'arrêtait au pied du trône, saluait, montait l'escalier de droite et était reçu par le grand chancelier, qui lui remettait son brevet. Le page placé entre le trépied et l'Empereur, prenait la décoration dans un des casques et la présentait à Napoléon, qui la fixait lui-même, au moyen d'une épingle d'or, sur la poitrine du brave. A cet instant, plus de cent tambours battaient un ban, et lorsque le décoré descendait du trône, par l'escalier de gauche, en passant devant le brillant état-major resté au bas, c'étaient des poignées de mains, des félicitations et des embrassements donnés au bruit des fanfares exécutées par deux cents trompettes.

« La cérémonie fut longue : commencée à dix heures et demie du matin, elle ne se termina qu'à plus de trois heures de l'après-midi. En donnant la croix l'Empereur avait un mot d'éloge pour chacun.

« Le soir, il y eut un splendide banquet où tous les légionnaires furent invités. Des toasts et des chants patriotiques prolongèrent cette fête mémorable. Un feu d'artifice magnifique la termina. Quand ce fut la fin, vingt mille hommes rangés en bataille exécutèrent un feu de file avec des cartouches à étoiles. Le bouquet fut digne de la fête et la fête digne de l'institution dont elle célébrait la grandeur. L'Empereur avait trouvé le moyen de récompenser dignement le courage, dans la mesure que l'homme, dans sa faiblesse, sait et peut récompenser. »

# ÉPILOGUE

## L'Avenir.

La France, après ses terribles défaites, n'a, heureusement, point été saisie du mal sans remède que l'on appelle le découragement. Son passé lui a rappelé qu'elle a un avenir. Peu à peu elle s'est relevée de ses catastrophes terribles et de ses chutes sans nom. Mais, il faut le dire bien haut, l'heure présente est douteuse, incertaine, pleine de périls. Notre état social troublé, l'union, la force, le nombre de nos ennemis, et surtout la démoralisation qu'entraînent nécessairement à leur suite l'incrédulité et l'impiété systématique régnante, voilà bien des causes d'alarme.

Il nous faut une génération fortement trempée dans une éducation virile et chrétienne. Le salut est, non dans la force et la portée des armes, il est dans le cœur de ceux qui sont appelés à les manier. L'âme anime le bras. Qui nous donnera des caractères ? Celui qui en formera fera des vaillants.

Il y a une trentaine d'années, il suffisait à l'éducation de faire des hommes : il faut aujourd'hui qu'elle fasse plus encore. La société, couverte de meurtrissures, menacée partout, a besoin qu'on lui donne des hommes de devoir, des hommes sérieux, énergiques, capables de généreux sacrifices. Il faut à la patrie de grands citoyens, des héros. Elle les aura quand elle possèdera des chrétiens, une jeunesse formée à la vertu.

Méditons les paroles d'un vétéran de nos armées à un de nos jeunes soldats :

Le vétéran avançait lentement sur la route, une main appuyée sur le jeune soldat. Ses yeux à jamais fermés n'apercevaient plus le soleil qui scintillait à travers les marronniers en fleurs ; à la place du bras droit se repliait une manche vide, et l'une des cuisses posait sur une jambe de chêne dont le retentissement sur le pavé faisait retourner les passants.

A la vue de ce vieux débris de nos luttes patriotiques, la plupart hochaient la tête avec une pitié affligée, et faisaient entendre une plainte ou une malédiction contre la guerre.

— Voilà à quoi sert la gloire ! disait un gros marchand, en détournant les yeux avec une sorte d'horreur.

— Triste emploi d'une vie humaine ! reprenait un jeune homme qui portait sous le bras un volume de philosophie.

— Le troupier aurait mieux fait de ne point quitter sa charrue, ajoutait un paysan d'un ton narquois.

— Pauvre vieux ! murmurait une femme presque attendrie.

Le vétéran avait entendu, et son front s'était plissé ; car il lui sembla que son conducteur devenait pensif. Frappé de ce qui se répétait autour de lui, il répondait à peine aux questions du vieillard, et son regard, vaguement perdu dans l'espace, paraissait y chercher la solution de quelque problème.

Les moustaches grises du vétéran s'agitèrent ; il s'arrêta brusquement, et retenant du bras son jeune conducteur :

— Ils me plaignent tous, dit-il, parce qu'ils ne comprennent pas ; mais si je voulais leur répondre !...

— Que leur diriez-vous, père ? demanda le jeune garçon avec curiosité.

— Je dirais d'abord à la femme qui s'afflige en me regardant de donner ses larmes à d'autres malheurs ; car chacune de mes blessures rappelle un effort tenté pour le drapeau. On peut douter de certains dévouements ; le mien est visible ; je porte sur moi des états de service écrits avec le plomb et le fer des ennemis ; me plaindre d'avoir fait mon devoir, c'est supposer qu'il eût mieux valu le trahir.

— Et que répondriez-vous au paysan, père ?

— Je lui répondrais que pour conduire paisiblement la charrue, il faut d'abord garantir la frontière, et que tant qu'il y aura des étrangers prêts à manger notre moisson, il faudra des bras pour la défendre.

— Mais le jeune savant aussi a secoué la tête en déplorant un pareil emploi de la vie ?

— Parce qu'il ne sait pas ce que peuvent apprendre le sacrifice et la souffrance. Les livres qu'il étudie, nous les avons pratiqués, nous, sans les connaître ; les principes qu'il applaudit, nous les avons défendus avec la poudre et la baïonnette.

— Et au prix de vos membres et de votre sang, père ; car le bourgeois l'a dit : Voilà à quoi sert la gloire.

— Ne le crois pas, fils : la gloire est le pain du cœur ; c'est elle qui nourrit le dévouement, la patience, le courage. Le maître de tout l'a donnée comme un lien de plus entre les hommes. Vouloir être remarqué par ses frères, n'est-ce point encore leur prouver notre estime et notre sympathie. Le besoin d'admiration n'est qu'un des côtés de l'amour. Non, non, la véritable gloire n'est jamais trop payée ! Ce qu'il faut déplorer, enfant, ce ne sont point les infirmités qui constatent un devoir accompli ; mais celles qu'ont appelées nos vices ou notre imprudence. Ah ! si je pouvais parler haut à ceux qui me jettent, en passant, un regard de pitié, je crierais à ce jeune homme dont les excès ont obscurci la vue avant l'âge : — Qu'as-tu fait de tes yeux ? A l'oisif qui traîne avec effort sa masse énervée : — Qu'as-tu fait de tes pieds ? Au vieillard que la goutte punit d'une vie d'intempérance : — Qu'as-tu fait de tes mains ? A tous : — Qu'avez-vous fait des jours que Dieu vous avait accordés, des facultés que vous deviez employer au profit de vos frères ? Si vous ne pouvez répondre, ne plaignez plus le vieux soldat mutilé pour le pays ; car lui, il peut montrer ses cicatrices sans rougir.

Il comprenait bien la force de l'éducation chrétienne pour relever les peuples, ce général héroïque combattant durant notre dernière guerre qui, mortellement blessé, après avoir reçu tous les secours que la religion peut donner, fit venir près de lui son fils unique et lui tint ce langage :

« Mon fils, travaille, sois fidèle à Dieu, à la patrie, au devoir. Deviens un homme et tu me vengeras !... Quoiqu'il arrive ne perds pas confiance... Notre chère France ne doit jamais périr... Tu iras dans les collèges, dans les facultés, dans les académies, et tu répèteras à tes jeunes camarades ces derniers conseils de ton père mourant : Travaillez, fortifiez-vous, devenez des hommes, et la société sera régénérée... Un jour, lorsque, par le respect de la loi, par le culte du devoir, par la vigueur virile de vos âmes, vous aurez rendu à notre pays sa force, sa dignité, sa grandeur... lorsque ta mission sera noblement remplie... lorsque tu auras traversé la vie sans faiblir, tu viendras, martyr dévoué du courage et de la foi, me rejoindre dans l'éternelle patrie... Et tu me diras, bien haut, ces paroles d'adieu, qui seront ma suprême consolation : « Père, vous êtes vengé... La France est triomphante ! »

Ce langage d'un soldat expirant était celui que proférait le vaillant amiral Cuvelier de Cuverville, préfet maritime, après la revue du bataillon du 13ᵉ infanterie de marine, à Cherbourg, langage de l'honneur et de la foi chrétienne :

« Officiers, sous-officiers et soldats du bataillon de Madagascar ! Vous serez dignes de vos aînés, nos vœux les plus ardents vous accompagnent. Que Dieu vous protège !

« La France aura les yeux fixés sur vous ; ainsi que le disait naguère un illustre évêque, l'expédition à laquelle vous allez prendre part se rattache étroitement à l'histoire de notre passé, nous devons l'envisager comme un nouvel épisode de la glorieuse et féconde mission que la Providence a confiée à notre pays.

« Notre drapeau est bien le drapeau de la civilisation chrétienne ; souvenez-vous qu'il renferme dans ses plis ces vertus de notre race : la patience dans les épreuves, le courage indomptable dans l'action, l'humanité et la générosité dans la victoire... »

Ecrions-nous : « Dieu tout-puissant et éternel, qui avez constitué la nation française pour servir par le monde d'instrument à votre divine volonté, de glaive et de rempart à votre sainte Eglise, prévenez toujours et partout, nous vous en prions, les fils suppliants des Francs, de votre céleste lumière, afin qu'ils voient ce qu'il faut faire pour établir votre règne sur la terre, et que, pour l'accomplir, ils soient armés de charité, de force et de persévérance. »

Que cette prière, trouvée par le savant et regretté cardinal Pitra dans un vieux missel du IXᵉ siècle, soit sur les lèvres de tous les Français, et que les gestes de Dieu soient les gestes des Francs, *gesta Dei per Francos* !

Soyons croyants, nous serons vaillants !

# TABLE DES MATIÈRES

|  | Pages. |
|---|---|
| INTRODUCTION | 5 |

## PREMIÈRE PARTIE
### Campagnes de l'Empire.

| | |
|---|---|
| I. — Bataille de Marengo. — Mort héroïque de Desaix. | 15 |
| II. — Austerlitz. | 22 |
| III. — La Marine française à Trafalgar. | 31 |
| IV. — Intrépidité du baron de Marbot au passage du Danube. | 39 |
| V. — La Cavalerie française à Eylau. | 46 |
| VI. — Une Évasion héroïque. | 48 |
| VII. — La Cavalerie française à Waterloo. — Héroïsme de la Vieille Garde. | 56 |

## DEUXIÈME PARTIE
### Conquête de l'Algérie.

| | |
|---|---|
| I. — Le Débarquement | 69 |
| II. — Devant Alger. | 72 |
| III. — Prise de Constantine. | 75 |
| IV. — Seul contre mille. | 81 |
| V. — Les Héros de Mazagran. — Le capitaine Lelièvre. | 85 |
| VI. — Les quatre-vingt-trois Chasseurs du capitaine de Géraux. — Héroïsme de Dutertre. | 87 |
| VII. — Une Décoration bien gagnée. | 90 |
| VIII. — Canrobert devant Zaatcha | 94 |
| IX. — Au Soudan. — Le Siège de Médine. | 97 |

## TROISIÈME PARTIE
### Campagne de Crimée.

| | |
|---|---|
| I. — L'Alma. — Bosquet et ses Zouaves. | 99 |
| II. — Héroïsme du maréchal de Saint-Arnaud. | 103 |

III. — Devant Sébastopol. — Enlèvement d'une redoute . . . . . . . 105
IV. — Les Lapins du capitaine Clinchant. . . . . . . . . . . . . 111
V. — Mac-Mahon à Malakoff. . . . . . . . . . . . . . . . . . . 112

## QUATRIÈME PARTIE
### Guerre d'Italie.

I. — Mac-Mahon à Magenta . . . . . . . . . . . . . . . . . . 125
II. — Un des héros de Solférino. . . . . . . . . . . . . . . . 133

## CINQUIÈME PARTIE
### Guerre Franco-Allemande.

LA BRAVOURE FRANÇAISE DANS LA DÉFAITE. . . . . . . . . . . . . . 141
I. — Les débuts de la Guerre. — Wissembourg. — Frœschwiller.
    — Reischoffen. . . . . . . . . . . . . . . . . . . . . . . . 143
II. — Canrobert à Saint-Privat. . . . . . . . . . . . . . . . . 157
III. — Les Défenseurs de Bazeilles . . . . . . . . . . . . . . . 163
IV. — Le général Margueritte. . . . . . . . . . . . . . . . . . 174
V. — Soldats novices au feu. . . . . . . . . . . . . . . . . . 182
VI. — Souvenir de l'Epiphanie de 1871 . . . . . . . . . . . . . 187
VII. — Les Héros de Loigny autour de la bannière du Sacré-Cœur. 188
VIII. — Belfort. . . . . . . . . . . . . . . . . . . . . . . . . 203

## SIXIÈME PARTIE
### Campagne du Tonkin.

I. — Francis Garnier. . . . . . . . . . . . . . . . . . . . . . 207
II. — Henri Rivière. . . . . . . . . . . . . . . . . . . . . . 211
III. — L'amiral Courbet. — Prise de Sontay . . . . . . . . . . 215
IV. — Comment on sauve son drapeau . . . . . . . . . . . . . . 222
V. — Fou-Tchéou . . . . . . . . . . . . . . . . . . . . . . . 224
VI. — Le commandant Dominé. — Le sergent Bobillot. . . . . . . 232
VII. — Comment on coule une frégate et comment on sauve un canot. 242

## SEPTIÈME PARTIE
### Campagne du Dahomey.

I. — Mort du commandant Faurax. . . . . . . . . . . . . . . . 247
II. — Les Requins. . . . . . . . . . . . . . . . . . . . . . . 256

# TABLE DES MATIÈRES

## HUITIÈME PARTIE

**Traits d'héroïsme et de dévouement à la Patrie.**

| | |
|---|---|
| I. — L'Enfant de chœur de Marchais | 257 |
| II. — L'enseigne de vaisseau Bisson | 265 |
| III. — Le Parisien Bigaré | 267 |
| IV. — Le colonel de Sève | 270 |
| V. — Victimes du Devoir | 271 |

## NEUVIÈME PARTIE

**La Récompense de la Bravoure. — La Légion d'honneur.**

| | |
|---|---|
| I. — Institution de l'ordre de la Légion d'honneur | 291 |
| II. — Distribution des croix de la Légion d'honneur aux Invalides | 306 |
| III. — Au camp de Boulogne | 308 |

### Epilogue.

L'avenir . . . . . . . . . . . . . . . . . . . . . . . . . . . . . 313

---

Abbeville. — Imprimerie C. Paillart.

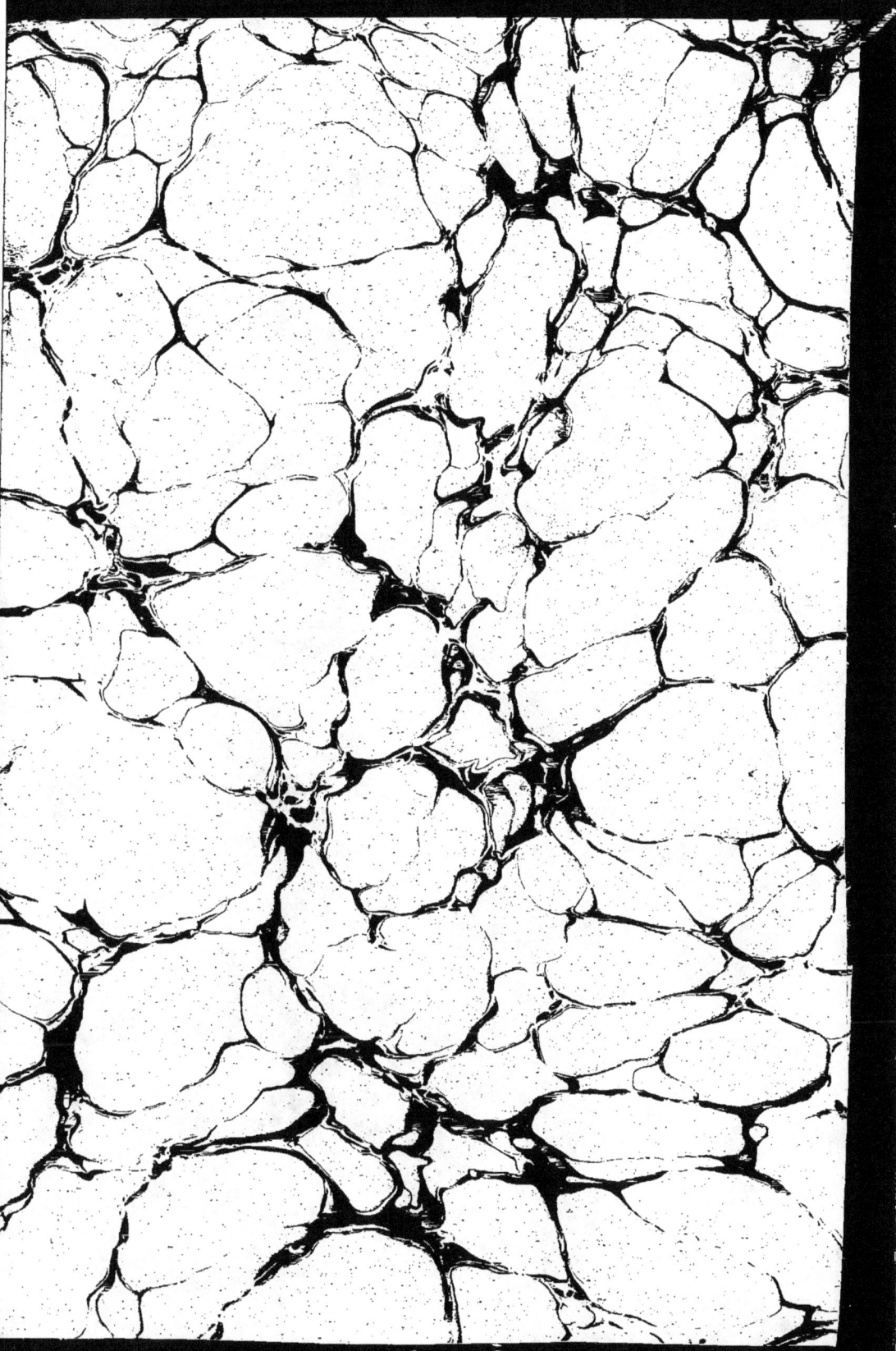

www.ingramcontent.com/pod-product-compliance
Lightning Source LLC
Chambersburg PA
CBHW060645170426
43199CB00012B/1674